U0123876

名家通识讲座书系

哲学修养
十五讲

□ 孙正聿 著

北京大学出版社
PEKING UNIVERSITY PRESS

图书在版编目(CIP)数据

哲学修养十五讲/孙正聿著.—北京:北京大学出版社,2004.3
(名家通识讲座书系)
ISBN 978-7-301-06618-8

Ⅰ.哲…　Ⅱ.孙…　Ⅲ.哲学-高等学校-教材　Ⅳ.B

中国版本图书馆 CIP 数据核字(2003)第 093170 号

书　　　　名:哲学修养十五讲
著作责任者:孙正聿　著
责 任 编 辑:刘　方
标 准 书 号:ISBN 978-7-301-06618-8/G・0904
出 版 发 行:北京大学出版社
地　　　　址:北京市海淀区成府路 205 号　100871
网　　　　址:http://www.pup.cn　电子邮箱:pkuwsz@yahoo.com.cn
电　　　　话:邮购部 62752015　发行部 62750672　出版部 62754962
　　　　　　编辑部 62752025
印　　刷　者:三河市北燕印装有限公司
经　销　者:新华书店
　　　　　　650mm×980mm　16 开本　21.25 印张　300 千字
　　　　　　2004 年 3 月第 1 版　**2023 年 8 月第 19 次印刷**
定　　　　价:45.00 元

《名家通识讲座书系》
编审委员会

《名家通识讲座书系》总序

本书系编审委员会

《名家通识讲座书系》是由北京大学发起,全国十多所重点大学和一些科研单位协作编写的一套大型多学科普及读物。全套书系计划出版 100 种,涵盖文、史、哲、艺术、社会科学、自然科学等各个主要学科领域,第一、二批近 50 种将在 2004 年内出齐。北京大学校长许智宏院士出任这套书系的编审委员会主任,北大中文系主任温儒敏教授任执行主编,来自全国一大批各学科领域的权威专家主持各书的撰写。到目前为止,这是同类普及性读物和教材中学科覆盖面最广、规模最大、编撰阵容最强的丛书之一。

本书系的定位是"通识",是高品位的学科普及读物,能够满足社会上各类读者获取知识与提高素养的要求,同时也是配合高校推进素质教育而设计的讲座类书系,可以作为大学本科生通识课(通选课)的教材和课外读物。

素质教育正在成为当今大学教育和社会公民教育的趋势。为培养学生健全的人格,拓展与完善学生的知识结构,造就更多有创新潜能的复合型人才,目前全国许多大学都在调整课程,推行学分制改革,改变本科教学以往比较单纯的专业培养模式。多数大学的本科教学计划中,都已经规定和设计了通识课(通选课)的内容和学分比例,要求学生在完成本专业课程之外,选修一定比例的外专业课程,包括供全校选修的通识课(通选课)。但是,从调查的情况看,许多学校虽然在努力建设通识课,也还存在一些困难和问题:主要是缺少统一的规划,到底应当有哪些基本的通识课,可能通盘考虑不够;课程不正规,往往因人设课;课量不足,学生缺少选择的空间;更普遍的问题是,很少有真正适合通识课教学的教材,有时只好用专业课教材替代,影响了教学效果。一般来说,综合性大学这方面情况稍好,其他普通的大学,特别是理、工、医、农类学校因为相对缺少这方面的教学资源,加上很少有可供选择的教材,开设通识课的困难就更大。

这些年来,各地也陆续出版过一些面向素质教育的丛书或教材,但无论数量还是质量,都还远远不能满足需要。到底应当如何建设好通识课,使之能真正纳入正常的教学系统,并达到较好的教学效果? 这是许多学校师生普遍关心的问题。从 2000 年开始,由北大中文系主任温儒敏教授发起,联合了本校和一些兄弟院校的老师,经过广泛的调查,并征求许多院校通识课主讲教师的意见,提出要策划一套大型的多学科的青年普及读物,同时又是大学素质教育通识课系列教材。这项建议得到北京大学校长许智宏院士的支持,并由他牵头,组成了一个在学术界和教育界都有相当影响力的编审委员会,实际上也就是有效地联合了许多重点大学,协力同心来做成这套大型的书系。北京大学出版社历来以出版高质量的大学教科书闻名,由北大出版社承担这样一套多学科的大型书系的出版任务,也顺理成章。

编写出版这套书的目标是明确的,那就是:充分整合和利用全国各相关学科的教学资源,通过本书系的编写、出版和推广,将素质教育的理念贯彻到通识课知识体系和教学方式中,使这一类课程的学科搭配结构更合理,更正规,更具有系统性和开放性,从而也更方便全国各大学设计和安排这一类课程。

2001 年底,本书系的第一批课题确定。选题的确定,主要是考虑大学生素质教育和知识结构的需要,也参考了一些重点大学的相关课程安排。课题的酝酿和作者的聘请反复征求过各学科专家以及教育部各学科教学指导委员会的意见,并直接得到许多大学和科研机构的支持。第一批选题的作者当中,有一部分就是由各大学推荐的,他们已经在所属学校成功地开设过相关的通识课程。令人感动的是,虽然受聘的作者大都是各学科领域的顶尖学者,不少还是学科带头人,科研与教学工作本来就很忙,但多数作者还是非常乐于接受聘请,宁可先放下其他工作,也要挤时间保证这套书的完成。学者们如此关心和积极参与素质教育之大业,应当对他们表示崇高的敬意。

本书系的内容设计充分照顾到社会上一般青年读者的阅读选择,适合自学;同时又能满足大学通识课教学的需要。每一种书都有一定的知识系统,有相对独立的学科范围和专业性,但又不同于专业教科书,不是专业课的压缩或简化。重要的是能适合本专业之外的一般大学生和读者,深入浅出地传授相关学科的知识,扩展学术的胸襟和眼光,进而增进学生的人格素养。本书系每一种选题都在努力做到入乎其内,出乎其外,把学问真正做活了,并能加以普及,因此对这套书作者的要求很高。我们所邀请的大都是那些真正有学术建树,有良好的教学经验,又能将学问深入浅出地传达出来的重量级学者,是请"大家"来讲"通识",所以命名为《名家通识讲座书系》。其意图就是精选名校名牌课程,实现大学教学资源共享,让更多的学子能够通过这套书,亲炙名家名师课堂。

本书系由不同的作者撰写,这些作者有不同的治学风格,但又都有共同的追求,既注意知识的相对稳定性,重点突出,通俗易懂,又能适当接触学科前沿,引发跨学科的思考和学习的兴趣。

本书系大都采用学术讲座的风格,有意保留讲课的口气和生动的文风,有"讲"的现场感,比较亲切、有趣。

本书系的拟想读者主要是青年,适合社会上一般读者作为提高文化素养的普及性读物;如果用作大学通识课教材,教员上课时可以参照其框架和基本内容,再加补充发挥;或者预先指定学生阅读某些章节,上课时组织学生讨论;也可以把本书系作为参考教材。

本书系每一本都是"十五讲",主要是要求在较少的篇幅内讲清楚某一学科领域的通识,而选为教材,十五讲又正好讲一个学期,符合一般通识课的课时要求。同时这也有意形成一种系列出版物的鲜明特色,一个图书品牌。

　　我们希望这套书的出版既能满足社会上读者的需要,又能够有效地促进全国各大学的素质教育和通识课的建设,从而联合更多学界同仁,一起来努力营造一项宏大的文化教育工程。

目录

《名家通识讲座书系》总序
本书系编审委员会/1

第一讲　哲学与爱智/1
　　一　追问哲学/1
　　二　爱智的大智慧/9
　　三　爱智的激情/14

第二讲　熟知与真知/20
　　一　把简单变复杂/21
　　二　由名称到概念/24
　　三　反思的智慧/30
　　四　创新的智慧/34

第三讲　人与世界/44
　　一　世界观与观世界/45
　　二　自在世界与世界图景/48
　　三　人类把握世界的基本方式/51
　　四　常识的、科学的和哲学的世界图景/56

第四讲　生存与生活/62

　　一　生命活动的两种基本方式/63

　　二　人类活动的两个尺度/68

　　三　人的生活活动与人的生活世界/70

　　四　人的生活活动与人类存在的矛盾性/77

第五讲　主体与客体/81

　　一　"我"与主客体关系/82

　　二　"中介"与主客体关系/87

　　三　"主体际"与主客体关系/91

　　四　主体的自我意识/93

第六讲　感性与理性/97

　　一　感性的存在与理性的存在/98

　　二　表象的存在与概念的存在/104

　　三　表象与思想的矛盾运动/110

　　四　思维的"至上性"与"非至上性"/116

　　五　经验论与唯理论的派别冲突/122

第七讲　小我与大我/131

　　一　"我"的自我意识/134

　　二　"我"与社会/139

　　三　"我"与历史/143

　　四　"我"的独立性与依附性/147

　　五　"我到底要什么"与"我们到底要什么"/153

第八讲　理想与现实/158

　　一　超越性的存在/158

　　二　需要的层次/167

　　三　马克思的社会理想/172

第九讲　标准与选择/176

　　一　生活的根据/177

　　二　从层级到顺序/180

　　三　当代社会思潮中的标准与选择/184

第十讲　历史与文化/189

　　一　文化的历史与历史性的文化/189

　　二　语言在历史和文化中的作用/193

　　三　人的文化世界与人的历史发展/201

第十一讲　思维与存在/211

　　一　思维和存在的关系问题/213

　　二　思维和存在与精神和物质/216

　　三　思维和存在的关系问题与思维
　　　　和存在的问题/219

　　四　哲学史与"思维和存在的关系问题"/222

　　五　"思维和存在的关系问题"与哲学的
　　　　派别冲突/227

第十二讲　思想与反思/235

　　一　构成思想与反思思想/236

　　二　思想的反思与反思的思维/240

　　三　反思思想与思想的前提批判/247

第十三讲　存在与本体/256

　　一　对"本体"和"本体论"的概念解析/257

　　二　本体论的三重内涵/262

　　三　本体论与人的安身立命之本/267

　　四　本体论的现代革命/274

第十四讲　存在与表征/282

　　一　表述、表达与表征/282

　　二　表征存在意义的哲学/288

三　本体的追求与崇高的表征/294

第十五讲　理念与境界/300

一　哲学理念与哲学智慧/300

二　哲学理念与哲学境界/310

三　哲学境界与超越"存在主义的焦虑"/315

四　哲学境界与"诗意地栖居"/318

五　哲学境界与"人的全面发展"/321

第一讲

哲学与爱智

追问哲学

爱智的大智慧

爱智的激情

一个现代公民，一个有教养的现代人，需要有多方面的修养，其中，非常重要的是具有时代内涵的哲学修养。从现在开始，我们就一起"走进哲学"，在对哲学的追问中，培育我们的哲学修养。

一　追问哲学

大家都觉得"哲学是什么"并不是个问题，因为一说什么叫"哲学"，大家都可以回答说："哲学是一种理论化、系统化的世界观"，"哲学是世界观，也是方法论"，"哲学是对自然知识、社会知识的概括和总结"，如此等等。所以，大家觉得哲学本身不是一个问题，那么，为什么我还要专门和大家讲究竟什么是"哲学"呢？我提出一个问题，大家就会感到，"哲学"确实是需要追问的。

比如我们说:哲学不是宗教,为什么却能给人以信仰? 哲学不是科学,为什么也给人以真理? 哲学不是艺术,为什么也能给人以美感? 哲学不是道德,为什么也劝导人向善? 那么难道说,哲学什么都是,又什么都不是吗? 不知道大家想过这个问题没有? 如果我们能够这样想问题的话,我们就会理解,对于哲学本身,我们是应该予以追问的。古今中外的哲学家,有一个共同的说法,就是,对于哲学家来说,他们感到最难以回答的问题,就是问他"究竟什么是哲学"。

大家都知道,文学家歌德曾经说过,"人们只是在知识很少的时候,才有准确的知识,怀疑会随着知识一道增长"。这就是说,只是由于你关于哲学的知识比较少,所以你才能够很简单地去说,哲学就是这个东西。如果你对哲学了解多了呢? 你会感到最难以回答的,就是"哲学究竟是什么"。

大家都知道,著名的哲学家黑格尔。黑格尔有一句非常有名的话,他说,"人们经常挂在嘴边的名词,往往是我们最无知的东西"。我们每个人都学过哲学,但是可能我们最不了解的就是,究竟什么是哲学。所以,在具体讨论"哲学"本身之前,我想简单地和大家谈三个问题:第一个问题哲学修养要给大家讲的核心问题是什么? 第二个谈一下哲学修养究竟要给大家讲些什么内容? 最后,谈一下哲学的学习方法。在这个基础上,我们再来讨论这一讲的基本内容,就是哲学与爱智的关系,或者说怎么理解哲学是"爱智"。

下边我和大家谈第一个方面,就是哲学修养的核心问题。

前面我已经说过了,这个系列讲座主要是跟大家讲一个问题,哲学究竟是什么? 大家都知道,如果有一人问你,说你是什么专业的? 你说你学哲学,那么他的第一个反应就是,噢,哲学很抽象,或者说哲学很玄奥,甚至认为哲学很神秘。其实不是。如果用我的话来说,什么是哲学呢? 哲学是对"自明性"的分析,或者说,是对"自明性"的追问。也就是说,哲学是把人们认为不言而喻的、不证自明的东西,当做了它思考的东西。

我举几个例子。平常我们常说这样一句话,"规律是看不见、摸不着的"，但是"规律是可以被我们认识和利用的"。那么我们就会问一个问题了：看不见、摸不着的规律，你怎么能够去发现它、认识它呢？这是一个例子。另一个例子，我们平常总说，艺术是一种"创造"，那我们看舞蹈的时候，舞蹈家是创造了胳膊还是创造了腿？我们读小说的时候，文学家是创造了文字还是创造了语言？我们浏览一幅画的时候，画家是创造了油彩还是创造了画布？如果是这么看，他们什么也没"创造"。那么什么叫做"创造"呢？"艺术创造"是什么意思呢？再举一个身边的例子，比如我们经常讲，狼是凶残的，为什么呢？狼吃小羊。可是我想问一下，平时我们"烤羊肉串"，"剁羊肉馅"，"涮羊肉片"，人把小羊变着样儿地吃了，你怎么不说人是凶残的呢？这意味着什么呢？意味着那个真善美是对于人来说的。

我这样说不知道大家是否能理解？生活中有许许多多的东西，我们都把它当做天经地义的、不证自明的、不言而喻的东西，不用问了。但是哲学呢，恰好是要去追问人们不再问的东西。所以我有一句话叫做，科学是把复杂的东西变简单了，千差万别的现象，按照一个统一的原理，公理，定义，去解释这些个普遍的现象。那么与此相反，我们说，哲学是把简单的东西变复杂了。因为事物本来就是复杂的，只是原来我们没有发现它那么复杂的方面。而哲学呢，是帮助我们如实地去认识到了事物的那个复杂的方面。

现在我们以大家面前的这张"桌子"为例，来说明"哲学"是对"自明性"的追问，说明"哲学"是如何把简单的东西变复杂的。我们站在这说，这里有张桌子，如此而已。但是，哲学家对此就会提出问题了。大家都知道，哲学的基本问题是"思维和存在的关系问题"，那么哲学家首先就问了，我作为认识的主体，桌子作为认识的客体，究竟是主体在先，还是客体在先？如果没有"我"的存在，能不能有桌子的存在呢？如果我没有关于桌子的观念，我为什么会把如此这般的东西叫做桌子呢？大家想想，一般的人谁会问这些问题？有个桌子就是桌子么。但是哲学家就要问人和桌子的关系，思维和存在的关系。那么进一步他又要问了，我的感性看到的是桌子的现象，我的理性把握到的是桌子的本质，那么到底是我的感性把握到的桌子的现象是真实的,还是我的思想把握到的桌子的本质是真实的呢?这不就提出一个感性和理性、现象和本质的关系问题了吗?那么我们又问了,这张桌子是桌子,那我回家吃饭的那张桌子是不是桌子?这又提出来一个个别与一般的关系问题。那么,我们还会问了,我们今天是这样的一个桌子,但我们谁不想有一个更好的桌子呢?这不又提出一个理想与现实的关系问题么?所以我举这样一个例子就是想说明,哲学它既不抽象,也不神秘,而只不过是把人们当做天经地义的东西,作为自己的一个思考的对象了。

为什么我们平时把哲学叫做"爱智"呢?就是它把人们不当做问题的东西,当做了问题。比如说,举一个最简单的例子,大家学习平面几何,说三角形三内角之和等于180度,你按照这样的一个定理做题就行了。但是哲学不是,哲学要问的是,在什么条件下,三角形三内角之和才等于180度呢?如果不是在一个平面上,它还是不是180度呢?所以有的哲学家说,所有的其他的科学,所有的其他的学问,都是按照一定的规则进行游戏,而哲学是对"规则"的反思,用我的话说,就是对于"思想前提"的追问,也就是追问构成各种思想的根据。这样讲,大家能不能感受到哲学的特性?

如果具体落实下来,要我追问哲学的话,我提出一个基本的看法,叫做"一纵、二横"。

"一纵"是什么意思呢?就是,你真要追问哲学,就要诉诸整个人类的认识史,诉诸哲学的发展史,知道古往今来的哲学家都是怎么理解哲学的。所以我特别欣赏恩格斯讲的一段话,他说什么叫哲学?哲学就是"一种建立在通晓思维的历史和成就的基础上的理论思维"。[1]所以,哲学,直接地看,它是对自明性的分析,似乎很简单;但是,它的真正的困难之处在于,它离不开哲学史,它必须以"建立在通晓思维的历史和成就的基础上的理论思维"去反思"自明性"的东西。所以我说什么叫哲学?哲学是一种历史性的思想,而哲学史是一种思想性的历史。哲学和哲学史是密不可分的。

那么什么是"二横"呢?第一个"横",就是人类把握世界的各种基本方式之间的关系,也就是从哲学与宗教、艺术、科学等等的关系中去追问哲学到底是什么;第二个"横",是当代哲学对哲学的多姿多采的理解,从各种哲学观的比较中去理解哲学究竟是什么。

第一个"横"的关系,是哲学与宗教、艺术、科学等等的关系。马克思把宗教、艺术、科学和哲学称作"人类把握世界的基本方式"。我在《哲学通论》、《哲学导论》这两本书中都集中地讨论了哲学与常识的关系,哲学与宗教的关系,哲学与艺术的关系,特别是哲学与科学的关系。怎么理解哲学?必须从这些个关系当中去理解。就是,哲学和艺术,区别在什么地方?哲学同宗教,区别在什么地方?哲学同科学,区别在什么地方?只有把这些关系搞清楚了,才能够理解什么是哲学。这是我说的第一个"横"。

那么第二个"横"呢?就是当代的哲学家都怎么样来理解哲学?我在《哲学通论》这本书里边,把它概括为八种"哲学观"。一是"普遍规律说"的哲学观,就是把哲学解释为"关于整个世界的普遍规律"的学说,这是大家最熟悉的一种通行的哲学观。从改革开放以来,当代中国又出现了"认识论的哲学观",就是从"思维与存在"、"主观与客观"、"主体与客体"的关系去理解哲学,把哲学解释成关于人如何认识世界的学问。现代西方哲学,一个叫做"语言分析的哲学观",一个叫做"存在意义的哲学观",这是同现代哲学的所谓的"语言转向"和"生存论转向"密不可分的。我们中国传统哲学,可以叫做"精神境界说的哲学观",就是把哲学视为提升人的精神境界的学问,这在当代中国得到了新的阐释与发挥。当代西方哲学,又出现了"文化批判的哲学观"和"文化对话的哲学观"。这些哲学观是同所谓的"后现代主义"思潮密切相关的。我们把马克思的哲学叫做"实践论的哲学观",就是从人的实践活动的存在方式出发去理解人与世界的关系、去理解作为世界观理论的哲学。

你要真正理解哲学,你就必须在哲学史的这个"纵向"的发展中,在人类把握世界的多种方式的"横向"比较中,在当代哲学给我们提供的各种各样的哲学观的"横向"比较中,你才能够理解什么是哲学。毛泽东曾经说过,"有比较才有鉴别",你只有在"纵"、"横"比较当中,才能够理解什么是哲学。

这就是我跟大家谈的第一个方面的内容,也就是怎样展开对哲学本身的追问。

这种追问,它不是抽象的,它要诉诸具体的内容。所以我下边要来谈第二个方面,哲学追问的主要内容。在《哲学通论》那本书里,我主要是讲七个问题:第一个问题叫做哲学的自我理解,也就是追问究竟什么是哲学;第二个问题讲哲学的思维方式。哲学同宗教、艺术、伦理、常识、科学的区别在什么地方?在于它是人类的一种特殊的思维方式。我们经常挂在嘴边的一个名词叫做"反思",那么哲学,它的"反思"并不是我们一般意义的再三思考,反复思考,它是思维把"思维和存在的关系"当做了"问题",也就是说,思想以自身为对象,反过来而思之。这就是哲学的思维方式。哲学不是离开生活的,所以我讲的第三个问题是哲学的生活基础。我有一个说法,哲学是理论形态的人类关于自身存在的自我意识。这句话听起来不是很好理解,但是,想说明的是一个什么问题呢?就是,哲学是对于人自身存在的一种思考,或者说是一种反思。第四个问题,我讲哲学研究的主要问题。就是哲学究竟研究什么?我把哲学研究的问题概括为五个字,叫做"在"、"真"、"善"、"美"、"人"。哲学研究的最重要的问题为什么叫"本体论"呢?本体论就是研究"在",存在的在。在这个基础之上,它研究什么是真,什么是善,什么是美,那么特别是它要思考,究竟人是什么?只有理解了人自己,才能够理解什么是哲学。第五个问题,哲学的派别冲突。这个问题大家经常挂在嘴边,唯物主义、唯心主义、辩证法、形而上学,还有经验论、唯理论,科学主义和人本主义,如此等等。哲学,它自身的发展形式,是哲学的派别冲突。它只有在哲学的派别冲突当中,才实现了哲学自身的发展。第六个问题是哲学的历史演进。前边我说了,你对于哲学的理解要"一纵、二横",就是这一"纵",要理解哲学自身的发展,你才能够理解究竟什么是哲学。我常愿意说一句话,我说,什么是哲学呢?哲学是"以时代性的内容,民族性的形式和个体性的风格去求索人类性的问题"。哲学要研究的都是人类性的问题。但是它总具有自己特殊的时代性的内容。那么正是在哲学自身的历史的发展过程当中,我们对于哲学的理解就不一样了。学习哲学史就会知道,我们把近代哲学叫做"认识论转向",而把现代哲学叫做"语言转向"和"实践转向"。那么当代哲学有一个非常时髦的说法,叫做"后现代主义",这是哲学的新的发展。那么在哲学的这个发展的过程当中,人们不断地深化了对哲学自身的理解。最后,第七个问题,我讲哲学的修养与创造,就是究竟我们怎样才能学好哲学。我主要讲三个内容,叫做"面向本文与悬置本文","面向现实与拉开间距","面向自我与超越自我"。这就是我在《哲学通论》中讲的主要内容。

那么,在我们的这个关于哲学修养的系列讲座中,主要不是对哲学本身的追问,而是以对哲学的追问为前提,集中地和大家一起探讨一些哲学最为关切的"关系"问题:一是"人与世界"的关系,二是"生存与生活"的关系,三是"主体与客体"的关系,四是"感性与理性"的关系,五是"小我与大我的关系",六是"历史与文化"的关系,七是"理想与现实"的关系,八是"标准与选择"的关系。这些"关系"都是通过对"人"的存在的反思而把握到的,从而真正在哲学的层面上理解哲学的"世界观"、"历史观"和"人生观"。在这个基础上,我们再展开对"存在"的反思,和大家一起探讨"思维与存在"、"思想与反思"、"存在与本体"、"本体与表征"、"理念与境界"的关系,从而以哲学所探寻的"存在"概念为核心,达到对哲学的"本体论"、"认识论"、"逻辑学"和"辩证法"的统一的理解。这大概就是作为"哲学修养"应该探讨的主要问题和基本内容吧?

每门学问的特点是不一样的,我们学习一门学问,一个最基本的出发点,是要按照这门学问的本性来学习。哲学是一个"爱智"的学问,是一个对"自明性"进行分析的学问。为什么原来大家对于哲学感到不太愿意学呢?就因为我们把哲学变成了一些枯燥的条文、现成的结论和空洞的说教了。其实恰好相反。哲学是一种爱智的智慧,批判的智慧,反思的智慧,创新的智慧,它蕴含着丰富的内容。所以我们需要按照哲学的本性来学习。如果从循序渐进的角度,或者直接地说,从本、硕、博学习的角度看,我想谈三个基本层次的学习方法。

对于本科生来说,我把学习哲学概括为四句话,叫做"激发理论兴趣,拓宽理论视野,撞击理论思维,提升理论境界"。

第一句话叫做"激发理论兴趣"。大家都知道,兴趣是最好的老师,你对一个东西没有兴趣,你没有办法学好。你只有对它产生浓厚的兴趣了,你才能学进去。那么这种兴趣从哪里来呢?这就是第二句话,叫做"拓宽理论视野"。我们读的书越多,我们想的问题越多,我们才能够产生更浓厚的理论兴趣。但我认为,最重要的是第三句话,"撞击理论思维"。哲学是一门反思的学问,最重要的是要求你进行独立思考,要"跟自己较劲",要"跟自己过不去"。所以我说什么是哲学?哲学就是在思想中难为自己。只有"撞击理论思维",也就是"跟自己较劲"的过程中,你才有可能达到学习哲学的目的,从而形成真正的哲学修养,这就是我说的第四句话,叫做"提升理论境界"。

哲学不是现成的知识和结论,而是作为人生修养的智慧与境界。王国维不是说过"读书三境界"么?第一境界叫做"昨夜西风凋碧树,独上高楼,望尽天涯路",登高望远,博览群书。但这个不够,他还提出第二境界,叫做"衣带渐宽终不悔,为伊消得人憔悴",要有一定牺牲,要肯下苦功。但这仍然不够,他接着讲第三境界,"众里寻它千百度,蓦然回首,那人却在灯火阑珊处"。那就是说,你要想真正懂得一个道理呀,你必须去撞击自己的这个理论思维,你没有"和自己过不去"的这个过程,不可能学到真正的道理。所以莱辛说,"与其记住两个真理,莫如弄懂半个真理"。

列宁说,你要懂得马克思的《资本论》,首先需要懂得黑格尔的《逻辑学》。而黑格尔的《逻辑学》是一种什么样的书呢?他说:"阅读黑格尔的《逻辑学》,是引起头痛的最好的办法。"但是,你只有经历这样的一个头疼的过程,才能够想清真正的哲学道理,所以我把它叫做"撞击理论思维"。没有这样一种和自己较劲的过程,哲学是没法学的。

举一个最简单的例子,我们平时都说,坚持唯物论,反对唯心论,为什么呢?因为唯心论说,先有精神,后有物质。这多荒谬呀。如此荒谬绝伦的唯心主义,为什么哲学史上有那么多聪明的哲学家搞它呢?如果你没有问过,你怎么能够理解,究竟什么是哲学唯心主义呢?所以列宁有一句名言,他说,"从粗陋的、简单的、形而上学的唯物主义的观点看,哲学唯心主义只不过是胡说八道";而"从辩证唯物主义的观点看,哲学唯心主义是把认识的某一个特征、方面、环节、部分片面地、夸大地……发展(膨胀、扩大)为脱离了物质、脱离了自然的、神化了的绝对".[2]这就是说,对于哲学唯心主义,我们要想真正地批判它,需要有一个前提,就是要真正地了解它,那就需要我们真正地思考问题了,所以我把这个叫做"撞击理论思维"。只有有了这样的过程,我们才能够达到第四点要求,这就是"提升理论境界"。

哲学不是一些现成的结论,不是一些枯燥的条文,它是一种理论境界。我们在思考所有问题的时候,我们真正有一种辩证的智慧,我把它叫做"保持必要的张力","达到微妙的平衡"。辩证法是一种艺术,是一种境界,所以,学习哲学,我想最重要的就是"激发我们的理论兴趣","拓宽我们的理论视野","撞击我们的理论思维",从而进一步达到"提升我们的理论境界"。这就是我对本科生的要求。

在这个基础上,如果有机会再去读硕士的话,就应当进入"研究"阶段。主要就是"寻找理论资源,发现理论困难,创新理论思路,做出理论论证"。那么再进一步,如果大家还有机会再去读博士的话,最重要的应当是"抓住基础理论,稳定研究方向,坚持独立思考,进行课题研究"。我们只有这样循序渐进地学习哲学,才能够对哲学有一个由浅入深的理解。这样就有可能达到我对于学习哲学所提出的五句话的要求,这就叫做"高举远慕的心态,慎思明辨的理性,体会真切的情感,执著专注的意志和洒脱通达的境界"。

二 爱智的大智慧

哲学之难,不在于你掌握它的各种具体的知识,而在于你能不能进入一种真正的哲学思考。我们作为一个正常的普通人,往往是在一种所谓的"常识"的层面上去理解哲学,或者说把哲学常识化了。按照经验常识去理解哲学,把哲学变成了冠以哲学名词的常识。就是说,用一些哲学的词句,其实讲的是一些常识的道理,这样,就把哲学变成了常识的延伸。其实不然,哲学不是常识的延伸,而是对常识的超越,或者说,哲学是对常识的批判。

对于哲学,还有一种理解方式,就是按照科学去理解哲学,认为哲学也应当是一门科学。这就是通常所说的,科学以世界的各个领域为对象,而哲学以整个世界为对象,科学提供关于世界的各种特殊规律,而哲学提供关于整个世界的普遍规律。按照这种理解,科学与哲学就是一种特殊与普遍的关系,哲学就是把具有特殊性的科学概念、范畴、定理"提升"为具有普遍性的哲学概念、范畴和定理。这样,就把哲学当成是科学的"延伸",也就是把哲学当成具有最大普遍性和最大普适性的科学,从而取消了哲学与科学的区别,混淆了哲学与科学的关系。其实,哲学与科学是人类把握世界的两种不同的基本方式,它们之间不是特殊与普遍的关系。作为人类把握世界的两种基本方式,科学是以整个世界为对象,从而形成关于整个世界的科学思想,而哲学是以科学所提供的关于整个世界的思想为对象,形成理解和协调人与世界关系的世界观理论。所以,哲学不是科学的"延伸",而是对科学的"反思",或者说是对科学的"超越"。

大家这样一想,我们"走进哲学",就很艰难了! 哲学不是常识,我们不能按照一般的经验常识去理解哲学;哲学又不是科学,我们不能按照一种科学的思维去理解哲学;那么究竟我们怎么去理解哲学呢? 我们经常说,哲学是一种智慧,但哲学又不是一般的智慧,所以,我就想从哲学智慧入手,来和大家谈谈,怎么样"走进"哲学。

哲学智慧是一种什么样的智慧呢? 我把它概括为四个方面:首先,哲学智慧是一种"爱智的智慧",是热爱智慧的智慧;其次,这种热爱智慧的智慧,又是一种"批判的智慧",是一种对"自明性"进行批判的智慧;再次,这样一种批判的智慧是一种什么样的智慧呢? 这就是我们平常经常愿意使用的一个概念,"反思的智慧";最后,这样一种爱智的智慧,批判的智慧,反思的智慧,对于我们究竟有什么用处呢? 它是一种"创新的智慧"。我觉得我们只有对这个哲学智慧有了真正的思考,有了切实的体会,我们才有可能走进哲学,才能够进入真正的哲学思考。所以我下面就和大家谈谈哲学智慧。

首先,我来谈一下,什么叫"爱智的智慧"。大家都知道,我们平时怎么解释哲学呢?我们都用古希腊文的这个含义,philosophy(sophia 意为智慧,philo 意为爱)。正是在这里,显示了我们理解哲学的一个入口处。怎么来理解哲学呢?也就是理解哲学是一种什么样的智慧,或者说,哲学智慧的独特之处是什么。

怎么样来理解哲学不是一种一般的智慧,而是一种特殊的爱智的智慧?我想我们首先应该作这样一种对比:"智慧"与"爱智"。哲学当然是一种智慧了,但是你不能反过来说智慧就是哲学。人类创造的科学、艺术、宗教、伦理、常识,不都是人类智慧么?那么,这种爱智的哲学,它作为一种智慧,它同人类的其他的智慧的区别,究竟在什么地方呢?

爱智的哲学,它不仅仅说哲学是一种特殊的智慧,这点并不重要,重要的是什么呢?它是表明了人类对于智慧的一种态度,一种立场。什么意思呢?就是它把人类的智慧,作为我热爱的、我追究的、我拷问的、我批判的、我反思的对象。大家如果这样想,这才能够进入哲学。哲学不是一种一般的智慧,我有智慧,我比别人聪明了我就是哲学了,不对。哲学,它作为爱智,是对于智慧的一种态度。一种什么态度呢?是一种爱智之忱,是把智慧作为一种批判的、反思的对象。

哲学就是对人类智慧的追问。比如,有智慧的人,他为什么会犯错误呢?我记得大学生辩论赛里边,讨论的一个问题就是,怎么看待刚刚过去的20 世纪?是人类的苦难的世纪呢,还是人类幸福的世纪呢?无论是正题还是反题都不是很容易一下子回答的。这就是哲学讨论的问题了。人就是一种悖论的存在,是一种二律背反的存在。历史发展的形式就是片面性,它需要一种超越常识和科学的智慧去思考它。所以哲学这种智慧,不是一种一般的智慧,它是把人类的智慧作为我们批判的、反思的对象,来对它进行思考,所以才称之为"爱智"。

哲学把人类的智慧作为一种批判的、反思的对象，那么这样它就变成一种爱智的"大智慧"了。有的人说，我比较聪明，但比较聪明不见得有哲学智慧。哲学不是小聪明，哲学是一种大聪明，是一种大智慧，那么这样一种大聪明、大智慧，用我们中国传统哲学的话来说，哲学智慧是一种"天人合一"，"知行合一"，"情景合一"的智慧，"万物皆备于我"，"为天地立心，为生民立命"的智慧，"析万物之理，判天地之美"的智慧，也是一种境界。哲学家冯友兰先生说，人生有四种境界，自然境界、功利境界、道德境界、天地境界。如果真正有了哲学智慧，就能够升华人生的境界，达到冯先生所说的"道德境界"乃至"天地境界"。所以哲学是一种爱智的大智慧，不是小智慧、小聪明。

这样一种大智慧不是一句空话，它首先是求索宇宙奥秘的智慧。所以你看苏东坡的词，"明月几时有，把酒问青天，不知天上宫阙，今夕是何年？"你再看陈子昂的诗，"前不见古人，后不见来者，念天地之悠悠，独怆然而涕下"。他们都是要思考这无边无际、无始无终的宇宙究竟是怎么回事，这样才能获得一种博大的境界。古希腊哲学、中国哲学、印度哲学，没一种不是这样，它们对于整个无限宇宙都有这样一种追问和思考。

对于人类历史、人类社会的追问，是哲学最切近的东西。人生活在这个社会里，人作为一种历史的存在，人最想追问的是什么？人最想追问的是人类这个世界，人类生活，人类社会，人类历史。记得也是一个大学生辩论赛的题目，叫做"人类最大的敌人就是人类自己"。这个辩题真有点禅宗"当头棒喝"的味道，令人震惊又令人深省，我们得承认，人类最难认识的正是人类本身。人类最难认识的是自己，因而人类最难控制的也是自己。

哲学的大智慧，最关注的是当代人类生存的困境。这就是当代哲学的"生存论转向"的哲学内涵。什么叫做哲学的"生存论转向"？就是哲学把自己定位为关注人类自身的存在，哲学试图回答当代人类的生存困境，这才是显示人类哲学的大智慧。

那么最为贴近我们自己的哲学智慧是什么？是我们对于人生的意义和价值的关注。所以冯友兰先生说，什么叫哲学？哲学就是"对于人生的有系统的反思"。

思考人生的意义与价值,是最为贴近的哲学智慧。记得李大钊说:"哲学者,笼统的说,就是论理想的东西。"他还具体解释说:"人们每被许多琐屑细小的事压住了,不能达观,这于人生给了许多苦痛。哲学可以帮助我们得到一个注意于远大的观念,从琐屑的事件解放出来,这于人生修养上有益"。[3]社会人生纷繁复杂,利害、是非、祸福、毁誉、荣辱、进退,扑朔迷离,纷至沓来。人们总是感到"得不到想要的,又推不掉不想要的",总是感到一种"天上的太阳和水中的月亮谁亮"、"山上的大树和山下的小树谁大"的迷惘。因此,人们总是需要一种高举远慕的心态,慎思明辨的理性,体会真切的情感,执着专注的意志和洒脱通达的境界,方能"潇洒走一回"。

哲学,它是一种真正的大智慧。它是帮助我们追问宇宙,追问历史,追问人生的大智慧。有没有哲学智慧,对于一个人来说是绝对不一样的。你有哲学智慧是一种生活,你没有哲学智慧是另一种生活。有没有哲学智慧,肯定生活是不一样的,因为你对于生活的理解是不一样的。就是说,很多别人认为应该孜孜以求的东西,你可能看得无足轻重,而别人看得无足轻重的东西,你可能看得非常珍重。记得清代诗人张潮说,成大事业者,就在于他能够"闲别人之所忙,忙别人之所闲"。别人歌厅舞厅、棋牌麻将,"忙"得不亦乐乎,你却能"闲"别人之所"忙",而去"忙"别人之所"闲",刻苦读书,认真钻研,你当然会成就某种事业了。那么,我们最应重视的是什么呢?那就是黑格尔说的那句话,"人应当尊敬他自己,应当自视能配得上最高尚的东西"[4]。哲学智慧应该是你自己能够尊重你自己的智慧。这才是真正的哲学的大智慧。

哲学,它是青年人最渴望的东西,可以用它去求索这个世界、历史、人生,用它去追问我到底为什么要活着,"我们到底要什么"。如果你有一种哲学智慧,我想你好多东西会看得通达些的,也就知道应该怎样去对待了,怎么对待自己的生活,怎么对待周围的事情。

我非常欣赏联合国教科文组织提出的那个"四学会":学会学习、学会生存、学会做事、学会合作。我觉得我们大学生应该是学会这"四会"。我记得作家张炜在对大学生的一次讲演中说:"大学应该是现代思想的发源地,大学应该高瞻远瞩。大学尤其不应该是个时髦的地方。太时髦了就容易遮掩真正的见解,淹没清晰的思路。"正是基于对大学的这种理解,他认为,不管学习什么专业,"在大学阶段都要涉足比较重要的、深邃的思想体系,这种开阔思路、视野的过程,对一生都非常难得,也算没白上了一次大学。""大学生时期最重要的,是要有超越职业追求的某些理念和实践,这样才算没有白过了大学生活。"

我很欣赏张炜关于大学、大学生以及大学生活的这些看法,并认为这些看法阐发"教养"之于"教育",特别是"现代教养"之于"现代教育"的意义,因此我以培养学生的"高举远慕的心态、慎思明辨的理性、体会真切的情感、执著专注的意志和洒脱通达的境界"来表达对人文教育的期待。我给大家讲哲学,就是希望引导大家向往并形成这种深厚的人文教养。我想这就是哲学的大智慧它能够给予我们的最重要的东西。

三　爱智的激情

古往今来的哲学家,都有一种爱智的激情。哲学就是一种爱智的激情,是一种抑制不住的渴望。

那什么是一种抑制不住的激情呢? 它首先是一种对于大自然的惊奇。古希腊哲人亚里士多德说,哲学始于对大自然的惊讶,你首先非得惊奇不可。你把什么都看得冷漠了,到八月十五了,那么美好的一个月圆之夜,"星垂平野阔,月涌大江流","海上升明月,天涯共此时",可是你躲在屋里漠然置之:啥呀,不就月亮么?! 可不就是月亮呀! 但是你想一想,月亮里面不是寄托了我们的一种诗意的存在么,对不对呀? 我在农村干活的时候,人们把太阳叫"老爷儿",早晨说"老爷儿"出来没? 干完活,"老爷儿"落下去没有? 你看那喷薄欲出的一轮红日! 你看那把天空铺满彩霞的夕阳! 叫朝霞,叫夕阳,它不叫"老爷儿"么!这里有一种对大自然的惊讶!一种惊奇,一种热爱!一种抑制不住的渴望!这才能有哲学思考呀!如果这点也没有,这就没哲学了。哲学它首先是源于对大自然的激情。

那么其次,它源于一种强烈的社会责任感。一个真正的哲学家,如果没有一种强烈的社会的责任感,对于历史、社会、他人漠不关心,还想学习哲学,这个不大现实。古往今来的哲学家在哲学著作里,不管使用了怎样抽象的概念,怎样晦涩的语言,但在深层里边蕴含着的是什么?是对于人类命运的关切。大家读黑格尔,说黑格尔的东西也太晦涩了,其实,黑格尔说,你只有通过个体理性与普遍理性的辩证融合,你才能使你自己崇高起来。这就叫黑格尔。黑格尔的"绝对理念"是一种伦理实体,是一个"使人崇高起来"的逻辑。马克思和恩格斯说,黑格尔哲学是"法国革命的德国理论",也就是说,黑格尔哲学是以理论的方式表达了法国资产阶级革命的理想和要求。正因如此,黑格尔才能够面对马背上的拿破仑说,他只不过是"马背上的世界精神",而黑格尔的哲学才是真正的"世界精神"。这就是黑格尔哲学,这就是作为黑格尔自己所说的"思想中所把握到的时代"的哲学。

什么叫马克思的哲学?马克思的哲学就是关于人类解放的哲学。我们搞现代化,全面实现小康社会,要达到什么?人的全面发展!马克思说,"每个人的自由发展是一切人的自由发展的条件"。[5]这不就是马克思给我们提供的哲学思想么?马克思的学说就是实现每个人的自由的全面发展!所以这种哲学智慧呀,它首先表现了一种对大自然的惊讶,那么同时它蕴含了一种强烈的社会责任感。

古往今来的伟大哲人,无不具有巨大的、崇高的使命感和强烈的、执著的主体自我意识。对人类进步的关注,对人类命运的深思,对人类未来的憧憬,这是哲学家的不可或缺的"人文情怀"。对自己所从事的哲学事业的挚爱,对自己所承担的历史使命的自觉,对自己所进行的哲学探索的自信,这是哲学家的极为重要的心理品质。对流行的思维方式、价值观念和审美意识进行前提的追问,对人类的哲学理念进行创造性的重构与再建,对自己所承诺的哲学理念进行前提的批判,这是哲学家的永无止境的求索。

哲学最需要的是一种大气概,没有大气概就没有哲学!你看1972年尼克松访问中国的时候,毛泽东说了,我和你尼克松只谈哲学!没有这样一种哲学思想他能成其为毛泽东么?毛泽东在他的诗词中写道,惜秦皇汉武,略输文采,唐宗宋祖,稍逊风骚,一代天骄,成吉思汗,只识弯弓射大雕,俱往矣,数风流人物,还看今朝!毛泽东具有这样一种洞察历史的哲学家的气魄,一种真正的哲学智慧!

这种爱智的激情,又是对于自我的一种追问。它始于对自然的惊讶,它缘于对社会的一种责任感,更贴近的是一种对自我的追问。所以我们说什么叫哲学,我给大家讲,哲学就是一种理论化的人类的自我意识,就是关于人的存在的自我意识理论,是关切人自己,从而关切人与世界关系的理论。哲学的这样一种爱智的激情,不仅仅源于对大自然的追问,源于对社会的责任感,对于每个人来说,它还是源于一种对于自我的追问。

前一段我和几位教师写了一套丛书,叫做"生命意识丛书",《超越意识》、《死亡意识》、《宽容意识》、《悲剧意识》,其中我写的《超越意识》。这四种意识,正好是人对自我的一种追问。大家都知道,帕斯卡尔曾经说过,人要是没有思想的话,不过就像一棵芦苇一样,甚至连一枝芦苇都不如。那为什么人不但胜过芦苇,而且是天地之精灵呢?人有自我。所以哲学这种爱智的激情,它更体现的是,人对自我的追问。

哲学总离不开人对自己人生的意义和价值的追问。在这个意义上,你说哲学是世界观,哲学是历史观,但是更贴近的,哲学就是人生观!哲学是对于人生的一种理解,你只有理解了你自己是一种怎样的存在,你才有可能进一步地去追问社会历史是怎样的一种存在?你才会去理解人同世界是怎样的一种关系?我们现在常说世界观,什么是世界观?世界观不是说你跳出世界之外去"观"整个世界;所谓的哲学,它是从人出发,去反思人同世界的关系。哲学是从人出发的!从人出发去理解人同整个世界的关系,那就包括人同自然的关系、人同社会的关系、人同他人的关系、人同历史的关系、人同自我的关系,哲学是研究人和世界的关系的!

哲学,尽管人们对于它应该完成和能够完成的使命有大不相同的看法,然而,它需要以时代性的内容、民族性的形式和个体性的风格去求索人类性的问题,这是它作为人类把握世界的一种基本方式的本性。以人类性问题为对象的哲学,要求它的学习者或研究者培养自己的高远的气度、高明的识度和高雅的风度。

按照中国传统哲学的看法,所谓"哲学",应该"判天地之美,析万物之理","为天地立心,为生民立命",因此所谓"哲人"应该"究天人之际,通古今之变,成一家之言",为人类提供"安身立命之本"。冯友兰先生说:"照中国的传统,研究哲学不是一种职业。每个人都要学哲学,正像西方人都要进教堂。学哲学的目的,是使人作为人能够成为人,而不是成为某种人。其他的学习(不是学哲学)是使人能够成为某种人,即有一定职业的人。所以过去没有职业哲学家;非职业哲学家也就不必有正式的哲学著作。在中国,没有正式的哲学著作的哲学家,比有正式的哲学著作的哲学家多得多。"[6]因此他又提出,哲学是要使人超越"自然境界"、"功利境界"和"道德境界"而达于"天地境界"。

西方传统哲学一向以"寻取最高原因的基本原理"为己任,并以"使人崇高起来"为目标。古希腊哲人苏格拉底提出,"未经反省的生活是无价值的生活"。另一位哲人柏拉图认为,在人的"爱财富"、"爱荣誉"和"爱智慧"的欲求中,"爱智慧"是人的最重要,也是最高尚的需求。整个西方传统哲学的集大成者黑格尔则认为,"真理的王国是哲学所最熟悉的领域,也是哲学所缔造的,通过哲学的研究,我们是可以分享的"。因此他满怀激情地提出:"追求真理的勇气,相信精神的力量,乃是哲学研究的第一条件。人应尊敬他自己,并应自视能配得上最高尚的东西。"[7]

马克思主义是关于人类解放的学说。卡尔·马克思和弗里德里希·恩格斯是人类的骄傲。人类的伟大的解放事业,是同这两个伟大的名字联系在一起的。"为全人类而工作",是这两位伟大哲人的"始终如一"的"目标"。

马克思和恩格斯提出:"代替那存在着阶级和阶级对立的资产阶级旧社会的,将是这样一个联合体,在那里,每个人的自由发展是一切人的自由发展的条件。"[8]这个伟大的理想,不仅要求把人从物的统治下解放出来,使人的劳动变成自主活动,而且要求最终地消除个人向完整的个人、全面发展的个人迈进过程中的一切阻碍。因此,马克思主义哲学具有"对现存的一切进行无情的批判"的彻底性。

哲学是一门追本溯源、寻根究底的学问,是一门为人类寻求"安身立命之本"和"使人崇高起来"的学问。学习和研究哲学,需要有与"哲学"相称的博大的胸怀、开阔的视野和"万物皆备于我"的气概。这就是学习和研究哲学所需要的高远的气度和高举远慕的心态。

学习和研究哲学的高举远慕的心态,首先是一种坚韧不拔的理想性追求。人类的"哲学",植根于人类的实践活动和理论思维的无限的指向性。它永远是以理想性的追求去反观现实的存在,永远是以"历史的大尺度"去反省历史的进程,永远是以人类对真善美的渴求去反思人类的现实。哲学,它使人由"眼前"而注重于"长远",由"小我"而注重于"大我",由"现实"而注重于"理想",从而使人从琐屑细小的事物中解放出来,从蝇营狗苟的计较中解放出来。哲学是赋予人的生活以目的和意义的世界观。它永远是理想性的。它要求学习哲学的人永葆理想性的追求。

哲学的理想性,要求人具有英雄主义精神。人生,是人的生命显示自己的尊严、力量和价值的过程。人生需要生命过程中的奋斗与光彩。所以我常说,生活的现实可以不是"英雄主义的时代",但人的生活却不可以失落"英雄主义的精神"。学习哲学,需要英雄主义精神,也能够培养人的英雄主义精神。

什么是英雄主义精神?英雄主义精神是一种人的尊严。有了人的尊严,才能活得堂堂正正,坦坦荡荡。在遭受冷遇的时候,敢于对自己说:"天生我材必有用。"面对可畏的人言,敢于对自己说:"吾善养吾浩然之气。"在条件艰苦的时候,敢于对自己说:"斯是陋室,惟吾德馨。"在受到委屈的时候，敢于对自己说："莫道前路无知己，天下谁人不识君。"在坎坷的人生之旅中，敢于对自己说："莫怕穿林打叶声，何妨吟啸且徐行，竹杖芒鞋轻胜马，一蓑烟雨任平生。"而在病魔缠身，死神逼近的时候，敢于对自己说："只因平生无愧事，方敢死后对青天。"这就是"贫贱不能移，富贵不能淫，威武不能屈"的人的尊严，这就是哲学智慧所要培育的人的尊严。

哲学，它是对智慧的真挚、强烈、忘我之爱，是人类的"爱智之忱"的集中体现。这种"爱智之忱"，是探索宇宙的奥秘和洞察人生的意义的渴望，是促进历史的发展和提升人类的境界的渴望，是超越现实和向前提挑战的渴望，是悬设新的理想和创建新的生活世界的渴望，是为人类寻求"安身立命之本"和确认"最高的支撑点"的渴望。正是这种"抑制不住的渴望"，燃烧起古往今来的伟大哲人对"哲学"的永无止境的求索，也燃烧起我们每个人对哲学的无法割舍的热爱。

注　释

〔1〕　参见《马克思恩格斯选集》第 3 卷，第 533 页。

〔2〕　参见《列宁全集》第 38 卷，第 411 页。

〔3〕　《李大钊文集》，人民出版社 1984 年版，下卷，第 345 页、第 644 页。

〔4〕　黑格尔：《小逻辑》，商务印书馆 1980 年版，第 36 页。

〔5〕　《马克思恩格斯选集》第 1 卷，第 273 页。

〔6〕　冯友兰：《中国哲学简史》，北京大学出版社 1985 年版，第 16 页。

〔7〕　黑格尔：《小逻辑》，商务印书馆 1980 年版，第 36 页。

〔8〕　《马克思恩格斯选集》第 1 卷，第 273 页。

第二讲

熟知与真知

把简单变复杂

由名称到概念

反思的智慧

创新的智慧

    前面我们谈了怎样理解"爱智"的哲学,即:它是对智慧本身的一种追问。这种对智慧本身的追问,使哲学构成了一种批判的智慧。所谓批判的智慧,就是对不证自明的、不言而喻的各种思想和观念的考察、分析和反思。哲学智慧的突出特点,在于它不是一般性地去考察那个认识的对象,而是把那个关于认识对象的"观念"、"思想",当成了一种批判的对象,这就是黑格尔所说的"对认识的认识"、"对思想的思想",也就是"反思"。

    在理解哲学"反思"的时候,特别值得大家"反思"的是,哲学所批判的不是所谓深奥的东西,它要批判的是我们大家平常不太追问的东西,也就是批判性地思考我们的"熟知而非真知"的各种思想观念,这就叫做对"自明性"的分析。如果借用哲学家康德的话说,哲学对"自明性"的分析或反思的活动,就是一种"清理地基"的工作。

一 把简单变复杂

我常愿意说一句话,如果把哲学和科学作一个最直接的对比的话,那么我说,科学是把复杂的东西变简单,而哲学呢? 是把简单的东西变复杂。所以,学哲学和学科学的感觉应当是不一样的。

你学科学的感觉是什么呢? "我不说,你糊涂;我一说,你明白"。哲学与此相反,"我不说,你明白,我一说,你反而糊涂了"。为什么是这样? 因为科学把复杂的东西变简单了,用简单的东西去说明、解释复杂的东西,所以"我不说,你糊涂;我一说,你明白"了。然而,哲学是把简单的东西变复杂了,是把看似简单的东西如实地揭示出它的复杂性,所以,"我不说,你明白",你认为那是很清楚、很简单、很明白的,可是"我一说,你糊涂"了,你发现简单的东西竟然是如此之复杂,以至于复杂得深不可测,不可穷尽。

你想进入哲学思考,你得"走进哲学"。怎么走进哲学呢? 你就得想,究竟这种爱智的智慧是一种什么样的智慧呢? 这种爱智的智慧是一种批判的智慧。什么是批判的智慧呢? 就是对"自明性"的分析。什么叫对自明性的分析呢? 科学是把复杂的东西变简单,给你公式、定理、定义,你解释各种现象去吧,就像我说了,三角形三内角和等于180度,做题去吧,对不对呀? 知道两个角的度数就求出第三个角的度数了。科学把各种各样的复杂的问题变简单了,所以当着我不说的时候,你怎么样? 你糊涂! 不知道这边角关系。我一说呢,你就明白了。而哲学恰好相反,我不说的时候,你非常明白,我一说的时候,你糊涂了。别的不用说了,"哲学",我不说的时候,你怎么样? 你明白嘛。什么叫哲学? 哲学是关于世界观的学问,哲学是世界观还是方法论,哲学是关于自然知识、社会知识和思维知识的概括和总结。你多明白呀! 你都背下来了。但是我要一追问怎么样了呢? 你糊涂了。哲学不是宗教,哲学还不是科学,哲学不是艺术,哲学还不是道德,那你说是啥? 好多同学愿意这样问,老师你说到底是啥?我说,对于所有的哲学家来说,他最感兴趣而又头痛的问题,就是哲学究竟是什么。"哲学",是把你不当作问题的问题,当作问题。所以它是对"自明性"的分析。

哲学是对自明性的分析,它是怎么对自明性分析的呢?首先就是把"熟知"和"真知"区别开来。它认为,你熟知的东西并非是真知,你经常挂在嘴边的名词,往往是你最无知的东西。而哲学干什么呢?用苏格拉底的方法,就是先使你"自知"你的"无知",用黑格尔的话说,就是使你"自知"你所"熟知"的并非是"真知",从而促使你在"反思"中从"熟知"走向"真知"。这是西方哲学所说的使人"自觉"的方式,也是中国哲学所说的使人"觉解"的方式。

比如说,什么是"人"?中国人骂人的时候最爱骂"你不是人"。我就问了:你说人家不是"人",那我问问你,你说什么是"人"?这个问题你最没法回答。回家翻《辞海》,翻《词典》,那《辞海》、《词典》上说了,"人是能够制造和使用劳动工具进行生产的高等动物"。可是当你骂一个人说他"不是人"的时候,你是说他"不会使用劳动工具"、"不会进行生产"吗?不是这个意思!跟那个《词典》、《辞海》的意思一点不贴边呀!你说的是什么意思?是说这个人没有"人情",这个人丧失了"人味",这个人失掉了"人伦",这个人缺少"人品",对不对呀?人应该有的"人情"、"人伦"、"人味"、"人品",他丢掉了,所以我们才说,他"不是人"。这不就是"熟知非真知"么?你经常挂在嘴边的,往往是最无知的。

再比如说,我们号召大家都要去学习"理论",那什么叫"理论"?我们常常把"理论"当成是一堆枯燥的条文、现成的结论和空洞的说教,所以许多人对"理论"敬而远之,甚至是漠然置之。其实,"理论"是离我们最近的东西。"理论"就是规范着我们每个人想什么,不想什么;怎么想,不怎么想;做什么,不做什么;怎么做,不怎么做的那个东西。你琢磨琢磨。理论就是规范人们的思想和行为的各种概念系统。理论离我们最近。可是,由于只是"熟知",而非"真知",结果是"假作真时真亦假,无为有处有还无",把最为重要的"理论"当成了最无用的东西。

中国人说,"君子坦荡荡,小人常戚戚"。为什么?理论背景不一样!学了哲学还能蝇营狗苟吗?还能常戚戚吗?"常戚戚"就是哲学还没学到手。外国人说"仆人眼中无英雄"。仆人眼中看不到英雄,为什么?他没有相应的理论背景,他无法从"英雄"的胸怀、视野、情操去理解"英雄",所以他看到的人全都是仆人。琢磨琢磨,我们学习,为什么需要学习?美国的一位著名的心理学家说,一个人,只有在适当的年龄受到适当的教育,他才是人。为什么?因为人是一种历史文化的存在,而"教育"是这种历史文化遗传的中介。我们只有通过这种社会遗传的机制,才能成为一个真正意义上的公民。你受到了教育,你看世界就不一样了。所有的问题都是如此。你认为你都熟悉了,但你并没有真正地去了解它,所以黑格尔认为,哲学就是引导人们超越"熟知"而达到"真知"。

谈到黑格尔,我们应当思考一下黑格尔哲学里边的三个最基本的概念,叫做"自在"、"自为"和"自在自为"。这三个概念正是表明,不超越熟知而达到真知,就不可能从"自在"走向"自为"再走向"自在自为"。所以你看辛弃疾写的那个词,"少年不识愁滋味,爱上层楼,爱上层楼,为赋新诗强说愁"。到我这年龄段了,"如今识尽愁滋味,欲说还休"。欲说还休怎么样?"却道天凉好个秋!"你想一想,年轻的人最愿意唱情歌,怎么样,有位音乐评论家说,现在满街的情歌是有"歌"没"情"!"为赋新诗强说愁。"那是自在的阶段。真正自在而又自为了,"却道天凉好个秋"。

前面谈到的王国维写的读书三境界,"昨夜西风凋碧树,独上高楼,望尽天涯路",这是第一境界,也就是"自在"阶段;进入第二境界,"为伊消得人憔悴,衣带渐宽终不悔",读进去了,但这才是"自为"呀;最后怎么样,"众里寻它千百度,蓦然回首,那人却在灯火阑珊处",这才超越了"自在"和"自为",达到了"自在"又"自为"的"自由"么!为什么说"难得糊涂",你不糊涂你就"自在",你就必须得糊涂,糊涂,就"自为"了么。你超越了这样一种自为的学习阶段,你才有可能达到一种自在自为即自由的程度。哲学,是一种批判的智慧。

哲学这种"大智慧"和"大聪明",不是既定的知识,不是现成的结论,不是实例的解说,不是枯燥的条文,而是追究生活信念的前提,探寻经验常识的根据,反思历史进步的尺度,讯问评价真善美的标准。哲学智慧反对人们对流行的生活态度、思维方式、价值观念、审美情趣等等采取现成接受的态度,反对人们躺在无人质疑、因循守旧的温床上睡大觉。马克思说,辩证法在它的"合理形式"上,就是"在对现存事物的肯定的理解中同时包含对现存事物的否定的理解,即对现存事物的必然灭亡的理解;辩证法对每一种既成的形式都是从不断的运动中,因而也是从它的暂时性方面去理解;辩证法不崇拜任何东西,按其本质来说,它是批判的和革命的。"[1]

哲学智慧是反思的智慧、批判的智慧、变革的智慧。它启迪、激发和引导人们在社会生活的一切领域永远敞开自我反思和自我批判的空间,促进社会的观念更新、科学发现、技术发明、工艺改进和艺术创新,从而实现人类的自我超越和自我发展。这就是从"熟知"到"真知"的哲学智慧。

二　由名称到概念

从"熟知"到"真知",它的真正的意思是什么呢?它的真正的意思用一句最简洁的话就是,超越"名称",走向"概念"。什么叫做"超越名称走向概念"呢?就是我们作为一个普通的人,不管你学习哪门学问,你在真正地把这门学问学到手之前,它给予你的所有的概念,都不是作为"概念"出现的,而是作为"名称"出现的。我们只有超越对"概念"的"名称"式的理解,真正达到对"概念"本身的理解,才能把每门学问学到手。

大家都学习过"普通逻辑"了,都知道这种普通逻辑是"暂时撇开思想内容,专门研究思维的形式结构",因此是一种关于概念的"外延"的逻辑。那么,为什么要超越普通逻辑走向辩证逻辑呢?为什么要超越外延的逻辑走向内涵的逻辑呢?为什么黑格尔要创立一个《逻辑学》呢?为什么列宁说马克思的《资本论》是"大写的逻辑"呢?你们学过的那个逻辑学是"外延逻辑"，而黑格尔要创立的那个逻辑学是什么逻辑？内涵逻辑，是思想自觉为思想的逻辑。这就是黑格尔的逻辑学了。什么叫做思想自觉为思想的逻辑呢？就是把"名称"升华为"概念"的逻辑。所以学习哲学呀，在一定的意义上，就是把名称变为概念。这就比较艰难了。

列宁说，阅读黑格尔的《逻辑学》是引起头痛的最好的办法。思考"名称"与"概念"的关系，这也是引起头痛的最好的办法。你开始听我讲哲学好像挺热闹，"独上高楼，望尽天涯路"，现在开始你就得"众里寻它千百度"了，就要想怎么就是把"名称"变成"概念"了呢？那就是因为，我们平常使用各种各样的概念，但是我们并不理解它的思想内涵，只是把它作为一个关于事物的名称，把相应的对象联系在一起就完事了。比如说，什么叫粉笔？把手中的粉笔一举，这就是粉笔。什么叫茶杯？再把桌上的茶杯一举，这就是茶杯。这就是一种"名称"式的把握方式。怎么是"概念"式的把握呢？这就需要对"自明性"的"粉笔"、"茶杯"追问了：我为什么会把如此这般的这个东西称之为粉笔呢？我如果没有粉笔的概念我会把如此这般的东西当做粉笔吗？我为什么把它留起来用它写字而不把它扔到垃圾堆里去呢？我知道白色的粉笔为什么我还会创造出红色的呢？我原来写字一定会出粉笔灰，现在为什么会生产出没有粉笔灰的粉笔了呢？这就叫做从"名称"进入到"概念"了。

为什么科学能把复杂的东西变简单呢？因为科学能从错综复杂的现象当中找到本质，从各种各样的偶然性当中找到必然性，从千差万别的特殊性当中找到普遍性。那么什么叫做本质？什么叫做必然？什么叫做普遍？一言以蔽之，两个字，"规律"嘛！科学能够把复杂的东西变简单，不就是因为它能够用规律性的东西去说明千差万别的、千变万化的东西么？然而，我就要问了，什么是"规律"？同学们在中学里边都背下来了，"事物内在的稳定的必然的联系"就叫"规律"。然后你又说了，规律是看不见、摸不着的，但是又是可以被人认识，被人所利用的。那看不见、摸不着的规律你怎么能认识它呢？你问过自己吗？看不见、摸不着，你怎么能发现那个规律呢？你怎么能说那规律是客观的呢？两位伟大的物理学家爱因斯坦和波尔曾经有一个论战，就是关于微观粒子的论战。通过宏观仪器的中介，微观粒子才能被我们所发现，那么这就提出一个问题：我们所发现的微观粒子，究竟是微观粒子本身呢？还是微观粒子的宏观仪器的显现？玻尔和爱因斯坦给出了截然相反的回答。那你说到底是什么？它是微观粒子本身呢还是微观粒子的宏观显现？所以类似的问题都向我们提出一个共同的问题：我们发现的那个规律究竟是什么？我们通过思维的规律所把握到的存在的规律，它是不是存在的自身的客观的规律？这个问题怎么回答？大家想过没有？这就叫哲学了！这才叫哲学呀！康德怎么是哲学家呢？他在想，你说那个规律，它究竟是我思维把握存在的主观的规律呢，还是我思维所把握到的客观自身的规律呢？

恩格斯曾经有一句名言，他说，"我们的主观的思维和客观的世界服从同样的规律，因此，二者在自己的结果中不能互相矛盾，而必须彼此一致。这是我们理论思维的不自觉的和无条件的前提"。[2]什么意思呢？除了哲学以外的所有的科学，数理化呀，天地生呀，都把那个思维所把握到的存在的规律就当做存在的规律。而哲学不然了，哲学要追问，思维所把握到的存在的规律，究竟是思维的规律还是存在的规律？所以它是对于人类"理论思维"的"前提批判"。这就同科学不一样了，科学是把思维和存在的统一性当做天经地义的、不证自明的、不言而喻的东西。它如果不这样，怎么进行科学研究呀？如果科学家也像哲学家一样在那追问，我所看到的粉笔就是粉笔吗？这糟了，这物理学家怎么研究呀？物理学家不问这个了，粉笔就是粉笔，我就开始研究粉笔的硬度呀，粉笔的颜色呀，粉笔的结构呀，粉笔的形态呀。为什么说哲学的基本问题是"思维和存在的关系问题"呢？是因为哲学把"思维和存在的关系"当成"问题"了，才真正叫哲学了。它是一种批判的智慧，它是指向那个"前提性"的东西的智慧，它是追究、反思、批判那个"前提"的智慧。

前面我们说过，艺术"创造"，画家是"创造"了油彩还是创造了画笔？舞蹈家是"创造"了胳膊还是创造了腿？文学家是"创造"了语言还是创造了声音？什么也没"创造"呀，那怎么叫创造呢？创造了什么？这七个音符什么歌都能唱，有限的阿拉伯数字我们什么都能计算，有限的文字我们什么都能表达，创造了什么？为什么现代哲学最发达的是"意义"理论？我们创造了"意义"！所以你听音乐、看画展、读小说，你听见什么了？你看见什么了？你读出什么了？你听出"意义"、看出"意义"、读出"意义"了么。你看那个同学跳舞跳得好，他怎么就跳得好了？他使我们受到了一种感染，获得了一种领悟，体验到了一种美的愉悦，所以我们才说他跳得好。

在人们的经验意识中，"概念"只不过是关于某种对象的"名称"，这些"名称"与它所指示的"对象"是确定的、稳定的对应关系，因此作为"名称"的"概念"既是无矛盾的，也是非发展的。例如，在人们的经验意识中，"人"也好，"物"也好，"规律"也好，"真理"也好，它所指称的对象，它对所指称的对象的理解，都是确定的，不变的，因此，"人"、"物"、"规律"、"真理"这些概念本身也是确定的，不变的，无矛盾的，非发展的。正是这种把"概念"当做"名称"的经验意识，构成了恩格斯所说的"是就是，不是就不是；除此之外，都是鬼话"的形而上学的思维方式。超越这种形而上学的思维方式，就必须超越经验意识，在对"概念"的矛盾的、发展的理解中构成哲学的辩证智慧的思维方式。

这里先以"人"为例来说明。"人"是历史的存在，文化的存在，具有特定的历史、文化的内涵，即"人"本身是矛盾的、发展的存在。但是，在人们的经验意识中，"人"就是"人"，"人"自身并无矛盾；即使人们在经验意识中承认"人"是矛盾的存在，也难以自觉地意识到用以指称"人"的"人"这个概念的内在矛盾。其实，我们对"人"的理解，是在揭示"人"的内在矛盾中不断深化的。比如，在哲学史上，费尔巴哈把"人"理解为"感性的存在"，马克思则把人理解为"感性的活动"和"一切社会关系的总和"。这种概念理解中的深化，反过来又深化了对概念所指称的对象的理解，即深化了对"人"本身的理解。在这种对概念的内在矛盾的理解中，"人"不再是某种既定的、不变的存在,而是矛盾的、发展的存在。这就是对"人"的辩证理解。

对"物"的理解也是如此。如果我们把"概念"只当成指称对象的"名称",被指称的对象就是既定的、不变的;只有在科学研究中深化对"概念"的内在矛盾的认识,才能深化对"物"的辩证理解。对此,科学家们有深刻的理解。爱因斯坦说,"物理学是从概念上掌握实在的一种努力"。[3]海森堡说,"物理学的历史不仅是一串实验发现和观测,再继之以它们的数学描述的序列,它也是一个概念的历史。"[4]人类科学的发展史,就是科学概念的形成和确定、扩展和深化、更新和革命的历史。科学所编织的概念之网,构成人类"认识世界的过程中的一些小阶段,是帮助我们认识和掌握自然现象之网的网上纽结"。[5]试想一下,一个不懂得物理学的人,他除了把指称"物"的"概念"当做"名称",又能把"概念"当成什么呢? 他没有物理学的知识,又怎么发现物理学的概念与对象之间的矛盾呢? 他除了把"物"视为"是就是,不是就不是"之外,他又怎么能达到对"物"的"辩证"理解呢?

我们再说真理。究竟什么是"真理"? 在人们的经验意识中,"真理"的问题是一个极为简单的问题,即概念与对象的符合问题,也就是我所使用的概念指称的就是它应当指称的对象,或者说"正确地反映"了"客观对象"。然而,在对"真理"这个概念的辩证理解中,却引发出了层层深入的矛盾:在最直接的意义上,"真理"的问题就是概念所指称的对象是否存在的问题,也就是"有没有"的问题;然而,进一步我们就会发现,"真理"的问题并不只是回答概念所指称的对象"有没有"的问题,而主要是回答概念是否表达了对象的"本质",即"对不对"的问题;在"对不对"的问题中,又可以分为"表象"之真与"思想"之真的问题,即"表象"是否"正确地反映"了对象的"现象",以及"思想"是否"正确地反映"了对象的"本质";如果进一步追问,我们又可以发现,"真理"的问题并不仅仅是"有没有"、"对不对"的问题,而且还是"好不好"的问题。作为辩证法大师的黑格尔有一段精彩的论述,他说,"譬如我们常说到一个真朋友。所谓一个真朋友,就是指一个朋友的言行态度能够符合友谊的概念。同样,我们也常说一件真的艺术品。在这个意义下,不真即可说是相当于不好，或自己不符合自己本身。一个不好的政府即是不真的政府，一般说来，不好与不真皆由于一个对象的规定或概念与其实际存在之间发生了矛盾。对于这样一种不好的对象，我们当然能够得着一个正确的观念或表象，但这个观念的内容本身却是不真的。"[6]黑格尔的这段论述，把一个看似简单的问题复杂化了，也就是把一个本来复杂的问题复杂化了。这应当说是一种真实的辩证思考。如果我们从哲学层面去看"真理"的"有没有"、"对不对"、"好不好"的问题，其实就是要求我们从存在论、认识论和价值论的统一中去理解"真理"。这样的真理观只能是辩证法的真理观。

概念的内涵，是一个具有历史文化内容的内涵。没有任何一个概念，是有固定的定义的。所有的定义都是一个历史的发展的过程。比如说"哲学"吧，古代人怎么理解哲学？近代人怎么理解哲学？现代人怎么理解哲学？它是发展的。如果我们承认哲学是关于人与世界关系的理论，那么，我们就会懂得，哲学的发展，从根本上说，是"发展"了人对"人"的理解。马克思在《关于费尔巴哈的提纲》里边说了，"人的本质不是单个人所固有的抽象物，在其现实性上，它是一切社会关系的总和"[7]。怎么理解？什么是人？怎么理解人？我在《超越意识》那本书里，一开头就说，"人是世界上最奇异的存在，超越性的存在"。怎么就是超越性的存在了？我在那本书里接着就写道：世界就是自然。它自然而然地存在，存在得自然而然。然而，从自然中生成的人类，却要认识自然、改造自然，把自然而然的世界变成"人化了的自然"即"属人的世界"。为了让世界满足自己的需要，人类从这个自然而然的世界中去探索"真"、去寻求"善"、去实现"美"，把这个自然而然的世界变成对人来说是"真善美"的世界。"同天人"，"合内外"，"穷理尽性"，"万物皆备于我"，这不正是人类对自然而然的世界的"超越"吗？人生亦为自然。"人之生，气之聚也，聚则为生，散则为死"，生生死死，自然而然。然而，本为自然的人类，却要认识人生、改造人生，把人的自然的生存变成创造"属人的世界"的生活。人类在对"人生"的认识与改造中，去寻求"意义"、去追求价值、去争取自由，把人类社会变成人类所憧憬的理想的现实。人类在人生的困惑与奋争、理想的冲突与搏斗、社会的动荡与变革、历史的迂回与前进中,绘制出人类自己创造自己、自己发展自己的色彩斑斓的画卷,这不正是人类对自然而然的人的生命活动的"超越"吗?人类超越了自然而然的"世界",超越了自然而然的"生命",于是人类成为"万物之灵",这就是"超越性的存在"。所以你真实地去理解呀,我们对于所有问题的理解,都不能仅仅是一个"名称",它是一个"概念"。哲学就是引导我们超越"名称"式的把握,而达到"概念"式的理解。

什么是概念式的理解?概念式的理解就是一种反思的智慧。它从名称到概念,把一种"自明性"的东西当做一种无知的东西来追问了,所以它显示了哲学智慧的更深切的特点,它是一种"反思的智慧"。

三　反思的智慧

什么是爱智的智慧?什么叫哲学?我说哲学就是两个字,"反思"。"反思"才是真正的爱智的哲学智慧。

哲学就是反思。除了哲学之外的所有的科学,都是把世界作为它的对象,通过它的科学研究,从而构成关于世界的"思想"。具体地说,世界的各个领域、世界的各个层次、世界的各个方面,都是科学研究的对象,从而构成关于"世界"的各种各样的"思想"。与此相反,哲学是把各门科学"关于世界的思想",作为它"再思想"的对象,"再认识"的对象,也就是把"思想"作为它思想的对象,所以哲学就叫做——"反思"!"反思"就是思想以自身作为对象反过来而思之。

"思想"思想自己,这里的第一个"思想"是动词,是把"思想内容"、"思想观念"作为对象的思想活动,第二个"思想"是名词,是作为被思想的"思想内容"或"思想观念"的思想,所以哲学就是一种反思思想的思想活动。反思,这是哲学的思维方式。没有哲学的反思的思维方式,永远也进入不了哲学的境地,永远也建立不起哲学的智慧。哲学之难,在于进入之难。进入之难,在于反思之难。你没有这样一种关于反思的自觉,你就没有哲学智慧了。

我们很多人都学了哲学,记住了各种各样的概念呀,命题呀,定理呀,但是你还是没有哲学智慧。哲学智慧说到底是一种反思的智慧。有了这种反思的智慧,任何一种思想以及这种思想所指向的对象,都构成你哲学思考的对象。如果我有一种哲学的反思的自觉,或者说我有一种反思的智慧的话,我面前的一切,包括我面前的这张"桌子",我手中的这支"粉笔",我关于这一切的思想,就成了我的哲学的"反思"的对象。我的认识就会超越对"桌子"的"名称"式的把握,而达到对"桌子"的"概念"式的反思。

对于这张"桌子",任何一个正常的普通人都会说,"这是一张桌子"。而"爱智"的哲学却要从"思维和存在的关系"提出"问题":究竟什么叫"桌子"?如果我没有"桌子"的概念,我怎么会把"这个东西"称做"桌子"?离开我对"这个东西"的"感知",我能否知道"桌子"的存在?我怎样判断这个"桌子"的真与假、善与恶、美与丑?我为什么会爱护这张"桌子"而不是毁坏它?我们为什么会把不是"这个东西"的"桌子"也称做"桌子"?我们为什么能够"创造"出比我们已有的"桌子"更"高级"的"桌子"?如此等等。

从对"桌子"的思考出发,我们就可以明白,科学的特点是把复杂的东西变简单,而哲学却是把简单的东西变复杂。的确,我们在这里所提出的种种关于"桌子"的问题,在非哲学的思考中,会被认为是荒唐、无聊和可笑的;但是,在对"桌子"的这种追问中,却的确是蕴含着无限丰富的"哲学问题"。我们现在简略地分析这些问题。

其一,主体和客体的关系问题。"我们"在认识"桌子",而"桌子"在被"我们"认识,因此,我们是认识的"主体",而桌子是认识的"客体"。那么,为什么"我们"与"桌子"之间会构成认识的"主体"与"客体"的关系?究竟什么是认识的"主体"、什么是认识的"客体"?哲学是如何看待和回答"主体"与"客体"的关系问题?这个"主体"同"客体"是什么关系?马克思和恩格斯曾经说:"凡是有某种关系存在的地方,这种关系都是为我而存在的;动物不对什么东西发生'关系',而且根本没有'关系';对于动物说来,它对他物的关系不是作为关系存在的。"[8]那么,究竟怎样理解"我"同"世界"、"主体"同"客体"的关系?

其二,感性和理性的关系问题。我们用眼睛所看到的"桌子",只能是桌子的"现象";我们用思想把握到的"桌子",却是桌子的"本质"。我们用"感性""看到"的永远是客体的"现象"而不是客体的"本质",我们用"理性""把握到"的又永远是客体的"本质"而不是客体的"现象";我们的"感性"和"理性"永远处于矛盾之中,被认识的客体的"现象"和"本质"也永远处于矛盾之中。那么,人的"感性"与"理性"究竟是何关系? 事物的"现象"和"本质"到底是何关系? 人的"感性"和"理性"同事物的"现象"和"本质"又是什么关系? 哲学家们又是如何解释"感性"与"理性"、"现象"与"本质"的关系的?

其三,思维和存在的关系问题。如果我们这里没有桌子,那么谁也不能说"这里有一张桌子";反之,如果这里有一张桌子,那么谁也不能说"这里没有桌子"。然而,即使这里真的有一张桌子,而一个根本不知"桌子"为何物的人,又能否把面前的这个"东西"看做是"桌子"? 即使别人告诉他"这是桌子",他又能否懂得"桌子"为何物? 由此我们就会追问:"桌子"的存在与关于"桌子"的观念究竟是何关系? 人为什么能够把千差万别、千变万化的"东西"既区别开来又统一起来?

其四,个别与一般的关系问题。"桌子"的形状有大有小、有高有矮、有方有圆,"桌子"的材料有木头的、有塑料的、有玻璃的、有金属的,"桌子"的颜色有红的、有黄的、有白的、有黑的,"桌子"的用途有书桌、有餐桌……那么,我们为什么能够把所有"这样的东西"都称为"桌子"? 是"个别"包含着"一般",还是"一般"包含着"个别"? "一般"与"个别"的区分是绝对的还是相对的?

其五,真善美的关系问题。我们把面前的"这个东西"称做"桌子",这并不是一个简单的事实判断,而是一个融事实判断、价值判断和审美判断为一体的综合判断。因为当我们说"这是一张桌子"的时候,在我们的观念中既包括断定"这个东西"是不是"桌子"的真与假的事实判断，又包括"这个东西"是否有用以及有何用途的价值判断，还包括"这个东西"是使我愉悦还是使我讨厌的审美判断。那么，人的知、情、意是什么关系？人的知情意与真善美究竟是何关系？我们判断真善美与假恶丑的根据和标准又是什么？

其六，现实与理想的关系问题。我们把面前的"这个东西"称做"桌子"，并不意味着我们认定只有"这样"的东西才是"桌子"，恰恰相反，它会引发我们对"桌子"的样式、属性和功能的无限的联想和想象，从而去创造更"好用"、更"漂亮"、更"新颖"、更"高级"的"桌子"。这就是现实与理想的矛盾。在这种矛盾中，蕴含着更为丰富和更为深刻的哲学问题：人的目的性要求与客观规律是何关系？人的现实性存在与理想性期待是何关系？人对现实的反映与人对世界的改造是何关系？人所创造的世界与自在的世界是何关系？

其七，人与世界的关系问题。这是由"桌子"所引发的最深层的哲学问题。人来源于自在的自然世界，人又创造了属于人的生活的世界，并且永远在创造人所理想的世界。人在改造世界的过程中，又在改造和发展人本身。那么，人究竟是一种怎样的存在？人与世界之间究竟是怎样的关系？人是如何认识和改造世界的？人是怎样改造和发展自身的？人是以"白板"式的头脑去反映"桌子"吗？人仅仅是以自己的肉体器官去制造"桌子"吗？究竟什么是人的"认识"和"实践"？人的经验、常识和理论在"认识"和"实践"活动中起什么作用？人的思维、情感和意志在人的"认识"和"实践"活动中起什么作用？人类的历史、文化和传统在人的"认识"和"实践"活动中又起什么作用？人的认识和实践是如何"发展"的？人类的未来是怎样的？人们应当形成怎样的世界观、历史观和人生观？

如此想来，我们就不会认为"桌子"问题是荒唐、无聊和可笑的，而是亲切地体会到"熟知而非真知"的道理，体会到"名称不是概念"的道理，体会到对"熟知"的"名称"进行"概念"式追问的意义与魅力。

进一步说，如果我们把对"桌子"的追问拓展为对"科学"、"艺术"、"伦理"和"宗教"的追问,拓展为对"历史"、"文化"、"语言"和"逻辑"的追问,拓展为对"真理"、"价值"、"认识"和"实践"的追问,我们就会更加深刻地体会到反思的哲学智慧的意义与魅力。而要真正地进行这种哲学的追问和反思,则需要培养和锻炼我们的理论思维能力,特别是善于从哲学层面上提出问题和分析问题的能力。

如果你认真深入思考的话,全部的哲学问题就由这一张"桌子"或这一只小小的"粉笔"引发出来了。就拿着这只圆珠笔、铅笔、钢笔,什么笔都行,就在那问,就问出哲学来了,就问出"思维和存在的关系问题"来了。对不对呀?我要用思维的规律去把握这个存在的规律,那么我所把握的结果是我的主观的逻辑呢还是客观的逻辑呢?问吧,所有的问题都问出来了。我"科学"地回答了这样一只粉笔是怎样的一种存在,我就能够解决我如何对待"粉笔"吗?我还必须对"粉笔"做出符合人类利益的"价值"判断,我才知道应当如何对待这只"粉笔"。这样一想,科学主义与人本主义的对立不就出来了吗?想一想,别把哲学想得太高深了!有的人讲哲学,他不是用谁都能听明白的话,讲述一些谁都不知道的道理,恰好相反,他用谁都听不明白的话,说出一些尽人皆知的道理。这恰好是背离哲学本性的。哲学作为反思的智慧,它要求你从最简单的东西出发,从不证自明的东西出发,去揭示在简单的东西中所隐含的复杂性。这就是一种反思的智慧。

四　创新的智慧

我们学习这样一种爱智的智慧,批判的智慧,反思的智慧,我们要达到的是一种创新的智慧,也就是善于见人之所未见。学习哲学,说到底,不外乎能够树立起创新的意识,有一种创新的能力。

伟大的科学家爱因斯坦曾经说过,"提出一个问题,比解决一个问题更重要","想象比知识更重要"。那么什么是哲学呢?哲学就是不断地提出问题。哲学对于科学、对于艺术、对于伦理、对于常识、对于人的全部活动的价值就在于，它把人在这些活动中没当做问题的问题当做了问题。你看看科学哲学的发展，从老实证主义到逻辑实证主义，再到波普的批判理性主义，再到库恩的历史主义，怎么个过程？这个过程就是对科学自身追问的过程，就是启发和推进科学向自己提出问题的过程。整个哲学的发展史，从古代哲学到近代哲学，从近代哲学到现代哲学，是怎么个过程？这个过程就是对"人"自身追问的过程，就是不断深化人对人与世界关系的理解的过程，就是从理论上深化对人与世界关系的协调的过程。

许多人都会记得这样一句广告词：人类失去联想，世界将会怎样？这是"联想集团"的广告，这广告真是驰骋了"联想"。确实，假如人类没有联想和想象，自在的自然会变成马克思所说的"人化了的自然"吗？自然的世界会变成马克思所说的"属人的世界"吗？假如人类失去联想和想象，这世界还会有多姿多彩的生活吗？这世界还会有灿烂辉煌的文明吗？这世界还会有令人神往的未来吗？

人们常说，"知识就是力量"；爱因斯坦则补充说："想象比知识更重要"。知识是由想象创造出来的，知识是由想象激发活化的，知识是由想象推动发展的，知识是由想象带进无限的。人类失去想象，知识就会变成教条，智慧就会趋于枯竭，社会就会陷入僵化，世界就会失去生机。没有想象是不可想象的，失去想象是无法设想的。

这里，我就从反思"想象"这个概念出发，来谈谈创新的智慧。

想象，通常认为包括两种基本方式：一种是根据对客体的描述或象征性描绘，构造曾经感知过的客体表象。这被称为再现性想象或复现性想象。另一种则是构造未曾感知过的客体的表象，即创造尚未存在的客体的表象，这被称为"创造性想象"。想象力人皆有之，但多属于再现性想象，即只是再现曾被感知过的客体表象。激发人类智慧，引发知识更新，推进社会发展，创建新的世界，则主要是依赖于创造性想象。哲学智慧，是在它的反思活动中，激发人的创造性想象。

创造性想象，不仅是"想象的真实"，而且是"真实的想象"。这种"真实的想象",奠基于人类社会的进步和理论思维的发展。真实的想象,依赖于人类所创建的科学、艺术和哲学等文化样式;反过来,想象的真实,又创造新的科学世界、艺术世界和哲学世界。

我们常说,科学是发现的领域。发现,总是发现未知的存在;创造,总是创造未有的客体。如若已知或已有,当然也就不需要科学的发现与创造。要发现未知和创造未有,就必须借助于科学的想象力。想象某种假设的客体,再想象某种假设的前提,进而想象某种假设的条件与程序,想象与假设、想象与假说是互为表里的。恩格斯曾经说过:"只要自然科学在思维着,它的发展形式就是假说。"如果没有科学想象,就不会有科学假说,科学就会"停止思维"。

在天文学发展史上,人们把"日心说"的提出称为"哥白尼革命"。人在地球上观察星体之间的关系,总是把地球视为中心,要把地球的中心位置交换给太阳,就必须充分发挥科学的想象力。在哥白尼的想象中,太阳是傲然坐镇于众星运行的中心的。他说:"在这个美丽的殿堂中,我们难道还能把这发光体放到别的更恰当的位置,使它同时普照全体吗?"这就是哥白尼依据于近30年的观察所形成的科学想象以及由此提出的科学假说。

在化学发展史上,从无机化学发展到有机化学时,出现了一个奇异的新问题,这就是完全相同的化学成分可以组成不同的结构,也就是所谓"同分异构体"问题。当化学家知道苯的成分是 C_6H_6,而 C 是 4 价,H 是 1 价,就提出了这样的问题:6 个碳原子(C)与 6 个氢原子(H)是怎样结合的呢? 提出苯环结构的化学家凯库勒曾这样回顾自己的思考过程:"我把坐椅转向炉边,进入了半睡眠状态。原子在我眼前飞动;长长的队伍变化多态,靠近了,连接起来了。一个个扭动着、回转着,像蛇一样。看,那是什么? 一条蛇咬住了自己的尾巴,在我眼前轻蔑地旋转,我如从电掣中惊醒。那晚我为这假说的结果工作了整夜"。正是借助于蛇咬住自己尾巴的想象,凯库勒让苯的碳原子与氢原子形成圆圈状,这就是苯环。

如果说科学离不开想象,那么艺术就是想象的艺术。但是,人们却常常把艺术的想象视为"虚幻的想象",把想象的艺术视为"想象的虚构"。于是，艺术成了虚幻的方式，艺术的世界成了虚构的世界，艺术的欣赏成了可有可无的消遣。其实，艺术同科学一样，它也是一种"想象的真实"和"真实的想象"。我国的一位著名文学评论家曾这样评论《红楼梦》这部巨著。他说，《红楼梦》是把生活的大山推倒之后，又艺术地重新建造起来。由此我们可以进一步发挥说，这构建艺术之山的过程是一种"真实的想象"，这构建起来的艺术之山则是一种"想象的真实"。它并不仅仅是艺术地再现了生活的真实，而且是艺术地创造了生活的真实。这种艺术地创造出来的生活的真实，是生活逻辑的真实，生活理念的真实，生活理想的真实。艺术的魅力，根源于艺术想象的真实。

人们常说，好的文学艺术作品蕴含着深刻的"哲理"。那么，这种"哲理"是什么？哲学的思考是"形上"的思考，哲学所创造的世界是"形上"的世界。人类思维面对千差万别、千变万化的世界，总是力图寻求到万物的统一性，从而对世界做出普遍性的解释。在古希腊哲学家那里，就以诚挚的"爱智之忱"去寻找这种对一切存在物做出解释的"统一性"。哲学家们以其"想象的真实"告诉人们，这种"统一性"，是"水"、是"火"、是"数"、是"理念"……正是这种哲学的"想象的真实"，不仅激发了人类对溯本求源、究根问底的哲学智慧的热爱与追求，而且培育和锻炼了人类的理论思维能力的进步与发展。

这里，我以大家熟知的古希腊哲学家赫拉克利特所描述和阐发的"火"为例，来体会一下哲学家的"想象的真实"。赫拉克利特提出，整个的世界就像燃烧着的"火"，是一个永远运动、永远变化的过程。"万物都变换成火，火也变换成万物，正像货物变成黄金、黄金变成货物一样。"把整个的世界比喻为燃烧的活火，这当然是古代哲人的"想象的真实"。但是，这个"想象的真实"，却不仅向人们揭示了世界的流变性与规律性，而且向人们揭示了感性与理性、观察与理论之间的矛盾和冲突，从而启发人们在感性与理性的矛盾冲突中，去寻求和把握世界的运动规律，去探索和确立人类的安身立命之本。同样，在大家所熟知的柏拉图关于"理念世界"的想象中，我们会发现人类以概念把握世界的困惑:究竟是人类以感官所把握到的世界是真实的,还是人类以概念所把握到的世界是真实的? 概念是独立于感性存在之外的另一个世界,还是理性把握存在的一种方式? 概念是指示对象存在的名称,还是主体所把握到的对象的意义? 了解哲学史的人都知道,这些问题不仅构成了"唯名论"与"唯实论"、"经验论"与"唯理论"的冲突,而且构成了"语言转向"的现代哲学正在探讨的问题。

在科学、艺术和哲学的"想象"中,人类构建并发展了自己的"科学世界"、"艺术世界"和"哲学世界",也就是构建和发展了自己的多姿多彩的"生活世界"。离开"想象的真实","现实"是不可想象的。科学、艺术、哲学都是把人的"理想"变为"现实"的创造性智慧。

具体地说,关于哲学的理论创新,我概括为这样四句话,叫做"寻找理论资源,发现理论困难,创新理论思路,做出理论论证"。

一是寻找理论资源。任何一种真正的哲学理论,都是人类认识史的结晶,都积淀着人类智慧的理论成果。哲学发展的最基本的逻辑,就在于哲学是一种历史性的思想,而哲学史则是思想性的历史。哲学问题总是自我相关、自我缠绕的。哲学中的"老问题",以胚芽的形态蕴含着新问题;哲学中的"新问题",又以成熟的形态展开了老问题。正是这种新、老问题的自我相关和自我缠绕,使哲学史构成了一系列螺旋式上升的圆圈,并要求每个时代的哲学都必须具有"向上的兼容性"。所谓"向上的兼容性",就是每个时代的哲学都必须以巨大的历史尺度去批判地考察全部哲学史,吸收哲学史的全部积极成果,揭露先前哲学所蕴含的内在矛盾,发现先前哲学所遇到的真实的理论困难,从而以解决这种理论困难的方式推进哲学的发展。

恩格斯曾经提出,黑格尔哲学的理论力量,在于它的"巨大的历史感"。读一读黑格尔的《精神现象学》、《哲学史讲演录》和《逻辑学》,我们不能不折服于一种历史性的思想与思想性的历史的相互辉映的理论征服力量。在黑格尔哲学中,尽管有许多"猜测"的甚至是"神秘"的东西,但是,这种由"史论结合"所形成的理论力量,却是发人深省的。正是在系统总结和深刻反思包括黑格尔哲学在内的人类思想史的基础上,恩格斯明确地指出,所谓"辩证哲学",就是一种"建立在通晓思维的历史和成就的基础上的理论思维"。[9]

哲学作为"思想中所把握到的时代"或"时代精神的精华",它所把握到的"现实",并不是对"实存"的各种事例的罗列或关于"实存"的各种统计数据的堆积,而是以"通晓思维的历史和成就的理论思维"去把握现实、观照现实、透视现实,使现实在哲学理论中再现为马克思所说的"许多规定的综合"和"多样性的统一"的"理性具体"。哲学的"历史感"规范着它在何种程度上洞察到现实的本质与趋势,因此,离开"历史感"的所谓的"现实感",只能是一种外在的、浅薄的、时髦的赝品,那样的"哲学"只能制造某种"明星"式的"轰动效应",而无法构成"思想中的时代"。

在提出"辩证哲学"是"一种建立在通晓思维的历史和成就的基础上的理论思维"的同时,恩格斯还尖锐地批评了"坏的时髦哲学"。恩格斯说,"官方的黑格尔学派从老师的辩证法中只学会搬弄最简单的技巧,拿来到处应用,而且常常笨拙得可笑。在他们看来,黑格尔的全部遗产不过是可以用来套在任何论题上的刻板公式,不过是可以用来在缺乏思想和实证知识的时候及时搪塞一下的词汇语录"。[10]这就是说,那种缺少"深厚的历史感"的哲学,由于它不懂得"思维的历史和成就",因而它必然会堕落成为教条主义的东西。恩格斯对这种"坏的时髦哲学"的批评,是值得每个学习和研究哲学的人深思的。

二是发现理论困难。通常说"形而上学否认运动、变化、发展"。但是,大家想一想,手一拍桌子,不联系?手一抬起来,不运动?你从小到大,不发展?既然如此,怎么还有这种"形而上学"呢?列宁说,"问题不在于有没有运动,而在于如何用概念的逻辑去表达它"。这就是说,没有人会否认"运动",可是当你用概念去表达"运动"的时候,却出现困难了。所以列宁最欣赏黑格尔的一句话,"从来造成困难的都是思维,思维把不间断的东西割断了"。这就提出"思维和存在的关系问题"了。想一想,这才有哲学,才有我们所有的理论啊!如果不是有这样一种复杂的问题的话,为什么进行哲学研究呢？为什么需要哲学智慧呢？

我们说，哲学是理论形态的人类自我意识，它是以理论的方式，表现人类关于自身存在的自我意识。因此，哲学总是面对两个方面的理论困难：一是由理论与经验之间的矛盾所构成的"外部困难"，也就是理论形态的人类自我意识，与人类自身的时代性的生存困境之间的矛盾；二是由理论的"外部困难"所引发的理论的"内部困难"，也就是表征人类自身的时代性的生存困境的哲学理论自身的逻辑矛盾。发现哲学理论的这种"外部困难"，以及由此引发的"内部困难"，这才是当代哲学创新的基本前提。

那么，什么是哲学理论的"外部困难"？我们说了，哲学理论的"外部困难"，在它的直接性上，表现为理论与经验之间的矛盾，也就是理论形态的人类自我意识是否表现了现实的人类生存困境。所以，发现理论困难，首先就要发现现实的人类生存困境，以及它同既有的哲学理论之间的矛盾。

刚刚过去的20世纪，人类的存在方式发生了空前的革命。它表现在人类文明形态、人们的社会生活和人的思想观念这三个基本层面的巨大变革。当今世界的全球化过程，在某种意义上就是全球"市场化"的过程。市场经济中的人的存在方式，正如马克思所说，是一种"以物的依赖性为基础的人的独立性"。由于人的"独立性"以对物的"依赖性"为基础，就造成了当代人类的两大生存困境：一是以技术革命为基础的对自然的攫取所造成的"全球问题"，这就是直接涉及人类生存的环境污染、能源危机、人口爆炸、核战争威胁等问题；二是由对物的依赖而造成的人的"物化"问题，也就是泛滥全球的"物质主义"问题。当代人类的这两大生存困境，直接地构成了既有的哲学理论与当代的人类存在之间的矛盾，这就是：倡言"天人合一"的哲学，如何回答"人与自然疏离"的问题？引导"人类大同"的哲学，怎样回答"人与他人疏离"的问题？赞扬"自我实现"的哲学，又如何回答"人与自我疏离"的问题？

全球化的过程，在体制的意义上，是市场化的过程，而在文化的意义上，则是人类的价值观念剧烈震荡的过程。如果说"农业社会"是一个文化意义上的确立"神圣形象"的过程,也就是以某种"神圣形象"作为价值标准而规范人们的思想和行为,而"工业社会"是一个文化意义上的消解"神圣形象"的过程,也就是以人的"理性"及其基本的文化样式——哲学和科学——作为价值标准而规范人们的思想和行为的话,那么,所谓的"后工业社会",则是一个空前的文化意义上的消解"非神圣形象"的过程,也就是"消解"人的"理性"及其基本的文化样式——哲学和科学——作为价值标准而规范人们的思想和行为的过程。这样,统治人类几千年的、使人的生命"不堪忍受之重"的"本质主义的肆虐",就转换成使人的生命"不能承受之轻"的"存在主义的焦虑"。这种文化意义上的生存困境,更为强烈地构成了既有的哲学理论与当代的人类存在之间的矛盾,这就是:作为"元叙事"即追求真理的哲学,如何面对这种"对元叙事不信任"的社会思潮?充当"崇高"化身即追求理想的哲学,如何面对这种"存在主义的焦虑"?高举"解放"旗帜即追求人的发展的哲学,如何面对这种"物化的时代"?哲学,它作为理论形态的人类自我意识,它将如何塑造和引导新的时代精神?这就是当代哲学所面对的巨大的理论与经验之间的矛盾。深切地感受这种"外部困难",敏锐地捕捉这种"外部困难",是当代哲学创新的首要的基本前提。

理论的"外部困难"是引发理论的"内部困难"的基础,但是,发现理论的"外部困难",并不等于发现理论的"内部困难";在许多情况下,人们可以在不同的程度上感受到理论的"外部困难",但是,由于缺少应有的理论背景和哲学素质,人们并没有把理论的"外部困难"升华为理论的"内部困难",因而所谓的哲学创新,也只能是谈论对"外部困难"的感受,而不是对"内部困难"的理论回应。

这里,特别值得我们深思的是,哲学作为理论形态的人类自我意识,它所实现的对人类自身存在的理论把握,既不是单纯的、普遍性的人类性,也不是单纯的、特殊性的时代性,而是人类性与时代性的统一,也就是以时代性的内涵而表现的人类性矛盾。既有的哲学理论,它作为思想中的时代,总是以自己的时代性内涵去表现人类性矛盾,从而构成特定的人类性与时代性相统一的概念、范畴的逻辑体系。由于时代的变革而引发的人类生存处境与理论形态的人类自我意识的矛盾，也就是人类处境与哲学的矛盾，决不仅仅是扩大既有的哲学理论的解释对象的问题，而主要是变革既有理论的问题。这就必须把哲学理论的"外部困难"升华为理论的"内部困难"，以时代性的内涵深化对人类性矛盾的理解。这就是我所说的"发现理论困难"。

三是创新理论思路。我把哲学的创新概括为三种：创造、创意和创新。理论叫创新，生命叫创造，思想叫创意。没有生命的创造，就没有思想的创意和理论的创新；没有思想的创意，也不会实现生命的创造和理论的创新；同样，没有理论的创新，也无法把思想的创意和生命的创造理论化、系统化、逻辑化。所以，关于哲学创新，我特别提倡"思辨"与"体悟"的统一，"反思"与"体验"的统一。具体地说，关于哲学创新，我有一种基本的想法，就是要努力做到"时代精神主题化"、"现实存在间距化"、"流行观念陌生化"、"基本理念概念化"，在生命创造、思想创意和理论创新的统一中，推进哲学的发展。

四是做出理论论证。我认为我们的哲学研究当中最大的问题有两个：一个是没有发现理论困难，一个是没有做出理论论证。大家都知道，小说最容易写的是"故事"，最难写的是"细节"。而论文在于"论证"，论证在于"逻辑"。当我读马克思、恩格斯、列宁、毛泽东的书时，总是被巨大的逻辑力量所震撼。马克思提出："理论只要说服人，就能掌握群众；而理论只要彻底，就能说服人"。[11]人们接受或拒绝某种理论，总是以能否被该种理论"说服"为前提的。不能说服人的理论，即使明令推行，也仍然是中国俗话所说的"口服而心不服"，难免"阳奉阴违"；反之，能够说服人的理论，即使明令禁止，也还是让人"心悦诚服"。这正像革命烈士诗抄中的两句诗所说的那样："砍头不要紧，只要主义真。"理论怎样才能说服人呢？马克思不仅说"理论只要彻底，就能说服人"，而且进一步解释说："所谓彻底，就是抓住事物的根本。但人的根本就是人本身"。[12]马克思主义之所以能够"说服"人，就在于它具有理论的彻底性，它抓住了"事物的根本"，抓住了"人本身"。

认真地读一读马克思的著作,我们都会强烈地感受到马克思主义理论的说服力和逻辑征服力。它绝不是一种抽象的、空洞的、枯燥的、刻板的、僵化的教条,而是一种深邃的、睿智的、历史地发展着的理论。而这种理论的活的灵魂,就是爱智的哲学,就是作为反思的智慧、批判的智慧和创新的智慧的哲学!

注 释

〔1〕《马克思恩格斯全集》第 44 卷,人民出版社 2001 年版,第 22 页。

〔2〕《马克思恩格斯选集》第 3 卷,第 564 页。

〔3〕《爱因斯坦文集》第 1 卷,商务印书馆 1994 年版,第 36 页。

〔4〕转引自《现代物理学参考资料》第 3 卷,第 9 页。

〔5〕参见《列宁全集》第 38 卷,第 90 页。

〔6〕黑格尔:《小逻辑》,商务印书馆 1980 年版,第 86 页。

〔7〕《马克思恩格斯选集》第 1 卷,第 18 页。

〔8〕同上,第 81 页。

〔9〕参见《马克思恩格斯选集》第 3 卷,第 533 页。

〔10〕《马克思恩格斯选集》第 2 卷,第 119 页。

〔11〕《马克思恩格斯选集》第 1 卷,第 9 页。

〔12〕同上。

第三讲

人与世界

世界观与观世界
自在世界与世界图景
人类把握世界的基本方式
常识的、科学的和哲学的世界图景

哲学这样一种爱智的活动,它的最突出的特点,就是它处处去找问题,处处去发现问题,因此,哲学是一个问题的王国。在我看来,哲学是以时代性的内容、民族性的形式和个体性的风格去求索人类性的问题。真正的哲学问题都具有人类性。哲学问题是人类性的,但是这种人类性的问题,它表现出三个方面的特点:第一,人类性的哲学问题,总是具有特殊的时代性的内容,所以马克思曾经用两个说法来表述他对哲学的理解。马克思说,任何真正的哲学都是"时代精神的精华"和"文明的活的灵魂"。它研究的是人类性的问题,但是它构成的是一种时代精神的精华,因此它具有时代性的内容。第二,求索人类性的哲学,不仅仅诉诸它的时代性的哲学内容,而且必然表现为具有民族特色的形式,所以冯友兰先生指出,哲学越是"民族的",

就越是"世界的",哲学是以民族性的形式实现对人类问题的理解。第三,哲学,它是经由哲学家思维着的头脑而构建出来的理论,因此,任何一种哲学理论,无不深刻地打上了哲学家个人的烙印,它是以个体性的风格去求索人类性的问题。所以,什么是哲学问题?哲学问题是以时代性的内容、民族性的形式和个体性的风格,去求索人类性的问题。所以从今天开始我给大家讲"哲学问题"。

哲学问题必然是"人类性"的问题。作为人类性的哲学问题,我把它概括为:人与世界的关系问题,生存与生活的关系问题,主体与客体的关系问题,感性与理性的关系问题,小我与大我的关系问题,历史与文化的关系问题,理想与现实的关系问题,标准与选择的关系问题,思想与反思的关系问题,思维与存在的关系问题,存在与本体的关系问题,存在与表征的关系问题,以及理念与境界的关系问题。这就是我要给大家讲的哲学修养的主要内容。

我首先和大家谈第一个问题,人与世界的关系问题。

哲学探讨的全部问题,我们可以把它归结为一个问题,什么问题呢?就是人同世界的关系问题。正因如此,我们才把哲学叫做关于世界观的学问,或者说叫做理论化、系统化的世界观。然而,值得大家认真思考的是,我们在学习哲学的过程当中,碰到的一个最大的问题,就是如何理解"世界观"。所以关于人同世界的关系问题,我第一个就要讲"世界观"与"观世界"。

一　世界观与观世界

把全部的哲学问题归结为一个问题,就是人同世界的关系问题,也就是世界观问题。对此,大家都非常熟悉,说哲学是"关于世界观的学问"。但是,如何理解哲学是世界观学问,取决于人们对"世界观"的理解。

"世界观"究竟是什么?或者说什么是"世界观"?我提出的第一个问题,就是"世界观"同"观世界"的区别。哲学意义上的"世界观",不是常识意义上的"观世界"。然而,我们现在对于"世界观"的理解的最大的误区就在于,我们把"世界观"变成了"观世界"。大家琢磨琢磨这个问题,这是追问哲学的一个最基本的、最重要的、最根本的切入点。

什么是"世界观"? 世界观是不是人站在世界之外,把整个的世界作为对象,从而构成关于整个世界的一种根本的看法? 在人同世界的关系里边,这是最值得大家问的问题。我们通常在理解"世界观"的时候,是把它解释为"关于整个世界的根本的观点"。而一旦我们对世界观做出这样的解释的时候,它意味着什么呢? 它意味着我们把人和世界相互割裂开来,认为人站在世界之外去看整个的世界,从而我获得了"关于整个世界的根本观点"。

为什么会形成对"世界观"的这种理解呢? 这就涉及到哲学与科学的关系了。人类文明的发展过程,有一个很重要的特点,就是哲学与科学的分化的过程。所以我们一般把古代的哲学叫做"知识的总汇",把近代的哲学叫做"科学的科学",而把现代的哲学视为反思科学的哲学,或者叫做"超越知识论立场"的哲学。到了 20 世纪,哲学有一个最大的特点,就是哲学被"驱逐"出了自然、社会和思维的三大领域,哲学已经开始"无家可归"了。正因为哲学无家可归了,所以哲学怎么样了? 哲学"四海为家"! 这是一个特别令人震惊的现象:哲学越有对象,哲学越没有对象;哲学越没有对象,哲学越有对象。当着哲学"无家可归"的时候,它才真正"四海为家"了,它以人类关于世界的全部的思想为对象了。

在人类的文明史上,哲学和科学是一个分化的过程。哲学起源于对于大自然的惊讶,它要去探索整个宇宙的奥秘,它是以整个宇宙为对象的。但是科学的发展,越来越代替哲学去研究整个的世界了。哲学被驱逐出了它的世袭的三大领域,全被驱逐出去了,这样才迫使哲学真正理解到了什么是哲学。

什么是哲学? 哲学不是以"整个世界"为对象,而是对于人与世界之间关系的反思,从而为人类提供一种理解和协调人与世界之间相互关系的"世界观"! 这是最重要的一个问题,这个问题不理解,你永远区分不开哲学与科学;区分不开哲学与科学,你当然就不知道哲学为何物了。你总是按照科学去理解哲学,而不能够把哲学当做人类把握世界的一种独立的、基本的方式。

哲学的入手处是最难的! 怎么理解哲学,在于怎么理解世界观;而怎么理解世界观,在于我们去区分开世界观与观世界;而作为"观世界"的"普遍规律说",它是有着深厚的基础的。

作为一种通行的哲学观,也就是大家所熟知的哲学观,"普遍规律说"认为:各门科学只是研究世界的各种"特殊领域",并提供关于这些领域的"特殊规律";而哲学则以"整个世界"为对象,并提供关于整个世界的运动与发展的"普遍规律"。大家通常不就是这样解释"哲学"与"科学"的关系吗? 现在大家开始"反思"这种哲学观,对"普遍规律说"提出了许多批评。但是,真正批到要害之处是很困难的,真正确立一种新的哲学观是更为困难的。这是因为,这种通行的"普遍规律说"的哲学观,具有很深厚的历史的和现实的基础。

首先,这种"普遍规律说"的哲学观,具有深远的哲学史背景。在哲学的发展史上,从古希腊哲学"寻取最高原因的基本原理",到德国古典哲学寻求"全部知识的基础"和提供"一切科学的逻辑",就其深层实质而言,都是把哲学定位为对"普遍规律"的寻求。大家读一读哲学史,就会清楚了。

其次,这种"普遍规律说"的哲学观,具有深刻的人类思维的根基。人类思维面对千姿百态、千变万化的世界,总是力图在最深刻的层次上把握其内在的统一性,并以这种"统一性"去解释世界上的一切现象,以及关于这些现象的全部知识。思维的这种追求以理论的形态表现出来,就构成了古往今来的追寻"普遍规律"的"哲学"。

第三,这种"普遍规律说"的哲学观,更具有深切的人类实践的根基。人类的实践活动,是以人类关于世界的规律性的认识为前提,并以人类自己的目的性要求为动力去改造世界,把世界变成对人来说是真善美相统一的世界。没有关于世界的规律性的认识,人类就无法成功地改造世界以造福人类自身。因此,人类在自己的历史性的实践活动中,总是不满足于对世界的不同领域、不同侧面、不同层次的认识,而总是渴求获得关于"整个世界"的"普遍规律"的认识。寻求"普遍规律"的渴望,激发起一代又一代人的哲学思考。

但是,如果我们深入地进行哲学思考,却会发现两个值得认真思考的重要问题:其一,在把哲学解释为关于"普遍规律"的学说时,常常是离开哲学的基本问题——思维和存在的关系问题——去看待哲学对"普遍规律"的寻求,其结果往往把哲学理论混同为其他的实证知识。这就启发我们,在对哲学的现代理解中,需要从哲学的基本问题即"思维和存在的关系问题"出发,重新理解这种"普遍规律说"的哲学观;其二,这种通行的"普遍规律说",只是从"哲学"与"科学"的二元关系或二者关系中去理解哲学,而没有从"哲学"与人类把握世界的各种方式的多元关系中去理解哲学,也就是没有从哲学与常识、宗教、艺术、伦理和科学的多元关系中去理解哲学,因而无法解释和说明哲学的多重性质和多重功能。这又启发我们,在对哲学的现代理解中,需要从人类把握世界的多种基本方式的相互关系中,重新理解哲学。这表明,"观世界"的"普遍规律说"是值得我们认真"反思"的。

二 自在世界与世界图景

我们怎么样来理解这个"世界观"呢?怎样把"世界观"同"观世界"区别开来呢?我提出的第二个小问题是"自在世界"与"世界图景"的关系。

这个问题就更重要了。为什么原来大家对于哲学的理解总是陷入传统的那种理解方式当中跳不出来呢?你怎么来分析"世界观"?你必须诉诸具体化了的范畴,因此我给大家提供下一对范畴,就是"自在世界"与"世界图景"。

几十年来,在哲学的教学、学习、研究当中,特别是对哲学的理解中,我觉得,一个突出的问题是没有提出"自在世界"与"世界图景"这对范畴。我们原来把"世界观"混同于"观世界",认为"世界观"就是以"整个世界"为对象而"观"之,只有"观"的不同,而被"观"的"世界"只有一个,所以我们没有提出"自在世界"同"世界图景"的区分。现代科学和现代哲学,回答和解决了的一个最根本的问题,就是"观察渗透理论"! 观察渗透理论,观察负载理论,观察总是被理论"污染"的,没有中性的观察。没有中性的观察是什么意思呢? 就是说,人,他不是一个自然的存在物,人是一个社会的存在物,他是一种历史文化的产物。人作为历史文化的产物,是以他所具有的理论背景来观察这个世界的。他对世界任何一种事物的观察的结果,无不打上了他的理论背景的烙印。你对世界的任何一种理解都是这样。"世界"与被我们理解的"世界",是不一样的。

比如,如果我们是学文科的,包括我个人在内,我们具有的是文史哲或政经法的理论背景,那么,把我们带到了化学实验室去了,物理实验室去了,生命科学实验室去了,我们怎么样? 里边的物理现象、化学现象、生命现象对于我们来说是什么? 不就是黑格尔所说的"有之非有"、"存在着的无"吗? 什么叫"有之非有"、"存在着的无"? 就是说,作为被观察的对象的的确确是"存在着",是真实的"有",但是,如果观察者没有相应的背景知识,这个被观察的对象,就无法被观察者把握到,所以是"有之非有","存在着的无"。我们没有相应的医学知识,虽然眼睁睁地看心电图,但我们能看出什么呢? 这不就是"有之非有"、"存在着的无"吗? 想想这个道理呀,这才进入哲学思考了。

现代西方哲学发生了我们称之为"语言转向"的哲学革命。在这场哲学变革中,有一个听起来十分荒谬的说法:"世界在我们的语言当中。"琢磨琢磨,"世界在我们的语言当中",为什么会这样说呢? 世界在我们的意识之外,但世界在我们的语言当中,因为,语言既是我们的世界的消极的界限,也是我们的世界的积极的界限。什么意思呢? 世界当然在我们的意识之外了,说这个粉笔、这个茶杯、这个摄像机,不在我意识之外吗? 这是一个唯物主义者的最基本的立场,世界在我的意识之外。但是你想一下,世界却在我们的语言当中,离开了我们的语言能够表述的世界,那个世界对于我们的意识来说,是怎样的存在? 我们用语言不能够表达出来的那个世界,对我们的意识来说是什么? "有之非有","存在着的无"! 这才叫哲学思考。

"世界",它对于我们来说,它不是那个自在的世界。自在的世界存在着,而且是不以我们的意志为转移的客观地存在着,这是对的,是唯物主义的根本观点。然而我们进一步地追问一下,那个不以我们的意志为转移的"世界"怎么能够构成我们所知道的"世界"呢? 爱因斯坦曾经说过,承认客观世界在我们的意识之外存在着,这是任何科学研究的第一个最基本的前提。但我们要反思的是,对于我们每个人来说,我们的世界就是我们的世界图景,就是我们用"语言"(概念)把握到的这个世界,就是我们关于这个世界的"世界图景"。

所谓"世界图景",是指人在自己的表象和思想中所构成的关于经验世界的整体图景。这表明了"世界图景"的不可或缺的两个方面:其一,世界图景是关于经验世界的图景,而不是某种幻想的或玄想的图景,这是理解"世界图景"的唯物主义前提;其二,关于经验世界的图景,不是自在的世界,而是人在自己的表象和思想中所构成的世界图景,因而人的世界图景离不开构建它的概念框架。在对"世界图景"的理解上,长期以来存在的突出问题,是把人的"世界图景"混同于"自在的世界",因而也就没有从人的概念框架方面去理解人的世界图景。由此便"忽视"了形成人的"世界图景"的"概念框架",并因而也"忽视"了人们用以构成"世界图景"的"概念框架"的不同层次和不同性质。

由此,我在这里提出一个最重要的问题,引入第三个范畴,就是人类是以自己的把握世界的"基本方式"来构成人自己的世界。这是最重要的,这是最根本的。我们过去在对"世界"的理解中,最重要的问题,就在于离开了人类把握世界的基本方式去思考人同世界的关系。我们经常说,辩证唯物主义的反映论,是一种"能动的"、"革命的"反映论。那么,它怎么"革命"了、"能动"了? 我们原来就认为,外在有个"对象",从而构成我们头脑当中一个

"映象"，我们的映象是关于对象的映象，所以我们就能够认识这个世界了。但你看这里面缺什么呢？它缺少了一个最根本的东西，它缺少了一个"中介"。离开了人作为主体的存在，你怎么把对象变成映象呢？或者说，人关于对象的映象，它怎么就不是动物关于对象的映象呢？只有引入了主体这个"中介"，引入了人作为主体把握世界的基本方式，你才能理解人同世界的关系。所以，理解人与世界的关系，必须重新思考人是什么样的存在，人是以什么样的方式同世界发生关系。马克思所说的人类把握世界的"基本方式"，就成为我们重新理解人与世界关系的最重要、最根本的问题。

三　人类把握世界的基本方式

所谓"自在世界"与"世界图景"的区分，在于我们引入了人类把握世界的"基本方式"。我们所把握到的世界，是以我们把握世界的基本方式为中介的，这是一个最值得我们琢磨的道理了。

马克思说，你要想欣赏音乐，你就得长着能够欣赏音乐的耳朵。贝多芬、莫扎特、舒伯特、施特劳斯的乐曲，如果你没有欣赏音乐的耳朵，你根本就听不进去！读文学作品也一样么，你没有必要的文学修养，莎士比亚、巴尔扎克、托尔斯泰、罗曼·罗兰的作品，你同样看不进去！你能够欣赏什么样的文学作品，是和你的审美情趣、你的文学修养密切相关的。人的世界是不一样的，因为你占有的人类把握世界的基本方式不一样。你有什么样的把握世界的基本方式，就用它去把握世界，你就构成一个什么样的世界。所以人需要学习。你只有熟悉人类把握世界的各种基本方式，才能够构成一个丰富多彩的世界，才会感到这个世界是有意义有价值的，生活是有意义有价值的！

按照马克思的说法，人类把握世界的基本方式，主要有宗教的、艺术的、伦理的、科学的和哲学的。人类是以它的把握世界的各种各样的基本方式，把自在的世界构成我们每个人的世界图景，因此我们每个人都具有多重的世界。为什么现在大学强调要进行人文方面的修养,要增设人文教养课?为什么要给大家讲"文学修养"、"艺术修养"、"哲学修养",甚至还要给大家讲"诗词修养"、"曲艺修养"、"书法修养"? 我们只有有了把握世界的各种不同的基本方式,我们才会构成一个丰富多彩的世界图景! 马克思说,人所具有的我都要具有! 什么是素质教育? 素质教育就是掌握人类把握世界的各种方式! 提高学生的综合素质,怎么提高? 就是要使大家能够获得人类把握世界的各种方式,用它去把握那个世界,从而使我的这个世界图景是丰富多彩的,而且是日新月异的、与时俱进的! 科学,艺术,伦理,哲学,哪个不是向前发展呀? 我们只有与时俱进了,日新月异了,我们才能够是一个有教养的现代人。大家想一想这个道理呀,我觉得引入第三个基本范畴,人类把握世界的基本方式,这是最重要的。

这个世界是客观存在的,对我们大家都一样,你不看月亮,月亮照样存在,但是我看月亮和你看月亮就不一样,如果我有那样一种文学的修养,我一看月亮,就会想到"明月几时有,把酒问青天","海上升明月,天涯共此时","星垂平野阔,月涌大江流"。这是我看到的月亮。若没有这个背景,一看月亮又缺一块儿,它就是不一样呀。所以《篱笆、女人和狗》那部电视剧里边不是唱了么,"一路上的好景色没仔细琢磨",为啥?"回到家里还是推碾子拉磨"。人的更高层次的需要,由生存的需要跃迁到一种审美的需要时,人们感受这个世界就是不一样的。

有人曾经以一棵树作为例子,说明人们把握世界的方式不一样。一个科学家,具体说一个植物学家,看到一棵树,看看它的年轮呀,分类呀,这是一个科学家看树。如果是一个画家看树,看看它的线条呀,看看它的色彩呀,看看它同周围景物的关系呀。那么如果是一个美学家去看它呢? 他要问,美是客观的呢? 还是主观的呢? 是因为树美使我认为它美呢,还是我感受到它美我认为它美呢? 你看,这不一样了么。你把握世界的方式不一样,对象就是那个对象,但是构成你的"世界图景"不一样了。现在很多问题是需要我们重新进行思考的。人类是以不同的方式去把握世界的,从而构成了世界的不同的图景。人类把握世界的基本方式,我们是通过这些方式,才构成了现实的人同世界的关系。世界是什么样的,是和人同世界的关系联系在一起的。人对世界的关系是同我们人类把握世界的方式联系在一起的。

人在"观世界",但"观"的活动包含两种情况:一种是把"世界"作为被"观"的对象,从而构成关于世界的思想;另一种是思考人怎么"观"世界,"人"同被人"观"的"世界"是什么样的关系。前一种是科学活动,是形成关于世界的思想;后一种是哲学活动,是理解和协调人与世界的关系。前一种是"观世界",后一种是"世界观"。

人是历史文化的存在,而"语言"、"概念"、"范畴"则是历史文化的"水库"。列宁说,"思维的范畴不是人的用具,而是自然的和人的规律性的表述","范畴是区分过程中的一些小阶段,即认识世界的过程中的一些小阶段,是帮助我们认识和掌握自然现象之网的网上纽结",[1]因而"范畴"构成了人类认识的"阶梯"和"支撑点"。这就是说,"概念"、"词汇"、"范畴",它们不仅仅是人类认识的"积淀"、"结晶"和文明的"水库",而且正是这个文明的"水库",为人类自身的发展提供了不断前进的"网上纽结"、"阶梯"和"支撑点"。离开这个文明的"水库",离开对这个"水库"的反思,人对世界的认识就不会发展,我们也就无法真正理解人与世界之间的真实关系。所以,我们要理解人的"世界图景",要理解哲学的"世界观",就必须理解人类把握世界的各种基本方式的作用,特别是常识、科学和哲学这三个"概念框架"在构成人的"世界图景"中的作用。

常识、科学和哲学,是人类把握世界的三种基本方式,也是人类把握世界的三个层次的概念框架,并由此构成了人类的三个不同层次的"世界图景"。所以,在谈论人类把握世界的基本方式所构成的"世界图景"的时候,我最为强调的是认真思考常识、科学和哲学这三个层次的"概念框架"。

人是认识世界和改造世界的主体。在人与世界之间的主体与客体的关系中,"概念"占有特殊重要的地位。概念既是人类思维的形式,又是人类认识的成果。在人与世界的现实关系中,作为主体的人,既要以概念的方式去把握、描述、解释和反思人和世界及其相互关系,又要以概念的方式去理解、解释、规范和反思人自己的思想与行为,还要以概念的方式去建构关于世界的规律性图景以及对世界的理想性、目的性要求。这表明,人类在自己的社会实践活动中,必须和只能以概念的方式去实现对世界的本质性、普遍性、必然性和规律性的把握与解释,也就是以概念的方式实现思想中对世界的占有。

概念是人在思想中构筑经验世界的方式,也是将思想中的世界世世代代传递下去的社会遗传方式。概念是人类历史文化的"水库",也是人类认识发展的"阶梯"和"支撑点"。人们从历史上承继下来的各种概念体系,直接地和深层地制约着和规范着人们的历史性创造活动,制约着和规范着人们对世界的理解、人们之间的相互理解和每个人的自我理解。在这个意义上,人类的文明史也就是概念的形成、演化、变革、更新和发展的历史。

但是,在对概念的理解中,人们往往忽视了两个极为重要的问题:其一,概念必须并且只能在概念的特定框架中获得意义;其二,在不同层次的概念框架中,概念具有不同的性质。正是由于人们往往忽视这两个极为重要的问题,因而往往造成以常识的方式去理解和解释人类把握世界的其他方式,特别重要的是以常识的方式去理解和解释人类把握世界的哲学方式。因此,澄清人类把握世界的不同层次的概念框架的不同性质,是非常重要的,并且对于理解常识、科学和哲学所构成的不同性质的"世界图景",也是相当重要的。

所谓"概念框架",是指人们用以构筑思想中的经验世界,并用以整理思想中的概念的方式。从人类用以把握世界的概念框架的层次性上看,可以从总体上区分为三个最基本的层次,这就是常识性质的概念框架、科学性质的概念框架和哲学性质的概念框架。

在不同层次的概念框架中,概念具有不同的性质。这就是说:尽管人们可以使用完全相同的"名词"或"语句",但是,在不同层次的概念框架中,这些完全相同的"名词"或"语句"却具有根本不同的性质。例如，人们经常使用"物质"这个"名词"，但它在常识的、科学的和哲学的三个不同层次的概念框架中，却具有不同的性质。在"常识"的概念框架中，"物质"是指各种各样的"东西"；在"科学"的概念框架中，"物质"是指构成世界的"要素"；而在"哲学"的概念框架中，"物质"则是指不依赖于人的意识而又为人的思想所把握的"客观实在"。大家想一想，为什么把"物质"叫做"标志客观实在的哲学范畴"？为什么大家总是感到这个"客观实在"不好理解？为什么总想把"客观实在"变成"东西"？就是你总想把"哲学"变成"常识"么！

同样，人们经常挂在嘴边的"真善美"与"假恶丑"等等，无不在不同层次的概念框架中具有不同的性质：常识之"真"即是"真的"也就是"不是假的"，科学之"真"是经过"验证的"的"普遍必然性"，而哲学之"真"则是指"思想的客观性"；常识之"善"即是"好的"也就是"不是坏的"，科学之"善"是指行为对人和社会的正面效应，哲学之"善"则是指人的思想与行为的"应然性"；常识之"美"就是"美的"也就是"不是丑的"，科学之"美"是思想的合乎逻辑，哲学之"美"则是"是"与"应当"的统一。

在常识中，"真"与"假"直接指向的是经验对象，即：某个经验对象是否存在，如果它存在着，那么它就是"真"的，否则就是"假"的。在科学中，"真"与"假"则不仅仅是指向经验的对象，而且更重要的是指向关于经验对象的思想，即：关于经验对象的某种解释是否成立，如果该种解释是成立的，则该种思想是"真"的，否则该种思想就是"假"的。在哲学中，"真"与"假"不仅仅是指某个经验对象的是否存在，也不仅仅是指关于经验对象的某种思想是否成立，而且更为重要的是指"思维和存在"是否具有"同一性"，即思想是否具有"客观性"。不仅如此，哲学中的"真善美"是联系在一起的，哲学关于"真"的理解，总是某种真理观、价值观和历史观的统一。因此，虽然人们都在使用"真"这个概念，但在不同的概念框架中，概念本身却具有不同的性质，由此而构成的人的"世界图景"也具有不同的性质。

概念框架的性质或层次不同，不仅决定着该层次中的所有概念的特定性质,而且决定着人们对人和世界及其相互关系的不同理解。具体地说,常识的、科学的和哲学的三个层次的概念框架,为人们提供了三种不同性质的"世界图景"。

在常识的、科学的和哲学的概念框架中,常识的世界图景与科学的和哲学的世界图景既是有联系的,又是具有不同性质的。在常识的世界图景中,世界永远是经验的世界,超越经验的世界是常识所无法理解的。例如,在经验常识中,只能形成太阳围绕地球旋转的"地心说",而根本无法形成地球围绕太阳旋转的"日心说"。这是因为,在人们的经验中,每个人的一生的经验中和所有人的世世代代的经验中,每天都是"看见"太阳从地球的东边升起,又在地球的西边落下,因而只能是"看见"太阳围绕地球旋转。这就是常识所构成的"世界图景"。科学却给予人们一个完全不同的世界图景:不是太阳围绕地球旋转,而是地球围绕太阳旋转,人们应当具有的不是"地心说"的世界图景,而应当是"日心说"的世界图景。由此可见,常识与科学是两种不同的"世界观"。人们要树立"科学的世界观",没有超越常识的科学的概念框架是不可能的。如果人们使用常识的概念框架去理解科学的世界图景,就会把科学的世界图景扭曲为常识的世界图景。而在常识、科学和哲学的三个层次的概念框架中,人们最容易以常识的方式去理解哲学,从而把哲学的世界图景混同为常识的世界图景。

四 常识的、科学的和哲学的世界图景

下面,我们就来具体地谈谈常识的、科学的和哲学的三个不同层次的"世界图景"。

常识就是普通、平常但又持久、经常起作用的知识。常识是人类世世代代的经验的产物,是人类在最实际的水平上和最广泛的基础上对人类生存的自然环境、社会环境和一般文化环境的适应。常识是每个健全的正常人普遍认同的,人人都在生活经验中分享常识、体验常识、重复常识和贡献新

的常识。正是在常识的概念框架中,人们的经验世界得到最广泛的相互理解,人们的思想感情得到最普遍的相互沟通,人们的行为方式得到最直接的相互协调,人们的内心世界得到最便捷的自我认同。常识是人类把握世界与自我的最具普遍性的基本方式。一个没有"常识"的人,就无法作为"正常人"生活。

但是大家想一想,常识的最本质的特性是什么?常识的最本质的特性,就是它的"经验性"。所以我们总是把"经验"和"常识"连在一起,叫做"经验常识"。常识来源于经验,常识符合于经验,常识适用于经验。对经验的依附性,是常识的概念框架的实质。所以,在常识的概念框架中,概念总是依附于经验表象,并围绕着经验表象旋转。由此而形成的世界图景,就是"经验的世界图景"。

常识的世界图景,是以人们的经验的普遍性为中介的世界图景。就是说,常识的世界图景,是由人们的共同经验构成的。在"共同经验"中,人们形成了共同的"世界图景"。这种"共同经验"的"世界图景",具有直观性或给予性、凝固性或非批判性等特征。

首先,由"共同经验"构成的常识的世界图景,具有显著的直观性或给予性。人们以常识的概念框架去观察、描述和解释世界,其实质是以经验的普遍性去把握世界,去形成具有经验的共同性的世界图景。正是由于这种常识的世界图景以经验的共同性为实质内容,所以它符合于经验主体的直接经验,并适合于对这种直接经验的解释。由经验直观而形成的世界图景,又直观地呈现给经验的主体。对于经验主体来说,这种直观的世界图景,又是直接地给予经验主体的。由此,就形成了这样的双向关系:"世界",以经验的普遍性和共同性为内容而给予经验主体;经验"主体",又以经验的普遍性和共同性为中介而直观"世界"的存在。在"世界"、"主体"和"经验"的三者关系中,"经验",既是构成主体的世界图景的中介,又是"世界"在主体的表象和思想中的"图景",因此,"经验"的普遍性与共同性,是常识的世界图景的构成中介与实质内容的统一。经验主体就是在常识的概念框架与经验直观的统一中而达到对经验世界的自我理解,以及经验主体之间的相互理解。由此便构成了人们的"常识的世界图景"。

其次,由"共同经验"构成的常识的世界图景,又具有显著的凝固性或非批判性。在常识自身的延续与积累的意义上,由常识概念框架所构成的世界图景,总是不可逃避地依附于经验的共同性,因而无法超越经验而构成具有科学意义的世界图景。这种常识的世界图景以其经验的给予性和直接性为前提,而表现为经验的延续性和非批判性。

常识的世界图景以共同经验的历史性遗传为中介,而实现其世世代代的延续,因此它在本质上是一个僵化的、凝固的世界图景,即永远是共同经验的世界图景。作为经验个体来说,以分享常识为基础而构成的经验世界图景,由于概念对经验表象的依附性,概念总是围绕不断流变的表象旋转,概念自身只不过是表述经验的"名称",因此,常识的世界图景总是一个"混沌的整体"。更为重要的是,由于常识概念依附于经验表象,超越经验即是对常识的挑战,所以常识自身是非批判的和非反思的,由常识概念框架所构成的经验的世界图景也是非批判的和非反思的。

在非批判的常识概念框架中,正像文化哲学家卡西尔所说的,"人总是倾向于把他生活的小圈子看成是世界的中心,并且把他的特殊的个人生活作为宇宙的标准。但是,人必须放弃这种虚幻的托词,放弃这种小心眼的、乡下佬式的思考方式和判断方式。"[2]为了超越这种"小心眼的"思考方式和判断方式,就需要诉诸科学的思考方式和判断方式。

那么,什么是科学概念呢?它与人的经验是什么关系呢?科学概念不依附于经验表象,也不围绕经验表象旋转,而是超越于经验表象,解释经验表象的本质,并且创造非经验的表象。大家想一想,由科学概念所构成的科学的世界图景,不是以经验的普遍性为中介的世界图景,而是以概念的规定性为中介的世界图景。在科学概念框架中,世界图景既不是经验表象所给予的,也不是通过经验直观形成的,而是由概念的相互规定构成的。科学的世界图景是概念化的、逻辑化的、精确化的和系统化的世界图景,它具有内容的规律性、解释的普遍性、描述的可证实性和经验的可预见性等特征。与此同时，科学还具有自我批判、自我发展的创造的特征，因而能够实现科学概念框架的自我更新，从而形成历史性发展的科学世界图景。在科学的发展过程中，世界图景具有显著的历史性和时代性。科学的发展过程，首先就是以历史性转换的科学世界图景去变革和取代人们的常识世界图景，使人们形成自己时代的科学的世界观。在现代化的进程中，人的存在方式的变革和人的素质的提高，世界图景的科学化和世界观的变革是其坚实的基础。这就需要以科学的世界图景变革和取代人们的常识世界图景，以科学的世界观变革和取代人们的常识世界观。

科学是人类的一种活动，是人类运用理论思维能力和理论思维方法去探索自然、社会和精神的奥秘，获得关于世界的规律性认识，并用以改造世界、造福人类的活动。科学活动的本质，是实现人类对世界的规律性把握，也就是实现"思维和存在"在规律层次上的统一。

科学集中地代表着人类理性的进步，在思维与存在的规律层面的统一中为人类提供科学的世界图景。科学不仅以各种首尾一贯、秩序井然的符号系统和概念框架去理解和解释经验世界，而且它自身表现为科学思维方式和科学概念系统的形成和确定、扩展和深化、更新和革命的过程。科学发展过程中所编织的科学概念和科学范畴之网，构成了愈来愈深刻的世界图景，也构成了人类认识世界的愈来愈坚实的"阶梯"和"支撑点"。这种愈来愈深刻的世界图景，愈来愈坚实的"阶梯"和"支撑点"，表明科学概念和科学范畴实现了"思维和存在"在规律层面上的高度统一。

现代科学的迅猛发展深刻地变革了人们的世界图景和思维方式，也深刻地变革了人们的价值规范和生活方式。所以，科学在现代人类的社会生活中占有极其重要的地位，并发挥着其他任何文化形式难以匹敌的巨大作用。但是，值得大家深思的是，"科学"并不能取代"哲学"。与科学活动不同，人类的哲学活动，是反思"思维和存在的关系问题"，也就是把"思维和存在的关系"作为"问题"进行"反思"。在哲学的"反思"中，人类的科学活动及其理论成果成为被反思的对象。这就是哲学对科学的"反思"关系。哲学在对科学的"反思"中,形成哲学的"世界观"。

哲学对科学研究成果的反思,具有特别重大意义的,是对划时代的科学发现的反思。科学史表明,科学的发展,总是表现为科学发展的不平衡性。某种科学理论的划时代发现,总是突出了人类用以理解和把握世界的某种"认识成分"。它的璀璨夺目的光芒,使得其他的"认识成分"在特定的时期内相形见绌、黯然失色。由此而引发的连锁反应,首先是吸引各门科学都试图运用这种"认识成分"来研究自己的对象;其次是哲学家们也试图以这种被科学家普遍运用的"认识成分"去重构关于理论思维前提的哲学理论;最后则是由于哲学的世界观层次的理论总结而变革人们的思维方式和价值观念,使整个人类对人与世界相互关系的理解发生重大改变。对此,美国当代哲学家莫尔顿·怀特作过这样的描述:"在 18 世纪牛顿物理学胜利的时代,机械学成为学问之王;19 世纪黑格尔的历史和达尔文的生物学占有同样的重要地位;到那一世纪的末期,心理学大有主宰哲学研究的希望……"[3]那么,20 世纪呢? 大家想一想,所谓"老三论"、"新三论",系统论、控制论、信息论、突变论、协同学、自组织理论等等,不是都引起了与怀特所描述的同样的轰动效应和连锁反应吗?

对哲学来说,包括科学在内的人类把握世界各种方式及其历史成果,从来都不是现成接受的对象。它反对人们在思想观念中和现实行为中采取非批判的传统性态度。哲学对科学理解的理解,是把科学关于世界的理解作为批判反思的对象,通过考察人类把握世界诸种方式相互制约和相互渗透的总体效应,探索这些方式彼此融合和彼此过渡的总体机制,反省这些方式把握世界的总体结果和时代内容来实现的。在这种批判性的考察、探索和反省的过程中,哲学就可以概括出科学成果中所蕴含的对人与世界相互关系的新的研究方法、解释原则和价值观念,展现自己时代所达到的对真善美的理解,从而为人类提供时代水平的"世界观理论"。

注 释

〔1〕 《列宁全集》第 55 卷,第 78 页。

〔2〕 恩斯特·卡西尔:《人论》,上海译文出版社 1985 年版,第 20 页。

〔3〕 怀特:《分析的时代》,商务印书馆 1981 年版,第 243 页。

第四讲

生存与生活

生命活动的两种基本方式
人类活动的两个尺度
人的生活活动与人的生活世界
人的生活活动与人类存在的矛盾性

怎么理解"世界观"？我在上一讲中，即在"人与世界"关系中，引入一对范畴："自在世界"和"世界图景"。而为了说明人的"世界图景"，我又引入一个最关键的范畴，这就是人类把握世界的"基本方式"。

人同世界是什么关系？人同世界的关系，必须从思考"人"是一种怎样的存在入手。你说人与世界是什么关系？人和世界是什么关系，取决于人是一种怎样的存在。那么"人"是一种什么样的存在呢？大家都会回答，人是一种生命的存在。但是，人不是一般的生命的存在，人不是一种生存，人是一种生活。"生活"，是人的独特的存在方式，是人同世界发生的真正的"关系"。

一　生命活动的两种基本方式

大家看一下马克思的《1844 年经济学哲学手稿》，马克思在那里边首先就谈了这样一个问题，他说，把人同动物区别开来，在于人是一种"生活活动"，而动物是一种"生存活动"。这点是最重要的。

我们可以把全部的存在物分为两种，一种叫做无生命的存在，一种叫生命的存在。那么生命的存在我们又做了一种区分，一种叫做作为生存活动的生命存在，这就是动物；还有一种作为生活活动的生命存在，这就是人。人同世界什么关系？人作为这个世界上的一种生命的存在，不是动物的存在，而是一种生活活动的存在。什么是一种生活活动的存在呢？那就是一种实践的存在，"超越自然"的存在，或者说"超越性"的存在。

人的生命活动的"超越性"，在于人的生命活动是"生活"，而人以外的其他生物的生命活动则仅仅是"生存"。"生活"与"生存"的区别，是人与其他生物的根本区别。

"生活"与"生存"的区别，就在于人的生命活动不是纯粹的"自然而然"的过程，而是"超越自然"的"有意识"的创造性活动。关于这个根本区别，马克思有过精辟的论述。他提出："动物是和它的生命活动直接同一的。它没有自己和自己的生命活动之间的区别。它就是这种生命活动。人则把自己的生活活动本身变成自己的意志和意识的对象。他的生活活动是有意识的。……有意识的生活活动直接把人跟动物的生命活动区别开来。"[1]关于人与动物的根本区别，恩格斯也作过精辟的论述。他提出，"动物仅仅利用外部自然界，单纯地以自己的存在来使自然界改变；而人则通过他所作出的改变来使自然界为自己的目的服务，来支配自然界。这便是人同其他动物的最后的本质的区别"[2]。

马克思和恩格斯的论述告诉我们：动物的生命活动就是它的生存，它的生存也就是它的生命活动。动物以自然所赋予的生命本能去适应自然，从而维持自身的生存。这种生存的生命活动是纯粹的自然存在。而人则不仅以生命活动的方式存在,并且意识到自己的生命活动,根据自己的意志和意识进行生命活动。这样,人的生命活动就成为实现人的目的性要求的活动,把自己的目的性要求变成人所希望的现实的活动,让世界满足自己的需要的活动。正因如此,人的生命活动就不再是纯粹适应自然以维持自身存在的生存方式,而是改变自然以创造人的世界的生活方式。

关于人的"超越性"存在,我在《超越意识》一书的序言中,以"人无法忍受"为题,从"反证"的角度论述了人的"超越性"。我在那篇序言中说,世界就是自然,它自然而然地存在,存在得自然而然。但是,从自然中生成的人类,却要认识自然、改造自然,把自然而然的世界变成"人化了的自然"即"属人的世界"。为了让世界满足自己的需要,人类从这个自然而然的世界中去探索"真"、去寻求"善"、去实现"美",把这个自然而然的世界变成对人来说是"真善美"的世界。"同天人","合内外","穷理尽性","万物皆备于我",这不正是人类对自然而然的世界的"超越"吗?

我在那篇序言中还说,人生亦为自然,"人之生,气之聚也,聚则为生,散则为死",生生死死,自然而然。然而,本为自然的人类,却要认识人生、改造人生,把人的自然的生存变成创造"属人的世界"的生活。人类在对"人生"的认识与改造中,寻求"意义"、追求价值、争取自由,把人类社会变成人类憧憬的理想的现实,这不正是人类对自然而然的人的生命活动的"超越"吗?

人类超越了自然而然的"世界",超越了自然而然的"生命",于是,人类就成为"万物之灵",也就是"超越性"的存在。

人类作为"万物之灵",是有"意识"的存在。人不仅具有把"世界"当做自己的"对象"的"对象意识",而且还有关于自己的感觉和知觉、欲望和目的、情感和意志、思想和理想的"自我意识"。在这种"自我意识"中,人类能够"觉其所觉"、"知其所知"、"想其所想"、"行其所行",因而人类又能够"超越"自己的狭隘的、有限的存在,在自己的"意识世界"中为自己创造无限广阔、无限丰富、无限发展的"世界",给自己构成理想性的、真善美相统一的

"世界"，这就是人类意识的"超越性"。

人类意识的超越性，决定人如何"生活"。我在那篇序言中提出，人在自己的"生活"中，无法忍受"单一的颜色"、"凝固的时空"、"存在的空虚"、"自我的失落"和"彻底的空白"，因而创造出人的丰富多彩的"世界"。

人无法忍受"单一的颜色"。人类的生活世界，赤橙黄绿青蓝紫，是一个色彩缤纷的世界。如果只有一种单一的颜色，哪怕是最艳丽的鲜红、最纯洁的雪白、最诱人的碧绿，都是人的眼睛无法接受的，更是人的心灵无法忍受的。人的心灵同人的眼睛一样，需要五颜六色。马克思说，在太阳的辉耀下，每一颗露水珠都会闪烁出五颜六色的光芒，为什么人的精神却只能有一种颜色即"灰色"？

人类的意识有"联想"和"想象"，有"思想"和"理想"，有"灵感"和"直觉"；人类意识以自己的"联想"、"想象"、"思想"、"理想"、"灵感"和"直觉"，创造了人的"神话的世界"、"宗教的世界"、"常识的世界"、"艺术的世界"、"伦理的世界"、"科学的世界"和"哲学的世界"。人的世界，是人类意识创造的五彩缤纷的世界；人的意识，是把世界创造得五彩缤纷的"超越性"的意识。人的意识创造了色彩斑斓的"精神的世界"和"文化的世界"，人的意识又如何能够忍受"单一的颜色"？

人无法忍受"单一的颜色"，因而人无法忍受"凝固的时空"。人的色彩缤纷的世界，是在人的创造性活动中生成的世界，又是在人的创造性活动中千变万化的世界。千变万化才有五彩缤纷。"太阳每天都是新的"，是因为人的心灵的创造每天都是新的。马克思提出，"时间是人类存在的空间"。人类以自己的创造性的活动过程也就是时间，来创造"属人的世界"也就是"空间"，人的"空间"才成为色彩缤纷的世界；离开人类创造性的活动过程，世界就只能是一个"每天都是旧的"即"单一颜色"的世界。

人无法忍受"凝固的时空"，因而人无法忍受"存在的空虚"。人的存在，是追求生命价值和生活意义的存在；人类的历史，是追求自己的目的的人的活动过程。因而对人来说，"无价值"的生命和"无意义"的生活，是人的"存在的空虚"。时间成为人的存在的空间,现实的人总是不满足于人的现实,总是要使现实变成对人来说是更有"价值"、更有"意义"的理想的现实。试想一下,人类世世代代的科学探索、技术发明、政治变革、艺术创新、工艺改造、观念更新……,不正是现实的人对人的现实的超越吗?不正是人把"时间"作为"空间"而实现的人的自我超越吗?人的生活是创造的过程,也就是"异想天开"、"离经叛道"、"无中生有"、"改天换地"的过程。人在现实中生活,人又在理想中生活;现实规范着理想,理想引导着现实;现实使理想获得"存在的根基",理想则使现实超越"存在的空虚"。对于人类来说,只有追求生命的价值与生活的意义才是人的存在。因此,人无法忍受"存在的空虚",人要"超越"现实的存在而创造理想性的存在。

人无法忍受"存在的空虚",因而人无法忍受"自我的失落"。人类通过劳动而自我创造、自我生成为认识世界和改造世界的"主体",并从而把包括人自身在内的"整个世界"变成认识和改造的对象即"客体"。这就是人与世界之间的"主客体关系"。马克思说,"凡是有某种关系存在的地方,这种关系都是为我而存在的;动物不对什么东西发生'关系',而且根本没有'关系';对于动物说来,它对他物的关系不是作为关系而存在的"。[3]人作为"我"而存在,既形成了"我"与"世界"之间的"主客体关系",又形成了"我"与"他人"之间的"主体间的关系"。在人类自己创造的"人类社会"中,人作为"类"而构成认识与改造世界的"大我",人作为个体则成为独立存在的"小我"。因此,每个人便同时具有了两种关于"我"的自我意识:其一,人类是"我",个体只是人类"我"的类分子,个体只能作为类而存在;其二,个体是"我",其他的存在,包括他人的存在,都是"非我","我"只是作为个人而存在。这种人类"大我"与个体"小我"的矛盾,既要求"小我"不断地"超越自我"而融会于"大我"之中,又要求"大我"以整体的进步而实现每个"小我"的发展。所以,大家想一想,人无法忍受双重的"自我的失落":既无法忍受"小我"的失落,更无法忍受"大我"的失落。

人无法忍受双重的"自我的失落",因而人无法忍受"彻底的空白"。每个"小我"的个体生命的存在,都是短暂的、有限的,死亡,是人这种生命个体自觉到的归宿。那么,什么是死亡? 死亡,它消解了欢乐,也消解了苦难,消解了肉体,也消解了灵魂。死亡是彻底的空白。这种连灵魂都不复存在的空白是人所无法忍受的。面对死亡这个最严峻的、不可逃避的、却又是人所自觉到的归宿,人总是力图超越个体生命的短暂与有限,而获得某种方式的"永生":人应当怎样生活才能使短暂的生命获得最大的意义和最高的价值?生命的永恒是在于声名的万古流芳或灵魂在天国的安宁,还是在于以某种形式把个体的"小我"融会于人类的"大我"之中? 哲人培根说,人的"复仇之心胜过死亡,爱恋之心蔑视死亡,荣誉之心希冀死亡,忧伤之心奔赴死亡,恐怖之心凝神于死亡"。这就是人的心灵对死亡的超越。大家想一想,在人类的历史上,饮鸩的苏格拉底,自沉汨罗的屈原,浴盆中的马拉,断头台上的谭嗣同,绞刑架下的伏契克,安乐椅上的马克思,这些伟人之死,为人的生命,定格了最为辉煌的一幕。人的生命面对着死亡,人又以自己的生命的追求超越死亡,生与死的撞击燃烧起熊熊的生命之火,这不正是人的生命的自我"超越"吗?

　　人无法忍受"单一的颜色"和"凝固的时空",人无法忍受"存在的空虚"和"自我的失落",人更无法忍受连灵魂都不复存在的"彻底的空白",因而人以自己的超越性的生命活动去实现人生的自我超越。西方人文学者马斯洛曾提出人的"层次需要"理论:从最低层次的"生存的需要"到"安全的需要"、"归属的需要"、"尊重的需要"、"审美的需要"直至最高层次的"自我实现的需要",既构成了人的多层次的需要,又实现了层次需要的自我超越。我国哲学家冯友兰先生又提出人生的四种境界:人作为超越自然的存在,自觉地使自然界满足自己生存的需要,这是最低层次的自然境界;意识到人的主体地位而追求个人目的的实现,这是较低层次的功利境界;自觉到人作为类而存在,并努力使"小我"融会于"大我"之中,这是较高层次的道德境界;超越道德境界,自觉地达到人与自然的统一,才是最高层次的天地境界。人类超越了自然,又在自身的发展中,力图使自己在高级的层次上返归于自然,这就是现代人类所自觉到的"人类意识"、"全球意识",也就是现代人类的"超越意识"。人类的多层次的需要,人类的需要层次的跃迁,人生的不同的人生境界,人生境界的不断升华,这不就是人的"生活"吗?这不就是人对动物式的"生存"活动的超越吗?我们应当从人的"超越性"的"生活"活动去理解人的存在,去理解人与世界的关系,这才能形成哲学的"世界观"。

二 人类活动的两个尺度

"生活"与"生存"的区别,最根本的是在什么地方呢?它就在于,动物的生命活动,只是按照自己所属的"物种的尺度"去适应自然,而人的生命活动,则是"物的尺度"与"人的尺度"相统一的变革自然的活动。这正如马克思所说:"动物只是按照它所属的那个物种的尺度和需要来进行塑造,而人则懂得按照任何物种的尺度来进行生产,并且随时随地都能用内在固有的尺度来衡量对象;所以,人也按照美的规律来塑造。"[4]让我们一起来体会马克思的这段话。

动物只是按照它所属的"物种的尺度"进行生命活动,它就只能是按照它所属的物种的本能去适应自然。比如说,肉食类动物只能吃肉,草食类动物只能吃草;陆地上的动物只能生存于陆地,水里的动物只能生存于水中;这就是说,动物只能按照它所属的物种的方式生存,而不能按照其他物种的方式存在;动物只有自己所属的物种的尺度,而没有变革自己的存在方式的"内在"的尺度。那么人呢?人则可以根据"任何"一种物种的尺度去进行生产,并且按照"人的尺度"去改变对象的存在,也就是按照人自己的目的、愿望、理想去改变对象的存在。

人按照"任何物种的尺度"来进行生产,也就是按照世界上各种存在物的"客观规律"来进行生产,这表明,人是一种可以"发现"、"掌握"和"运用"规律的存在;人又按照"内在固有的尺度"来进行生产,也就是按照自己的"需要"、"欲望"、"目的"来进行生产,这表明,人是一种把自己的生命活动变成自己的目的性活动的存在,即"目的性"的存在。人既按照"任何物种的尺度"、又按照人的"内在固有的尺度"来进行生产,也就是在"合规律性"与"合目的性"的统一中来进行生产;这种"合规律性"与"合目的性"的统一,使得人的生命活动达到了"自在"与"自为"相统一的"自由"的境界,也就是马克思所说的"按照美的规律来塑造"。这就是人的"生活活动"所实现的"生命活动"的自我超越。正是人的超越性的"生活活动",创造了"属人"的"生活世界"。

大家再来想一想,用马克思的话说,动物,它只有一个尺度,而人呢? 他有两个尺度。动物只有它自己所属的物种的尺度。而人的两个尺度,一是任何物种的尺度,还有一个是人的内在的固有的尺度,这就是最基本的区别,这才能把人同动物区别开来,才能够理解人同世界的关系。人同世界之间的关系是在于,人是一种特殊的生命活动。人是一种什么样的生命活动呢? 人是一种生活的生命活动。什么叫做生活的生命活动呢? 是一种寻求意义的生活活动。人是一种寻求意义的存在。人无法忍受无意义的生活。你活着不就是为了寻找意义么? 体育馆里边在比赛篮球,那么多人就抢一个篮球,抢什么呢? 是抢那个球吗? 那球对于他们能有什么意义呢? 他要寻求的是在这个比赛当中所获得的胜负,体现了一种人的生命价值的渴望和追求。那么这里边表达了一个什么东西呀? 表达了人同动物的一个根本的基本的区别,什么呢? 动物只是按照自己的物种的尺度来进行它的生命的活动,马是吃草的,如果它要饿死了,它面前放着一盘肉,照样饿死了! 对不对? 老虎是吃肉的,它饿得要死了,你放了一捆草,老虎怎么样? 照样饿死了! 为什么? 动物只有它自己的那"一个"物种的尺度。人呢? 人不是还啥都能做吗? 什么都能制造,对不对呀? 所以你看,人可以按照"任何"物种的尺度来进行生产,它是按照自己的"内在的固有的尺度"来进行生产,也就是按照自己的生活的目的来进行生产。所以人有"两个"尺度。人的生命活动就从动物的生存变成了人的生活了。这不就变成了人的实践活动么!

人的实践活动,就是两种尺度的统一,因此它是一种"合目的性"与"合规律性"的统一。在实践的生活活动当中,它构成了一个属人的世界,这就是人的生活世界。一个属人的世界,属于人自己的世界,是一个人化的自然,是一个文化的世界,是一个意义的世界,因此人的世界是一个三重的世界。第一重是一个人化了的自然。人的世界没有一个纯粹自然的世界,凡是构成人的自然的世界,都变成了什么了? 变成了人化了的自然的世界,打上了人的痕迹的自然。而这个"人化了的自然",是人以自己的把握世界的基本方式构成的,这不就是人的文化世界吗? 而这个文化的世界,它构成了人的生活的意义,这不就是人的意义世界吗? 所以,人的世界,是"人化了的自然"、"文化世界"和"意义世界"的统一。

三 人的生活活动与人的生活世界

人类的这个世界,是人类历史发展的一种结果和产物,所以它构成了人的"生活世界"。

人的"生活"活动与动物的"生存"活动,不仅是人与动物的两种不同的维持"生命"的活动,而且是人与动物的两种不同的延续"生命"的活动。动物的生命活动,是以"复制"的方式来延续其种类的生命活动,因而是一种"非历史"的延续方式;人的生命活动,则是以创造"文化"和"文化"遗传的方式而延续其种类的生活活动,因而是一种"历史"的延续方式。由此就提出一个具有重大意义的概念:"历史"。人的"生活"活动,是区别于一切动物的"生存"活动的"历史"活动。

动物只有一个"尺度",即它所属的那个"物种的尺度",因此,动物只能是按照它所属的那个"物种的尺度"本能地适应自然,并进行它所属的那个物种的纯粹自然的物种繁衍,造成各个物种的本能的生命存在。这就是动物的"复制"式的延续其种类的生命活动。

人在自己的生命活动中,是按照"任何物种的尺度"与人的"内在固有的尺度"的统一来进行生产,也就是以"合规律性"与"合目的性"的统一来进行生产,因而人的生命活动不仅仅是改造环境的过程,也是改造人本身的过程。在这个双重性的改造过程中,人类的生命延续超越了非历史的生命个体的"复制",从而实现了人所特有的"历史"。

人类的遗传具有双重性,是"获得性的遗传"与"遗传性的获得"的统一,即"自然的遗传"与"文化的遗传"的统一。人是历史性的存在,就是"文化"的存在。人的生命活动,不仅是改变生活环境的活动,使自然"人化"的活动,把"人属的世界"变成"属人的世界"的活动,而且是改变人类自身的活动,使自身"文化"的活动,把"属人的世界"变成"文化世界"的活动。

"文化",对它的解释,真可以说是五花八门,不可胜数。但是,从人的活动去理解文化,文化就是人的存在方式。人类创造了把握世界的各种各样的文化方式,诸如经验的、常识的、神话的、宗教的、艺术的、伦理的、科学的、哲学的和实践的文化方式。人类以文化的方式去把握世界,就形成了丰富多彩的、生生不已的人的文化世界,诸如宗教的世界、艺术的世界、伦理的世界、科学的世界等等。文化是人的生活世界。

文化又是人类的遗传方式。"在动物和植物中,形成对环境的适应性,是通过其基因型的变异。只有人类对环境刺激的反应,才主要是通过发明、创造和文化所赋予的各种行为。现今文化上的进化过程,比生物学上的进化更为迅速和更为有效","获得和传递文化特征的能力,就成为在人种内选择上最为重要的了"。[5]人类在文化的遗传与进化中实现自身的历史发展。

毫无疑问,在人类的"文化遗传"中,"语言"占有极为重要的地位。生物学家认为,遗传密码和语言结构之间有着惊人的相似之处。比如,两种符号都必须在特定的系统中才获得某些意义,孤立的单位本身没有任何价值。遗传密码也跟语言符号一样,表现为层次结构,一个层次中的单位,只有经过组合上升到更高层次的单位中以后,方能确定其同一性。染色体基因的DNA碱基,也同语言中的音位一样,形成各种区别特征。有些结构主义语言学家(如雅可布孙)认为,这样惊人的相似绝非偶然,而是因为人类的祖先传递到后代有两大类基本的信息系统,即由细胞染色体传递的生物遗传密码,和由神经—生理及社会—心理机制传递的语言能力。[6]

文化作为人的存在方式和人类的遗传方式,它构成人类的文明史。这个"文明史",是物质文明、政治文明和精神文明历史演进的历史,首先是物质生产力发展的历史,也就是人按照自己的"内在固有的尺度"和"任何物种的尺度"去改变世界的历史。

人是"历史"的存在,"历史"是人的存在方式。"历史"的存在方式,使人的生命演化获得了自我超越的特殊内涵:"发展"。

"发展",在最一般的意义上,当然是指事物渐进过程中的"中断",即事物由旧的形态"飞跃"到新的形态。就此而言,我们当然可以说,世界上的一切事物都处于运动和变化所实现的"发展"之中。然而,在论述"关系"的时候,为什么马克思说"动物不对什么东西发生'关系',而且根本没有'关系'"呢?那是因为,"对于动物说来,它对他物的关系不是作为关系存在的"。正因如此,马克思提出,"凡是有某种关系存在的地方,这种关系都是为我而存在的"。[7]

"关系",必须是以"我"的存在为前提的;没有"我"的自我意识,关系就不是作为"关系"而存在的;离开"我"的事物之间的自在的"关系",就不是真正意义的"关系"。同样,真正意义的"发展",也有其特殊的涵义。

真正意义的"发展",需要有两个必不可少的前提:其一,"发展"的主体的自我否定所实现的由旧形态向新形态的"飞跃";其二,"发展"的主体自觉到自己的"发展",并通过发展而使自己的存在获得新的"意义"。具有上述两个前提的"发展",只有人的"历史"。

"历史"是人的有目的的活动过程,是实现人的目的的过程。在"历史"过程中,人以自己的生活活动去实现自己的生活目的,把不会主动满足人的世界,变成满足人的要求的世界,也就是把不符合人的理想的现实,变成人所要求的理想的现实。正是在这样的"历史"过程中,人不断地使自己的生活获得了新的"意义",从而实现了人自身的"发展"。

由人的"历史"活动所实现的人自身的"发展",是一种超越了其他所有存在物演化方式的特殊方式。这就是人类历史的发展方式。马克思和恩格斯提出:"任何人类历史的第一个前提无疑是有生命的个人的存在",然而,"一当人们自己开始生产他们所必需的生活资料的时候(这一步是由他们的肉体组织所决定的),他们就开始把自己和动物区别开来。"[8]人类的生产活动开创了把自己与动物区别开来的"历史"。

"历史"作为人的存在方式,它的特殊性在于,人是自身存在的"前提"和"结果"。马克思说:"人的存在是有机生命所经历的前一个过程的结果。只是在这个过程的一定阶段上,才成为人。但是,一旦人已经存在,人,作为人类历史的经常前提,也是人类历史的经常的产物和结果,而人只有作为自己本身的产物和结果才成为前提。"[9]在这里,马克思精辟地阐发了人作为自身存在的"前提"和"结果"所构成的"历史"的内涵。简要地分析马克思的论述,会有助于我们深化对人的"历史"和"发展"的理解,有助于我们深化对人的"生活活动"和"生活世界"的理解。

首先,马克思的论述启发我们深刻地理解"人"是怎样的存在。

人类作为物质世界链条上的特定环节,是"自在"的或者说"自然"的存在,人类的产生是自然演化的结果,物质世界是人类存在的前提和根据。正因如此,马克思认为,"人的存在是有机生命所经历的前一个过程的结果,只是在这个过程的一定阶段上,才成为人"。然而,人类作为认识世界和改造世界的"主体",又是"自为"的或者说"自觉"的存在,人类是在认识和改造世界的过程中,实现自身的存在和发展。正因如此,马克思又提出,"一旦人已经存在,人,作为人类历史的经常前提,也是人类历史的经常的产物和结果,而人只有作为自己本身的产物和结果才成为前提"。"历史",是人类存在与发展的真正"前提"。

上述的"正题"和"反题"表明,需要从"合题"去理解人的存在,这就是:作为"自在"的或"自然"的存在,人类统一于物质世界,物质世界是人类生存和发展的根据和前提,人类永远是"自然"的存在;作为"自为"的或"自觉"的存在,人的存在又只能是自己创造自己的过程,人类的历史是人类生存和发展的根据和前提,人类永远是"超自然"的存在;作为既"自在"又"自为"、既"自然"又"自觉"的存在,人类以自己的历史活动而实现"自然性"与"超自然性"、"物的尺度"与"人的尺度"、"合规律性"与"合目的性"的统一,并从而实现自身的"发展"。这就是我们对"人"及其"发展"的理解。

其次,马克思的论述启发我们深刻地理解"历史"是怎样的过程。

我特别喜欢马克思在《路易·波拿巴的雾月十八日》里对人的"历史"的论述。马克思说:"人们自己创造自己的历史,但是,他们并不是随心所欲地创造,并不是在他们自己选定的条件下创造,而是在直接碰到的、既定的、从过去承继下来的条件下创造。"[10] 人们自己创造自己的历史,但并不是在自己选定的条件下创造的,所以,人作为"历史的经常前提",总是"历史的经常的产物和结果",他们的历史活动总是决定于在他们以前已经存在、不是由他们创立而是由前代人创立的历史条件。就此而言,"历史条件"又成为人们创造历史的"前提",每代人又都是作为历史的"产物"和"结果"而存在。这样,人们的历史活动就不是"随心所欲"的,人们的历史活动的结果总是表现为不以人们的意志为转移的历史发展规律。历史的"发展"成为人的"发展"的前提。

作为"前提"的"历史条件",包括"物质"的和"精神"的两大方面。马克思和恩格斯说,"历史的每一阶段都遇到有一定的物质结果、一定数量的生产力总和,人和自然以及人与人之间在历史上形成的关系,都遇到有前一代传给后一代的大量生产力、资金和环境,尽管一方面这些生产力、资金和环境为新的一代所改变,但另一方面,它们也预先规定新一代的生活条件,使它得到一定的发展和具有特殊的性质"。[11] 同时,作为"前提"的"历史条件",还包括种种的"文化条件"。人类的语言是历史文化的"水库",历史文化积淀通过语言去占有个人。人们使用语言,就是被历史文化所占有。语言的历史变化,规定着人们对世界的理解,因而也就体现着人的历史性变化和规范着人的历史性发展。

同时,我们又必须理解,人作为"历史的经常的产物和结果",人又获得了创造历史的现实条件和现实力量,并凭借这种现实条件和现实力量去改变自己和自己的生活世界,实现历史的进步,并为自己的下一代创造新的"历史条件"。因此,人们又是自己创造自己的历史,人们自己是自己的历史的"前提",历史就是追求自己的目的的人的活动过程,历史就是实现人的自身发展的特殊方式。

"历史",它实现了生命演化的自我超越,实现了人类生活的自我发展。

人类以自己把握世界的"基本方式"为中介而与世界发生关系,不仅仅是为人类提供了"丰富多彩"和"日新月异"的世界,而且是使人自己生活于"三重世界"之中。在对人与世界关系的理解中,我们不仅应当看到人类的实践的存在方式造成了现实世界的"二重化",而且应当看到人类的实践的存在方式所形成的人类生活的"三重世界"。

所谓"世界的二重化",是指人的实践活动把世界"分化"为"自在的世界"与"自为的世界"、"自然的世界"与"属人的世界"。这种世界的"分化"或"二重化",当然不是说世界自身分裂为两种根本不同的存在,即不是在宗教的方式中把世界分裂为神的"彼岸世界"与人的"此岸世界",而是说人的实践活动使"自然而然"的世界具有了二重属性。具体地说,人作为自然演化的产物,世界作为自在的世界,在"本原"的意义上永远是自然的存在;然而,人作为实践的主体,世界作为实践的客体,在人与世界的"主客体关系"的意义上,人和世界又都是人自己的实践活动的结果和产物,都属于人类自己创造的"属人的世界"。这就是人类的实践活动所造成的世界的"二重化",也就是人类的实践活动把"自然而然"的世界"二重化"为"自然的世界"和"属人的世界"。

所谓人自己的生活的"三重世界",则是指人类不仅仅是生活于"自然世界"之中,而且生活于自己所创造的"人化了的自然"之中,生活于自己所创造的"文化世界"和"意义世界"之中。具体地说,这就是:人作为自然存在物,同其他生物一样生存于"自然世界";人作为超越自然的社会性存在,又生活于自己所创造的"文化世界"之中。人在自己创造的"文化世界"中,既被历史文化所占有,又在自己的历史活动中展现新的可能性,因而生活于历史与个人相融合的"意义世界"之中。"人化了的自然"、"文化的世界"和"意义的世界",就是人类生活的三重世界。

人与动物生存于同一个物理自然世界之中,但是,人与动物对世界的关系却是根本不同的。动物只是以其本能适应自然而维持自身的存在,因而它就是自然的存在,它只是生存于"自然世界"之中。人则是以实践的方式改变自然而维持和发展自身,从而使自身不仅是自然的存在,而且是超自然的存在——改造自然的存在。人类在改变自然的过程中,包括改变自身的自然的过程中,形成了自己所特有的把握世界的多种方式,从而以这些基本方式为中介,构成了人与世界之间的丰富多彩的关系,构成了"属人"的"神话的世界"、"宗教的世界"、"艺术的世界"、"伦理的世界"、"科学的世界"。这就是人的"文化世界"。

人的"文化世界"使人成为历史的、文化的存在;能否从历史、文化去理解人的存在,就成为能否把人理解为现实的存在的分水岭。语言是"文化的水库",它保存着历史的文化积淀;反之,历史的文化积淀又通过语言去占有世世代代的个人。文化哲学家卡西尔提出,语言的"具有决定意义的特征并不是它的物理特性而是它的逻辑特性。从物理上讲,语词可以被说成是软弱无力的;但从逻辑上讲,它被提到了更高的甚至是最高的地位:逻各斯成为宇宙的原则,并且也成了人类知识的首要原则";"在这个人类世界中,言语的能力占据了中心的地位。因此,要理解宇宙的'意义',我们就必须理解言语的意义"。[12]现代的哲学解释学进一步提出,语言作为"文化的水库",它构成了历史与现实之间、"历史视野"与"个人视野"之间的一种"视野融合",也就是构成了人与历史、人与他人以及人与自我之间的相互理解和自我理解。这就是以人的"文化世界"为基础的人的"意义世界"。

人的"文化世界"和"意义世界",表明了人与世界之间的特殊关系。人要把世界变成对人来说是"真善美"的世界,人要把人生变成"有意义"的"生活"。为了使自己的生命活动具有"意义",人们总是向自己追问"为何生存"

和"怎样生存",也就是寻找意义和追求价值,把人类的"生存"变成人类所向往和追求的"生活",把人类的社会变成人类所憧憬的理想性的现实。

人的"文化世界"和"意义世界"是人的历史活动的产物,也是在人的历史活动中发展的。我们现在来探讨人的"属人的世界",我们要意识到,当今的"世界"发生了根本性的变化。最基本的变化是人类的文明形态变化了。我们从原来的农业文明到工业文明再到今天的后工业文明,人类的文明形态发生变化了。因而人类的整个的"文化世界"和"意义世界"发生变化了,这是我们面对的最基本的现实。面对今天的现实,我们来思考人的生活活动和人的生活世界,我们会获得一种怎样的感悟呢?我想,我们的一个最重要的感悟就是,如何以爱智的、反思的、批判的、创新的哲学智慧,去重新理解和协调人与世界的关系。

四　人的生活活动与人类存在的矛盾性

人类存在的矛盾性,从根本上说,就是人类存在的实践性。实践是人的存在方式,哲学的生活基础是人类的实践活动及其历史发展。实践活动是人类有意识、有目的、能动地改造世界的客观物质活动,它自身具有深刻的内在矛盾性。简要地分析实践的内在矛盾,会使我们较为真切地理解人的生活活动,较为具体地理解人与世界之间的丰富关系。

其一,实践主体的自然性与超自然性。实践活动是人以自己的感性的自然(肉体组织),并通过感性的中介(物质工具),去改造感性的对象(物质世界)。离开实践主体的自然的感性存在,就没有感性的实践活动。"但人不是简单的自然存在物,而是具有理智的人的自然存在物。人不像动物那样无意识地适应自然界,而是在适应自然界的同时使自然界适应自己,满足自己的需要。""正是这种双重的适应性,即环境对人和人对环境的不断作用与反作用,决定了人的活动的本质。"[13]离开超自然性的自然性,人只能像动物一样去适应自然;反之,离开自然性的超自然性,人的超自然性只能是一种神秘的、抽象的特性。因此,作为实践主体的人,其自然性是具有超自然性(自为性)的自然性,其超自然性是具有自然性(自在性)的超自然性。只有辩证的哲学反思,才能超越把人的自然性与超自然性分割开来的知性思维,达到对人的自在自为的辩证理解。

其二,实践活动的合目的性与合规律性。实践是人的有目的的自觉活动,是人把自己的目的和要求变成现实的活动。作为实践主体的人,自己给自己构成人所要求的世界图景,并以自己的实践活动使世界变成自己理想的世界。但同时,实践作为人的客观物质性活动,又必须面对客观世界,以客观世界为转移。因此,一方面,实践主体要按照自己的欲望、目的、要求去改变世界;另一方面,实践主体的目的性要求又必须积淀着关于世界的规律性认识,这种目的性要求才能得以实现。由此便构成了实践活动中的"合目的性"与"合规律性"的矛盾。这种矛盾也只有在辩证哲学的反思中才能得到合理的理解。

其三,实践活动的"人的尺度"和"物的尺度"。人类实践活动的特殊性,在于人类是依据"两种尺度"来进行自己的生命活动。实践活动的"合目的性",本质上是以"人的尺度"去要求客观世界;实践活动的"合规律性",则是以"物的尺度"去规范人的目的与活动。因此,实践活动的"合目的性"与"合规律性"的矛盾,深层地看,是"人的尺度"与"物的尺度"的矛盾。动物只有一个"尺度",即它所属的那个"物种"的尺度;人则有两种"尺度",即"任何物种"的尺度和人的"内在固有"的尺度;人的实践活动既是以"人的尺度"去改变世界,又是按照每种"物的尺度"去规范自己的思想与行为;正是在这两个"尺度"的对立统一中,实践活动实现为"合目的性"与"合规律性"的对立统一。

其四,实践活动中的客体主体化与主体客体化。实践活动是一个双重化的过程:一方面,实践主体以"人的尺度"去要求实践客体,把自己的"目的性要求"变成现实的存在,这就是所谓的主体客体化(客体变成主体所要求的客体);另一方面,实践主体又以"物的尺度"去规范自己的思想与行为,按照"客观规律"去进行实践活动,这就是所谓的客体主体化(主体成为掌握客体规律的主体)。正是在这种主体客体化与客体主体化的对立统一中,人实现了改造世界与改造自身的对立统一。在人类的实践活动中,这种主体客体化与客体主体化的过程是不断扩展与深化的。

实践作为人的存在方式,它不仅蕴含着实践主体的自然性与超自然性、实践活动的合目的性与合规律性、实践过程的人的尺度与物的尺度、实践结果的主体客体化与客体主体化的诸多矛盾,而且还蕴含着实践活动的现实性与普遍性、现实性与理想性、现实性与无限性的矛盾。这些矛盾更为深刻地显示了人类存在的矛盾性。

现实性与理想性,是蕴含在人的实践活动之中的一对根本性的矛盾。对于人的实践活动,列宁提出了一个公式,并做出了具体解释。列宁说:"人的实践 = 要求(1)和外部现实性(2)","世界不会满足人,人决心以自己的行动来改变世界";[14]"人给自己构成世界的客观图画,他的活动改变外部现实"。[15]实践活动的"理想性"与"现实性"的矛盾,使人与世界之间构成了一种独特的否定性的统一关系,即:人以"理想性"的要求而"现实"地"否定"世界的现存状态,使世界变成人所要求的现实,并在这种现实中实现人与世界的统一。

实践活动中的又一对矛盾,是现实性与无限性的关系。人类实践活动的"每次现实"和"个别实现"是有限的,而人类实践活动本身却是一个无限的历史展开过程。实践活动作为思维与存在、主观与客观、人的尺度与物的尺度、合目的性与合规律性、自然的世界与属人的世界、人的自然性与人的自为性、人们创造历史与历史发展规律等人与世界之间全部矛盾的"交错点",它并不是一个凝固的、静止的、孤立的"点",而是聚集在这个"交错点"上的全部矛盾的历史展开过程。

人类的实践活动,是把世界变成人所希望的世界的活动,也就是把理想变成现实的活动。人类的实践活动中所蕴含的理想性是一种无限的指向性。实践具有无限的指向性,哲学则试图通过对世界统一性的确认、对知识统一性的占有、对意义统一性的规定,来奠基人类自身在世界中的安身立命之本,即人类存在的"最高支撑点"。这就是哲学所寻求的"本体"。而哲学对"本体"的寻求,则更为深刻地显示了人类存在的矛盾性,人类实践的矛盾性,人类历史的矛盾性。"改变世界"的"世界观",就是对这种人类性矛盾的理论自觉。所以,我们应当从"实践"的内在矛盾去理解人与世界的关系,去理解马克思的"实践转向",去理解马克思的"实践论"的"世界观"。这是我们对"人与世界关系"的基本认识,这也是我们对作为"世界观"的"哲学"的基本理解。

注 释

〔1〕 马克思:《1844 年经济学哲学手稿》,人民出版社 1979 年版,第 50 页。

〔2〕 《马克思恩格斯选集》第 3 卷,第 517 页。

〔3〕 《马克思恩格斯选集》第 1 卷,第 35 页。

〔4〕 马克思:《1844 年经济学—哲学手稿》,第 50—51 页。

〔5〕 杜布赞斯基:《遗传学与物种起源》,第 288 页、第 289 页。

〔6〕 参见陈明远:《语言学和现代科学》,四川人民出版社 1984 年版,第 113 页。

〔7〕 参见《马克思恩格斯选集》第 1 卷,第 35 页。

〔8〕 同上,第 24—25 页。

〔9〕 《马克思恩格斯全集》第 26 卷,第 545 页。

〔10〕 《马克思恩格斯选集》第 1 卷,第 603 页。

〔11〕 同上,第 43 页。

〔12〕 《人论》,第 143 页。

〔13〕 科尔纽:《马克思的思想起源》,中国人民大学出版社 1987 年版,第 75 页。

〔14〕 《列宁全集》第 38 卷,第 229 页。

〔15〕 同上,第 235 页。

第五讲

主体与客体

"我"与主客体关系
"中介"与主客体关系
"主体际"与主客体关系
主体的自我意识

人同世界的关系,是以人的存在为前提的,在这个意义上,人是认识和改造世界的"主体",而整个世界则是人改造和认识的对象,也就是"客体"。所以人同世界的关系,只有表现为"主体和客体"的关系,才能够更全面更深刻地去揭示人同世界之间的现实关系。所以我今天和大家讲下一个大问题,"主体和客体"的关系问题。

关于主体与客体的关系,我想分四个问题来和大家谈。第一个,首先来谈一下"我"与主客体关系。这是一个基本前提。"我"与主客体的关系,它是以多种多样的"中介"构成的,所以第二个问题来谈"中介"与主客体的关系。主体和客体的关系,是以主体的社会性为前提的,所以我谈第三个小问题,就是"主体际"或者说"主体间"与主客体关系。主体自身不仅是一个极为丰富的存在,而且是一个意识到自身存在的存在,是一个意识到我与世界的关系的存在,也就是具有"自我意识"的存在,所以我们最后谈第四个小问题,"主体"的"自我意识"。

一 "我"与主客体关系

"我"与主客体的关系,是一个最基本的前提。"主体"与"客体"是一对密不可分的"关系"性的存在:离开"主体",即无所谓"客体",离开"客体",亦无所谓"主体"。这个道理是易于理解的。但是,为什么只有人与世界之间才发生主客体关系? 这才是一个需要认真思考的哲学问题。

主体与客体的关系,是一种为"我"而存在的关系。马克思和恩格斯曾经极为深刻地指出:"凡是有某种关系存在的地方,这种关系都是为我而存在的;动物不对什么东西发生'关系',而且根本没有'关系';对于动物说来,它对他物的关系不是作为关系而存在的。"[1]"关系"的存在是客观的、普遍的,因为整个的世界就处于普遍的联系和永恒的发展之中。但是,要使"关系"作为"关系"而存在,就必须以"我"的存在为前提,就必须构成主体与客体的关系。所以,无"我"的事物之间的"关系",包括动物之间、动物与他物之间的"关系",既不存在作为"我"的"主体",也不存在作为"对象"的"客体",因而"不是作为关系而存在的"。

在以"我"的存在为前提的主体与客体的关系中,"主体",并不是生物学意义上的"人"的存在。这种生物学意义上的"人"与动物并无差别,因而他对他物的关系也不是作为关系而存在的。在现实的主客体关系中,作为"主体"的"人",是社会的、历史的、文化的存在,即马克思所说的作为历史的"结果"的存在。同样,在以"我"的存在为前提的主体与客体的关系中,"客体"也不是与"主体"无关的自在的事物的存在。这种与主体无关的自在的事物并没有成为主体的对象,因而也不是对"主体"而言的"客体"。所谓"客体",它是在"主客体关系"中存在的,是作为被主体认识和改造的对象存在的。

主客体关系以"我"的存在为前提,这意味着,"主体"对"客体"具有"逻辑先在性"。这是一个最为关键的问题。注意,是"逻辑"的"先在性"。所谓"逻辑先在",是说主体在"逻辑"上先于客体而存在,而不是主体在"时间"上先于客体而存在,即:只有在"逻辑"上肯定"我"作为"主体"而存在,才能够合乎逻辑地把"我"与"世界"的关系视为"主体"与"客体"的关系;如果不能从"逻辑"上肯定"我"作为"主体"而存在,怎么能把"人"与"世界"的关系视为"主体"与"客体"的关系呢?

自觉到"主体"对"客体"的"逻辑先在性",对于我们重新理解"人"与"世界"的关系是至关重要的。这就是:主体在"逻辑"上先于客体,我们就需要从"主体"的实践本性出发去理解人与世界的关系,深刻理解作为"客体"的世界的"二重化";主体在"逻辑"上先于客体,我们就需要从"主体"把握世界的各种基本方式——神话、宗教、艺术、伦理、科学和哲学——出发去理解"属人世界"的多样性和丰富性;主体在"逻辑"上先于客体,我们就需要从"主体"的历史发展出发去理解人与世界的关系,深刻地理解作为"客体"的"属人世界"的历史性。

这里我们需要特别深思的是,"我"与"关系",以及由此形成的主体对客体的"逻辑先在"。

动物不对什么东西发生关系,它对他物的关系,不是作为"关系"而存在的。你能不能说,狗同它吃的那个肉是主客体关系?你能不能说那个狼,它和它要吃的那个小羊是主客体关系?马克思说了,动物对他物的关系不是作为"关系"而存在的。为什么呢?因为,凡是有某种关系存在的地方,这种关系怎么样?都是为"我"而存在的"关系",是以"我"为前提的。

人同世界的关系,当然是先有地球后有人,没有地球就没有人,没有人当然就没有人的意识,这完全正确。物质第一性,意识第二性。但是,把人同世界的关系,转换为主体和客体的关系的时候,发生了一个重大的变化。人同世界的关系,具有二重性,一方面,是人同世界的"时间"的关系,另一方面,是人同世界的"逻辑"关系。在时间的意义上,人是自然演化的产物和结果,所以那个自然的世界对于人,具有一种"时间的先在性"。另一方面,当着人同世界发生关系的时候,人同世界的关系,又是以人的存在为前提的,这就是人对世界的逻辑关系,人对世界具有"逻辑的先在性"。

人同世界具有"时间"的和"逻辑"的双重的关系。主客关系,是以主体的先在性为前提的逻辑关系。主体和客体,是对人和世界的关系的一种反思层面的理论的自觉。它是在反思的意义上成立的。主体和客体的关系,是以主体作为"我"的逻辑先在性为前提的。我有关于我的自我意识,我才把我同世界之间把握为一种"关系"。而这种关系构成了一种主体客体关系、主客关系。"关系"是以我的存在为前提的,没有我的存在怎么能有"关系"呢? 所以,主体和客体的关系,是以主体的"逻辑的先在"为前提的。

这个非常重要、非常难于理解。很多人就是这个问题不理解。他总是在"时间的先在性"上想问题,他没有一种逻辑的把握,哲学难懂就在这了。哲学不是一种表象思维,它是一种概念思维,但是它的概念的思维是有内容的思维,正是在这个意义上黑格尔说,哲学是最具体的,哲学是最敌视抽象的。所以一般人都说哲学抽象,黑格尔说哲学是最具体的,最反对抽象的。但是问题在于,你理解的那个具体是表象的具体,而我们说的是思想的具体、概念的具体,这个是不一样的。你只有达到概念的具体、思想的具体,你才能够真正地把握到作为对象的事物。马克思说,任何事物都是"许多规定的综合"和"多样性的统一"。这都是在反思当中成立的。这就需要我们在反思的意义上去理解逻辑关系。这是最难的。

主体和客体的关系就是这样一种"逻辑的先在"的关系。我作为主体,对于我的客体,具有一种逻辑的先在性,这才构成了一种主客关系。那么这个主客关系呀,它具有极为丰富的内容。如果我们把主客关系诉诸人同世界的关系,它能展开多少关系? 首先是形成人同自然之间的主客关系。我作为主体,自然作为客体,构成我同自然的主客关系。同样,整个的社会存在都是我的客体,构成一个我与社会之间的主客关系。社会是一个历史的过程,是一个文化的过程,主客关系又构成一个什么关系了? 我与历史的关系么。现在大家天天说,要自我实现,实现自我,那什么是自我?这又构成了一个我与自我的关系么。

如果换个角度,看看人对自然、人对社会、人对历史、人对自我的关系中,都包括哪些内容,那么,我们又可以概括为四个基本关系:第一种是我们经常讲的,实践的关系。人同世界的一个最基本的关系是实践关系。不管人对自然、人对社会、人对历史、人对自我,都有一种实践的关系。那么在实践的关系里边,它还蕴含着三种基本关系,认知的关系、价值的关系和审美的关系。因此作为第一个问题,"我"与主客体关系,可以构成这样一个很复杂的关系和内容。

从"我"出发,它才真实地构成了人与世界之间的关系。没有"我"的"逻辑先在",就构不成作为主客体关系的人同世界的关系。只有在我的逻辑的先在的意义上,人同世界的关系,才构成主体与客体的关系。正是在这个意义上,主体它才是人,才是认识和改造世界的主体。"客体"没有"自在"的意义,这又和那个"世界"不一样了。我们讲世界,讲"自在世界"与世界图景,但是没有"自在客体"。客体是在这个主客的逻辑关系当中构成的,离开主体与客体之间的关系,就没有了主客关系中的客体。这是值得深思的呀!这才是真正的哲学层面的思考!

原来在讨论主客关系的时候,有的说是"自为的客体",有的说是"自在的客体"。客体没有自在的,不能有自在的客体。客体是在主客关系当中构成的,没有以"我"的逻辑先在为前提的主客关系,就没有作为对象的客体。各种事物客观地、自在地存在着,但是,如果没有构成主体的对象,它们就不是作为客体而存在。客体是作为主体的对象而存在的。

主客关系所具有的这种真实的逻辑关系,构成了一种人同世界之间的非常丰富的关系。我们把它描述为人同自然、人同他人、人同社会、人同历史以及人同自我的关系。那么哲学所要研究的问题其实就囊括在这里边了。哲学不就是要理解和协调人与世界的关系么?

这些关系在理论的意义上我们又对它作了一个概括,首先是所谓的实践关系。作为主客关系的实践关系,它蕴含的是什么问题? 首先,它蕴含着人自身的两种尺度。前面我们已经说过,动物只有一个尺度,那就是它所属的那个物种的尺度。动物只有它所属的那个物种的尺度,因此它的存在,就是一种本能的适应自然界来维持自身生命活动的生存的存在。那么由这你再来想人的实践活动,人的实践活动是什么呢? 人的实践活动是人按照任何物种的尺度和人的内在的固有的尺度的生命的活动,这才叫实践。实践它蕴含着两个尺度,一个是任何物种的尺度,所有物种,我按照那个动物的尺度,我按照那个植物的尺度,我按照那个无机存在的尺度,这就是任何东西的尺度。另一方面它又贯注的是人的内在固有的尺度,这就是人的需要、欲望、目的、世界图景,这就是人的内在的固有的尺度。我们现在特别强调,我们最终要达到的是什么? 是每个人的自由的全面的发展,那不就是实现人的内在的固有的尺度么! 把这两个尺度统一在人的实践活动当中,就构成了一种合目的性与合规律性的统一了。合目的性是按照人固有的尺度,那么它按照任何物种的尺度这就是合规律性。"合规律性"与"合目的性"的统一,不就是"合乎规律"地把世界变成"合乎目的"的世界吗? 不就是把现实变成人所理想的现实吗?

我们理解人同世界的关系,最基本的关系就是这种实践关系。我们要从实践关系出发,去理解人对世界的全部的关系。这一点,是整个的马克思的哲学革命的最根本的地方。《关于费尔巴哈的提纲》的第一句话,马克思一下子就点到这个题上了。他说,从前的唯物主义,包括费尔巴哈的唯物主义,只是从客体的,或者直观的形式去理解现实、事物、感性,而没有从人的主观的方面,从人的感性活动方面,从实践的方面去理解。[2]就是说,你不要只是从"客体的"或者"直观的"形式去理解这个"世界",而要从人的"主观的方面","感性活动的方面","人的实践的方面"去理解人同世界的关系。所以理解哲学,特别是理解马克思的哲学,这就是入手处。这就是把人同世界的关系理解为是一种实践的关系。我们在实践关系的基础上再来理解主客关系,我们才能够真正理解,主体对客体的认识关系,主体对客体的价值关系和主体对客体的审美关系,这也就是哲学所寻求的真善美!

二 "中介"与主客体关系

上面我们讲了"我"与主客体关系。这个问题是最重要的。就是说,你能不能理解主客体关系中的以"我"为前提的逻辑先在性,是你能否在哲学的层面上去思考主体与客体、人与世界之间关系的前提。如果能够理解这一点,我们才能够从"我"作为主体的丰富性出发,去理解主体与客体之间的极为丰富的、极其复杂的相互关系。

主客关系,当然它首先是一种实践关系,但是这种实践关系的内涵是极为丰富的。它蕴含着物的尺度和人的尺度的统一,合规律性与合目的性的统一,它内在地包含着认知关系、价值关系和审美关系。实践关系首先就包含着认知关系,包含着它要认识的那个客体。实践关系包含着价值关系,因为实践活动是从人的内在的固有的尺度出发,实现人的目的的活动,那么这正好体现了一种主体对客体的价值关系。同样,正像马克思所说的那样,人也按照美的规律进行生产,实践关系也蕴含着主体对客体的审美关系。所以在这种以"我"为逻辑先在的主客关系当中,它蕴含着真善美!认知、价值和审美的丰富的关系,是以各种各样的"中介"来构成的。这就是我讲的第二个小问题,"中介"与主客体关系。

原来通行的哲学教科书,它在理解人同世界、主体同客体的关系的时候,有两个根本性的弊病:一个是离开"思维对存在"的关系而直接去断言世界的存在;另一个问题是离开"中介"去理解人与世界、主体与客体的关系。

我与自然、我与社会、我与他人、我与历史、我同自我的关系都是有"中介"的。这点大家想过没有?作为"自我"的那个"我"是怎么回事?是以文化作为中介的。以文化为中介,你才能够构成对于你自己的理解。没有文化的中介,你自己也理解不了你自己。琢磨琢磨这个道理。主客关系,非常重要的是这种"中介"的关系。主体同客体的关系,人同世界的关系,不是无中介的,而是有中介的。我们在某种意义上是对于中介的反思,才构成主客关系;没有对于中介的反思,你构不成真正的主客关系。

主体,它是一个社会性的存在,历史性的存在,文化性的存在,因此是以实践活动为基础,以精神活动、文化活动为中介而构成的主体对客体的关系。主体对客体的关系,不仅仅是以"我"的存在为逻辑的前提,而且它是以"我"的"文化"、"历史"为中介的存在而构成现实的主客体关系。这点非常重要! 要构成现实的主客体关系,它是以中介为基础的。没有中介,就没有现实的主客体关系。

那么,我们怎么理解主客关系的"中介"呢? 我们还要从主体出发。因为主体,它是一种社会性的、历史性的、文化性的存在。首先主体是具有社会性的。主体之所以能够作为主体存在,首先是因为主体具有社会性。也是在《关于费尔巴哈的提纲》里边,马克思有一句名言,"人的本质并不是单个人所固有的抽象物。在其现实性上,它是一切社会关系的总和"。[3]什么叫人? 人在其现实性上,就是一切社会关系的总和。人是社会的存在。人之为人,在于它有超越了自然性的社会性。如果他没有超越了自然性的社会性,人就不是人了。所以人能作为主体,首先在于人是"一切社会关系的总和"。人的社会性是构成主客体关系的首要中介。

人的社会性不是一个凝固的、僵死的、不变的东西,而是一个历史的展开的过程。在这个意义上,你说什么叫人? 人就是超越其所是的存在。你这样想一想,为什么可以说有原始人、古代人、近代人、现代人、当代人? 我曾经写一本书,《现代教养》,你得有人的现代教养,你才是现代人。反过来说,你没有现代人的教养,你就不是现代人。人是一种文化、历史的存在,人是一种教育的产物。人不是一种毛坯状态的存在。我们现在为什么讲公民意识、公民道德? 你只有承担了公民的权利、责任、义务,你才是现代人,你才能成为现代意义的主体!

人是社会性的存在,它不是一个纯粹自然性的存在。而社会性的存在,在于它是一种历史性的存在。社会性和历史性,变成了一种文化的内涵,所以人是文化的存在。我们这样来理解作为主体的人的存在,我们再来讲主体和客体的关系,就会发现"中介"环节了。

那么中介环节是什么呢?中介环节就是人自身的生活的生命活动。生活的生命活动就是实践活动。这种人的实践活动,它沟通主体和客体,我们可以把它分解为两大方面来看它的中介性。首先,我们是以语言文化的世界为中介而沟通了主体与客体的关系。世界在人的意识之外,但是,世界在人的语言之中。语言是人的世界的消极的界限,也是人的世界的积极的界限。世界是在人的意识之外,你看不看月亮,你看不看太阳,它都存在着的。对,这完全正确。但是,大家想一想,那个月亮、太阳之所以能够作为你的认识的客体或者对象而存在,是因为你有什么?你有月亮和太阳的观念!你如果没有月亮和太阳的观念,那么存在着的月亮和太阳对于你来说是什么呢?我举一个例子,伊拉克和伊朗的战争,伊拉克和科威特的战争,争夺什么呢?石油!但是你想一想,如果我们在不知道石油为何物的时候,我们看那石油怎么样?看到石油吓得赶忙就跑了。主体与客体的关系,是以我们的语言构成的世界图景、文化的世界图景为中介的。这就非常值得我们思考了。

学习哲学都讲一切从实际出发,实事求是,理论联系实际,有的放矢。但是,我们在相当长的时期内,把这样一些正确的命题简单化了、庸俗化了。好像从实际出发就是看看到底怎么回事?问题就在于,你没有相应的背景,那个到底是怎么回事你看不出来!大家都知道,你没有相应的自然科学知识,你不能够认识那个物理客体,这个大家都懂。你真想认识这个社会,真想认识人,它同样是要有中介的。怎么认识社会?这需要以社会科学为中介。怎么认识人?这需要以人文学科为中介。你没有相应的社会科学和人文学科的知识为背景,你怎么认识这个人类社会和人本身呢?大家想想这个道理。你没有社会科学理论,你能认识中国为什么要从计划经济转向市场经济吗?你能够理解市场经济的二重性么?你能够知道市场经济是"以物的依赖性为基础的人的独立性"么?大家琢磨琢磨呀。怎么从实际出发呀？从实际出发,当然要面对现实,但是还要有相应的理论背景去面对这个现实。你没有相应的理论背景怎么去面对现实？理论背景就是一种构成现实的主客体关系的"中介"。所以我们才叫做观察渗透理论,观察负载理论,没有中性的观察,观察总是被理论所"污染"。有了"中介"才构成了一种现实的主客体关系。

以"中介"的观点看待主客体关系,首先可以启发我们重新理解"理论"与"现实"的关系。在相当长的时期内,人们总是把认识的主体与"理论"和"现实"割裂开来,以下述的方式去看待和解释"主体"与"理论"和"现实"的关系,即:"理论"是与认识"主体"无关的"客观真理","现实"也是与认识"主体"无关的"客观存在",而认识的"主体"则成了"一无所有"的"感性存在";只有当着"主体"进行认识活动的时候,才一方面以空白的头脑去观察与主体无关的"客观存在"的"现实",而另一方面又去寻找同样与主体无关的作为"客观真理"的"理论";如果主体既能不受任何"偏见"的污染而以"白板"一样的头脑去反映"客观存在"的"现实",又能找到某种绝对正确的作为"客观真理"的"理论"去解释"现实",那么,主体就实现了理论与现实的统一,就获得了科学的认识成果。

这样的理解,首先是把"主体"当做了超历史的、抽象的存在,而没有理解任何时代的认识"主体"都是历史文化的存在;其次是把"理论"同"主体"割裂开来,似乎认识的主体能够没有任何"理论"而进行认识活动,似乎"理论"能够不通过主体的解释而去解释现实;再次是把"现实"同"主体"割裂开来,似乎"现实"对于任何认识者来说都是现成的、既定的认识对象,似乎认识者在无须任何"理论"的前提下都可以把任何"现实"作为认识的对象。

以"中介"的观点去看待主客体关系,还会启发我们重新思考认识活动中的"理论"与"观察"的关系。在人的认识活动中,认识的对象作为"客体",它是以"主体"的相应的"知识"或"理论"为前提的。我们知道,虽然 X 光片或心电图"客观"地存在着,但对于没有相应的医学知识的人,却是"存在着的无",而无法构成"观察的对象"。同样,对于没有相应的物理的或化学的或生物的或天文知识的人来说,虽然某种物理的或化学的或生物的或天文的事物存在着,却同样无法构成这些没有相应知识的人的"观察的对象"。黑格尔曾尖锐地提出,如果一个人没有相应的概念,经验的对象就是"有之非有"、"存在着的无"——它存在着,但对没有相应知识的人来说却是"无"。我们在生活中随时都会感到:对于音盲来说,贝多芬并不存在;对于画盲来说,毕加索并不存在;对于科盲来说,爱因斯坦并不存在;对于只读明星轶闻、桃色事件、暴力凶杀的"文盲"来说,孔子与鲁迅,苏格拉底和黑格尔,莎士比亚和托尔斯泰都不存在。这正如马克思所说:"只有音乐才能激起人的音乐感;对于不辨音律的耳朵说来,最美的音乐也毫无意义,音乐对它说来不是对象。"[4]

现代哲学以现代科学为基础,深刻地提出了一系列发人深省的哲学命题:"观察渗透理论","观察负载理论","没有中性的观察","观察总是被理论'污染'"。这种"中介"观点的主客体关系理论告诉人们:在现实的主客体关系中,客体能否成为观察的对象,它在何种程度或何种水平上成为观察的对象,它被怎样理解和解释,它被怎样改造与利用,是与主体所占有的理论以及主体对理论本身的理解密不可分的。这种"中介"观点的哲学理论,对于我们深刻地认识人与世界之间的主客体关系,对于我们形成更为合理的世界观理论,具有重大的理论意义和实践意义。同样,这种"中介"观点的哲学理论,对于激发大家的学习渴望,对于大家掌握人类所创造的全部文化遗产,也是非常重要的。

三 "主体际"与主客体关系

人作为社会性存在而与世界发生主客体关系,因此,在人与世界的主客体关系中,同时存在人与人之间的"主—主关系"即"主体间关系"或"主体际关系"。

物质生产活动是人的最基本的实践活动,它总是表现为双重关系:一方面是人与自然之间进行物质交换的"主—客关系",另一方面则是人与人之间相互交往的"主体间关系"。作为物质生产活动的双重化过程,人与自然之间的"主—客关系"和人与人之间的"主体间关系"是互相作用、互相规定、互为中介的。作为"主体"的人并不是单独的个体,而是个体间相互交往构成的"人类"。人是以"类"的方式与自然构成"主—客体关系"的。

人类社会的历史,不仅仅是一个物质生活资料的再生产的历史,也不仅仅是一个人自身的再生产的历史,它同时还是一个社会关系的再生产的历史,这非常重要。恩格斯讲的两种生产理论,一方面是物质资料的再生产,一方面是人自身的再生产。那么同时我们就应该再引申出来,这种再生产就是一个生产关系乃至全部社会关系的再生产的过程。所谓这种社会关系的再生产的过程,就是一个"主体际"的再生产的过程。

主体和客体的关系,原来把它简单化了,也就是离开"主体间"关系去看待主客体关系。其实,"我"之所以构成主体,是因为,"我"自身就是一种分裂,我既是我,我又是我们! 我既是单数的存在,我又是复数的存在。我只有是"我们",我才能够构成主体,我不作为"我们",我构不成主体,这就叫"主体际",或者说叫"主体间"。主体实际上是一个大我,这个大我构成了一种极为错综复杂的我与我的关系——主体际关系! 主体际关系构成了主客关系的逻辑关系的前提。换句话说,没有主体际的关系,不会有主客关系。这里,我首先从大家"熟知而非真知"的"概念"谈起。

在人与世界的主体与客体的关系中,"概念"占有特殊重要的地位。概念既是人类思维的形式,又是人类认识的成果。概念以内涵与外延相统一的方式构成主体对客体的规定性的把握。因此,在人与世界的现实关系中,作为主体的人既要以概念的方式去把握、描述、解释和反思人与世界及其相互关系,又要以概念的方式去建构关于世界的规律性图景以及对世界的理想性、目的性要求。这表明,人类在自己的社会实践活动中,必须和只能以概念的方式去实现对世界的本质性、普遍性、必然性和规律性的把握与解释,也就是以概念的方式实现思想中对世界的占有。概念是人在思想中构筑经验世界的方式,也是将思想中的世界世世代代传递下去的社会遗传方式。概念是人类历史文化的"水库",也是人类认识发展的"阶梯"和"支撑点"。人们从历史上承继下来的各种概念体系,直接地和深层地制约着和规范着人们的历史性创造活动,制约着和规范着人们对世界的理解、人们之间的相互理解和每个人的自我理解。在这个意义上,人类的文明史也就是概念的形成、演化、变革、更新和发展的历史。这表明,人通过"概念世界"即"历史文化水库"而实现了主体之间的沟通,并实现了人对世界的观念把握。"主体间关系"与"主—客体关系",在人对世界的观念把握中是统一的。

现在很多哲学界的朋友们讨论交往实践,突现了交往实践的问题。而任何问题的提出,就像马克思所说的,当着你仔细地思考的时候,就会发现,问题,只有在解决问题的条件具备的时候它才会被提出来。现在为什么凸显了主体际关系? 大家想一想,我们把今天的时代称做什么?"信息时代"、"网络时代"、"知识经济时代"么! 这意味着什么? 这意味着在当代世界的经济"全球化"的过程中,人与人之间的联系、交往、合作更为突出和重要了! 同样,我们也具有了回答这个问题的条件了! 现在我们再来思考这个主客关系的时候,就会非常注意地思考"主体际"关系。

四　主体的自我意识

主客关系,是以人意识到自己是"主体"为前提的。人的自我意识,首先是一种主体的自我意识,即自觉到"我是主体"的意识,确认和肯定"我"的主体地位的意识。

主体的自我意识,主要包括自立意识、自重意识、自信意识、自爱意识和自尊意识等等。然而,如果深究这些主体的自我意识,我们就会发现,蕴含在这些主体自我意识中的实质性内容,就是对人自身存在"意义"的自我意识。人们如何理解和对待自身存在的"意义",就会如何理解和对待自己作为主体的存在。

人是现实的存在,但人又总是不满意和不满足于自己的现实,总是渴望把现实变为人的理想的现实。就此而言,主体的自我意识,总是表现为意识活动的理想性维度。这种意识活动的理想性维度,激发起人的求知、求善、求美的渴望,并以"目的性"而推动人的"对象性"活动,即以"实践"的方式去创造理想的现实。

从"意义"的视角去看主体的自我意识,我们就会看到,主体的自我意识是人自觉到"我"的存在与价值的意识,是确认和肯定"我"的自主性、自为性和自律性的意识,是以"意义"的尺度去反思和评价"我"的存在价值的意识。"我"自觉到"我"是自己的思想与行为的主体,"我"以自己的思想与行为塑造自己的人生,因此"我"要为自己的思想与行为承担责任,并要以自我意识到的"意义"来要求和规范自己的所思所想和所作所为。

主体的自我意识,以自我感觉、自我观察、自我体验、自我分析、自我评价、自我塑造、自我超越和自我反思等形式,来形成关于生活"意义"的自我理解。

主体的自我感觉就是感觉到自我的存在。德国诗人海涅曾经饱含激情地写道:"一个人的命运难道不像一代人的命运一样珍贵吗?要知道,每一个人都是一个与他同生同死的完整世界,每一座墓碑下都有一部这个世界的历史。"[5]每个人都是首先感觉到自我的存在,才会进而去探寻和追求自我存在的意义与价值。近代哲学所说的"人的发现",首先便是人的自我感觉的发现,即在人的自我感觉中形成"我是主体"的主体自我意识。

主体的自我感觉,是在自我观察和自我体验中不断强化的。观察和体验自己的言语、思想和行为,观察和体验自己的喜悦、愤怒和悲哀,观察和体验自己的好恶、选择和追求,会使人更强烈地感觉到自我作为主体的存在。主体在对是非、荣辱、福祸、进退、成败、生死等等的自我体验中,会升华对生活"意义"的反省,也会形成较为系统的关于人生的反思的思想。

主体对生活"意义"的反省,更为深切地表现在自我分析与自我评价之中。帕斯卡尔在《思想录》中提出"思想形成人的伟大",并做出这样的论证:

"人只不过是一根苇草,是自然界最脆弱的东西;但他是一根能思想的苇草。用不着整个宇宙都拿起武器来才能毁灭他;一口气、一滴水就足以致他死命了。然而,纵使宇宙毁灭了他,人却仍然要比致他于死命的东西更高贵得多;因为他知道自己要死亡,以及宇宙对他所具有的优势,而宇宙对此却是一无所知。""因而,我们全部的尊严就在于思想。正是由于它而不是由于我们所无法填充的空间和时间,我们才必须提高自己。因此,我们要努力好好地思想;这就是道德的原则。"[6]毫无疑问,帕斯卡尔把人的伟大仅仅归结为思想,这显然是片面的;但是,这种关于人的自我分析,却有力地撞击了人们的理论思维,促使人们深切地反思人类存在的意义与价值。

人与动物的区别,不仅在于有生的追求,而且在于有死的自觉。面对自觉到的而又无可逃避的死亡,人会强烈地体验到自我存在的感觉。自觉到死亡这个无可逃避的归宿,便是对人生之旅有限的自觉,因而也就成为对生的意义与价值的追问与追求,强化了自我存在的感觉与体验。培根说:"复仇之心胜过死亡,爱恋之心蔑视死亡,荣誉之心希冀死亡,忧伤之心奔赴死亡,恐怖之心凝神于死亡。"体验自我对是非、荣辱、祸福、进退、成败、生死的感受,会强化自我存在的感觉。

自我分析,自我评价和自我反省,会使人发现真实的自我,并进而去塑造理想的自我。

自我塑造和自我超越是自我感觉的升华和自我意识的实现。有的西方学者曾这样谈论现代化的问题:从传统社会到现代社会的转变过程,就是人的行为模式由指定性行为转变为选择性行为的过程,也就是人的行为模式由世代相袭的行为规范为指导转变为以理性的思考为基础的过程。不管究竟应当怎样评价这种观点,但由于现代化进程中的科学技术的迅猛发展,生活方式的急剧转变,思想观念的不断更新,总是要求人们必须以强烈的主体意识去塑造自己和超越自己。在建立社会主义市场经济的过程中,大家会越来越强烈地感受到,必须树立个人的能力本位观念、自主自立观念、平等竞争观念、开拓进取观念,以代替权本位观念、依附观念、特权观念、等级观念和保守观念。塑造自我,就是塑造适应现代社会的才智能力、价值观念、道德人格、思维方式和精神状态;超越自我,则是自我塑造的不断升华,使自我获得更加强烈的主体自我意识,并把自己塑造成为更加理想化的存在。

　　马克思说:"人的本质并不是单个人所固有的抽象物。在其现实性上,它是一切社会关系的总和。"[7]主体对"意义"的自我反思,并不是孤立的对"自我"的反思,而是对自我与自然、自我与社会、自我与历史、自我与他人的诸种"关系"的反思。正是在种种"关系"的自我反思中,主体形成了关于自然、社会、历史和人生的自我意识。

注　释

〔1〕《马克思恩格斯选集》第1卷,第35页。

〔2〕同上,第16页。

〔3〕同上,第18页。

〔4〕《1844年经济学哲学手稿》,第79页。

〔5〕参见科恩著:《自我论》,三联书店1987年版,第146页。

〔6〕帕斯卡尔:《思想录》,商务印书馆1997年版,第157—158页。

〔7〕《马克思恩格斯选集》第1卷,第18页

第六讲

感性与理性

感性的存在与理性的存在
表象的存在与概念的存在
表象与思想的矛盾运动
思维的"至上性"与"非至上性"
经验论与唯理论的派别冲突

在主体自身的存在当中,一对最基本的矛盾是什么?感性与理性的关系。我们对于任何事物的把握,以及我们在把握事物当中所构成的各种矛盾,首先都根源于人是感性和理性的矛盾的存在。所以今天我和大家讲第六个大问题,就是感性与理性的关系问题。

感性与理性的矛盾,它深切地展现了主体与客体之间的矛盾。关于感性与理性的关系问题,我想分成五个小问题来和大家谈。人既是一种感性的存在,又是一种理性的存在。那么这种感性的存在和理性的存在,它构成了一种什么样的矛盾呢?这是第一个问题。第二个问题,这种感性的存在和理性的存在,它表现出来,特别是表现在人的认识当中,是表象的存在和概念的存在的矛盾,所以第二个小问题讲表象的存在与概念的存在的矛盾关系。如果我们理解了感性和理性的矛盾,你不仅仅真正地理解了人的认识,而且你把人的认识的内在矛盾深化了,拓展开来了,这就是表象与思想的矛盾运动。人的认识过程,真正的人的认识过程,是一个表象与思想的矛盾运动过程,所以这是我要给大家讲的第三个小问题。第四个小问题,在这个基础之上,我专门就思维自身的矛盾、理性自身的矛盾,讲一下思维的至上性与非至上性的矛盾,这是我讲的第四个小问题。大家都知道,正是由于主体自身的感性和理性的矛盾,才构成了哲学史上的长期存在的经验主义和理性主义的矛盾和冲突,所以我最后落实到哲学层面上的经验主义和唯理主义的矛盾,这是第五个小问题。下面,我们首先讲第一个小问题,感性的存在与理性的存在。

一 感性的存在与理性的存在

人是一种怎样的存在呢?直接地看,人不就是一种感性的存在么?不就是你这个肉体的存在么?但是,当着我们不管在哪种意义上去定义人的时候,人都是一种所谓的高级动物。那么,在属和种差的意义上,你来定义人,那它和动物的区别在什么地方?我们有的用思想、有的用语言、有的用劳动等等来构成关于人的定义。那么,其中非常重要的一点,就是人会思想,动物不会思想。对吧?它马上揭示了人的一个最根本的存在,那就是,人既是一个感性的存在,同时又是一个思想的存在、理性的存在。大家注意呀,整个哲学史的全部的矛盾,可以说,在这个意义上,就蕴含在人的感性的存在与理性的存在的矛盾当中了。

我既有肉体,我是感性的;我又具有思想,我是理性的。我作为灵魂和肉体的统一,我是感性存在与理性存在的统一。古今中外的所有的哲学家,几乎都是自觉或者不自觉地在人的感性和理性的矛盾当中,发现了世界自身的矛盾,发现了人同世界的矛盾。

最初引发哲学家们思考的、困惑不解的是什么问题呢？黑格尔有一句名言，他说，真正的哲学的开端是巴门尼德，为什么呢？他说，因为巴门尼德提出了一个问题，存在与非存在。为什么人能够把对象的世界把握为一个"存在与非存在"的矛盾的存在呢？这就是人的感性与理性的矛盾。这个矛盾是非常有意思的，大家来跟我一起琢磨琢磨。

　　在人的感性和理性的矛盾当中，那个经验的世界被我们分裂了。大家想一想呀，你一旦进入到了哲学思考的时候，一个哲学的最具有根本性的问题就出来了。我们面对着的这个世界，它究竟是一种怎样的存在呢？看着我手中的粉笔，什么是它的存在？什么是它的非存在？什么是有？什么是无？我用我的感性把握到的粉笔，那是粉笔的现象；我用我的理性把握到的粉笔，那是粉笔的本质。我用我的感性把握到的粉笔，那是粉笔的个别的存在；我用我的理性把握到的粉笔，那是粉笔的一般的共性的普遍的存在。这就提出问题来了：我的感性把握的存在是对象的那种可观察的实体性的存在，而我的理性看不见这样的存在；反过来我的理性所把握的存在，是关于对象的内在规定性的存在，但是我的感性把握不到对象的本质。那么，究竟是我的感性把握到的现象是真实的存在，还是我的理性把握到的本质是真实的存在？反过来说，是我的感性把握到的现象是非真实的存在，还是我的理性把握到的本质是非真实的存在？究竟什么是存在、什么是非存在？这不就是由人的感性和理性所引起的存在与非存在的矛盾吗？

　　在思考人的感性和理性的矛盾的时候，我想首先提示一个特别重要的问题，就是，感性和理性是人的一对内在的矛盾，它不是一个一先一后的过程。主体既是感性的存在，又是理性的存在，所以他把经验的对象把握为存在与非存在的矛盾了。对于你的感性来说的存在，对于你的理性来说是非存在；对于你的理性来说的存在，对于你的感性来说是非存在。那么当着我们去把握这个经验世界的时候，究竟什么是存在？什么是非存在呢？正是这样，它才在古代形成了一对范畴，所谓"本体"与"变体"的范畴。整个哲学始于对"本体"的寻求，它就要寻求本体么，寻求那个最真实的存在么。就是什么是真的存在？什么是变幻不居的存在？哲学就是开始寻求这个东西呀，而这个东西是源于人的感性和理性的矛盾。人的感性和理性把对象的存在把握为存在与非存在的矛盾，就是为了求解这个存在与非存在的矛盾，因此它形成了一对范畴，本体与变体。

学习西方哲学史，就会接触到一个命题叫做"人是万物的尺度"。但是，由于人自身是感性和理性的矛盾的存在，那么，当我们说"人是万物的尺度"时，到底是人的感性是万物的尺度呢，还是人的理性是万物的尺度呢？传说，有的哲学家，爱智爱到把自己的眼睛给抠掉了。为什么呢？因为他认为，一旦我们睁开眼睛看这个变化不居的世界的时候，它就诱惑了我们，我就把握不到那个作为真正的本体的存在了。因为真实的存在只能是我的理性所能把握到的那个本体的存在。而我的这个感性，我所看到的，都是变动不居的那个大千的世界，它只不过都是变体的存在。听起来还是很残酷呀，但是当你一旦要往极端上追问的话，这种行为的出现不是不可思议的。因为你就是想知道，究竟我到底是怎样的存在？我怎么才能够真实地把握到这个世界？究竟什么是真实的存在呢？真实的存在应当是它的普遍必然性的存在。普遍必然性的存在我们感性能把握到吗？把握不到！能够把握到普遍必然性的存在只能是我的理性的存在。而我的感性只能是遮蔽我的理性的，我干吗还要我的感性呢？我们理解了感性与理性同存在与非存在之间的矛盾的话，就能理解为什么要从人的存在出发去理解人与世界的关系。

我们现在常说，实践活动是人的存在方式，但是人类自身的独特存在方式——实践活动——就是感性与理性的矛盾性的集中体现：一方面，实践是人的有目的、有意识的自觉活动；另一方面，实践又是人以自己的感性存在（肉体组织）去改变世界的感性存在的客观物质性活动。在实践活动中，人的感性与理性是不可分割地融为一体的。

以实践活动为基础的人类认识活动，则更为明显的是感性与理性的对立统一：一方面，人要以自己的各种感官去感知外部世界以及人自身的存在，形成关于人和世界及其相互关系的感觉经验；另一方面，人则要以自己的理性思维去把握事物的"本质"和"规律",形成关于人和世界及其相互关系的规律性认识。

然而,值得我们深思的是,无论是在人的实践活动中,还是在人的认识活动中,人的感性与理性总是处于矛盾状态之中。自觉到这种矛盾,并试图从理论上解释这种矛盾,便构成了哲学中的经验主义与唯理主义的论争,以及试图弥合这种论争的种种哲学努力。

人类的感觉经验,它所把握到的只能是认识对象的种种"现象";人类的理性思维,它所把握到的则只能是认识对象的内在"本质";因此便构成了人的感觉经验与理性思维的矛盾:对人的感觉经验来说的"存在",对人的理性思维来说却只能是"非存在";反之,对人的理性思维来说的"存在",对人的感觉经验来说也只能是"非存在"。感性"看不见"本质,理性"看不见"现象,而人却既要"看见"现象,又要"看见"本质,因此,人的感性与理性的矛盾是"无处不在"、"无时不有"的。

人的感性与理性的矛盾,使人能够把自己的全部对象都视为矛盾性的存在;或者反过来说,人的全部对象能够被视为矛盾性的存在,根源于人的感性与理性的矛盾。理解这个问题,对于理解人与世界、思维与存在之间的关系是十分重要的。不理解这个问题,则无法真正理解人与世界、思维与存在之间的关系。

世界是一个自然而然的过程,世界上的一切事物都如其所是的那样存在着。因此,对于世界的一切事物自身来说,它并不存在"现象"与"本质"、"个别"与"一般"、"内容"与"形式"、"偶然"与"必然"等等的"矛盾"。或者反过来说,事物自身所具有的无限多样的"矛盾",对于事物自身来说,都不是作为"矛盾"而存在的。能够意识到事物的矛盾性存在,是以人的感性与理性的矛盾为前提的。

在人的感性与理性的矛盾中,人的感性所"看到"的是对象的"个别"的、"偶然"的、"现象"的存在,人的理性所"思想"的则是对象的"共性"的、"必然"的、"本质"的存在。因此,在人的感性与理性的矛盾中,人的全部对象被

"把握"为个别与一般、偶然与必然、现象与本质的矛盾性存在。

古希腊哲学家在寻求"万物的统一性"即"本体"的过程中,就由人的感性与理性的矛盾而形成了两种不同的基本思路:一种是关注经验世界本身的多样统一性,把"本体"视为"万物所由来、万物所复归"的某种感性存在物,因而以感性经验中的多样统一性去解释万物与本原、变体与本体的对立统一关系。这可以说是古代哲学中所蕴含的"经验论"萌芽。另一种思路则是探寻对象世界的现象与本质的逻辑关系,把"本体"视为某种超越经验、却又能被思维所把握的理性存在物,因而以超越经验的逻辑关系去解释"可见世界"与"可知世界"的关系。这可以说是古代哲学中所蕴含的"唯理论"萌芽。

人的感性与理性的矛盾,不仅表现为对世界的"个别"与"一般"、"偶然"与"必然"、"现象"与"本质"的矛盾性理解之中,而且更为深刻地表现为对人自身的矛盾性理解之中。我们前面说过,在对人与世界相互关系的反省中,古希腊哲学家曾经提出一个著名的命题:"人是万物的尺度"。然而,以人的感性与理性的矛盾为出发点,"人是万物的尺度"这个命题本身便陷入难以解脱的矛盾之中:(1)以人为万物的尺度,那么,这个尺度是人的感觉经验还是人的理性思维?感觉经验中的存在是真实的存在,还是理性思维中的存在是真实的存在?(2)以人为万物的尺度,那么,这个尺度是人的情欲还是人的理智?人作为人自己的思想和行为的尺度,是以情欲为理智的尺度,还是以理智为情欲的尺度?人是"跟着感觉走",还是"跟着理性走"?(3)人是自然界长期发展的结果,又是人以自身的劳动创造了自己,因而人既是自然的存在又是超自然的存在,既是感性的存在又是理性的存在,那么,人作为万物的尺度和人自身的尺度,究竟是以人的自然性作为人的超自然性的尺度,还是以人的超自然性作为人的自然性的尺度?这就是在"人是万物的尺度"这个命题中所蕴含的感性与理性的矛盾。这个矛盾蕴含着人自身的全部矛盾,也蕴含着人与世界之间的全部矛盾,需要大家深思呀!

人的感性与理性的矛盾,又不仅仅表现在对世界和人自身的矛盾性理解之中,而且还表现在解决感性与理性的矛盾的哲学方法论之中。

西方近代以前的哲学,尚未具体地探讨人的认识如何从经验的个别性上升到超验的普遍性的问题,而主要是以亚里士多德的演绎逻辑来看待人的思维推理过程。

传统的演绎逻辑,从根本上说,是一种外延逻辑。对于传统的演绎逻辑,人们可以从两个方面提出十分严重的问题:其一,从概念的外延关系上看,传统的演绎逻辑只是从"普遍"推出"个别",但却无法解决如何从"个别"上升为"普遍"。而人们的认识的直接目的,却正是要从"个别"上升到"普遍",获得关于普遍必然性的知识;其二,从人的思想内容上看,传统的演绎逻辑是一种撇开思想内容即概念内涵的纯粹的形式推理,它无法回答人类思想发展的逻辑。而人的认识的发展过程,却正是思想内容即概念内涵的发展。因此,随着人类认识的发展,必然出现两种新的"逻辑",即:从"个别"上升为"普遍"的归纳逻辑和关于概念发展的内涵逻辑。而这两种新的逻辑,都深刻地显露了人的感性与理性之间的矛盾。

从"归纳逻辑"看,人的认识由个别上升到一般,实现这一过程的基础是什么? 能否把这一过程归结为理性现成地对感觉经验的归纳、概括、抽象的过程? 如何理解"理性"在这一过程中的能动性和创造性? 如何看待这一过程中的联想、想象和直觉?

从"内涵逻辑"看,概念的内涵由单纯上升到复杂、由抽象上升到具体的过程是怎样的? 实现这一过程的基础又是什么? 能否把这一过程归结为概念内涵的自我逻辑运动? 如何看待"感性"(感性存在和感性活动)在概念内涵发展中的作用?

由此我们可以看到,在"逻辑"的层面上,更为集中和更为深刻地显现了人的感性与理性的矛盾,因而也更为尖锐地构成了哲学中的经验论与唯理论的矛盾和斗争。

二　表象的存在与概念的存在

对于人的感性来说的人的存在,只能是一种什么存在? 人的表象的存在。而对于人的理性来说的存在,则只能是一种概念性的存在。这就是由感性与理性的矛盾所构成的表象与概念的矛盾。表象与概念的矛盾,在认识论上具体化了人与世界的矛盾关系。

对于人的表象来说的那样一种存在,它是一种现象的存在。而对于人的概念把握来说,它的对象的存在是一种本质的存在。那么这样一种表象的存在,它构成的对象的现象的存在,它被我们把握为一种个别的存在。而对于人的概念来说的本质的存在,被我们把握为一种一般的存在。而任何个别的存在都被我们把握为一种偶然的存在,而对于概念所把握的一种本质的一般的存在,我们把它把握为一种必然的存在。我们只有在这个意义上,也就是在人的感性与理性的矛盾的意义上,才能够真实地去理解现象与本质、个别与一般、偶然与必然这样一些比较熟悉的成对的范畴。

什么是现象和本质呀? 你看对于这个粉笔来说,什么是它的现象,什么是它的本质? 啊? 说我看到了它是现象,我把它掰断了,我将它做了物理化学实验,就知道它的本质了。但是你看到的不还是现象么?! 你想知道树的本质,你把树从地里刨出来了,你看到的不还是树根的现象吗? 琢磨琢磨,想过这个道理吗? 我们不是常说,规律是看不见摸不着的吗? 本质、共性、一般、普遍,你看到什么了? 啊,你看见这只粉笔,你看见“粉笔”了吗? 你看见这个同学、那个同学,你看见“人”了吗? 你仔细想是不是这个道理? 你能看见那个——“人”么?! 你能看见那个——“粉笔”么?! 你能看见那个——“水果”么?! 你看不见! 你看见的都是个别的存在么! 所以,这就是从人的感性和理性的矛盾去把握那个经验的对象,从而把人的感性和理性的矛盾对象化给事物,从而我们把事物把握为现象与本质、个别与一般、偶然与必然的存在。

由此我们可以理解,所谓事物的现象与本质、个别与一般、偶然与必然,是同人的感性与理性的矛盾密不可分的,是对人来说才有意义的。那狼看见小羊就是小羊,还问问小羊的现象是我看到的小羊,小羊的本质是供我吃的? 对狼来说没这个问题呀。它就是本能地看见小羊就吃,还什么现象、本质呀? 那是我们人在看现象、本质呀!

　　主体具有感性和理性,所以当着主体去把握或者说去认识它的经验对象,或者说客体的时候,它就把客体把握为一种存在与非存在的矛盾的存在了。为什么呢? 因为,对于我的感性来说的对象的存在,对于我的理性来说,它是非存在。反过来,对于我的理性来说的存在,对于我的感性来说,它也是非存在。因为我的感性只能把握到经验对象的形象的存在,从而构成我的关于对象的形象的"表象";而我的理性呢,只能把握到对象的本质的存在,从而构成我的关于对象的本质的"概念"。这不就是"表象"与"概念"的矛盾了吗? 正因为是这样,所以对感性、"表象"来说的存在,对理性是非存在;对理性、"概念"来说的存在,对感性来说是非存在。所以就在人的感性和理性、表象与概念的矛盾当中,我们把全部的经验对象都把握为一个存在与非存在的对立统一。这是从总体上说的。

　　我的感性的存在,实际上它必然表现为表象的存在。全部的感性的存在,它都构成"表象"的存在。而我的任何理性的存在,都构成一个什么的存在? "概念"的存在! 所以人的感性和理性的矛盾,它在人的认识过程当中,在人的全部的活动的过程当中,它不是抽象的,它表现为人的表象的存在和概念的存在之间的关系。感性的存在都表现为表象的存在,理性的存在都表现为概念的存在。

　　在表象的存在当中,事物是什么样的存在? 在表象当中,所有的事物的存在都是一种现象的、个别的、偶然的存在。与此相反,在人的概念的存在当中,全部的存在都变成了一种本质的、一般的、必然的存在了。这种表象的存在和概念的存在的矛盾,使得我们把对象把握为现象同本质对立的存在、个别同一般的对立的存在、偶然同必然的对立的存在。

　　理解"表象"与"概念"的矛盾关系,还需要首先理解"对象"与"表象"的关系。我们"看"到的、"听"到的、"嗅"到的、"尝"到的、"摸"到的一切一切,都是我们"看"、"听"、"嗅"、"尝"、"摸"的"对象",即外在于我们的"意识"的存在。我们的"意识"的最基本的功能,就在于它把"看"、"听"、"嗅"、"尝"、"摸"的"对象"变成人的"脑海"中的存在——感觉和知觉形象的存在。

　　当着我们说某种事物在"脑海中浮现"或在"脑海中萦绕"的时候,那种"浮现"或"萦绕"的事物已经不是"当下"看、听、嗅、尝、摸所构成的感知觉形象,而是这种感知觉形象的再现——表象。

　　表象,按照通行的普通心理学的定义,就是"感知过的事物在头脑中的再现"。这种"再现",首先是具有直观性的特点。例如,在唤起视觉记忆表象时,就仿佛在脑中看到这种事物一样;在唤起听觉记忆表象时,就仿佛在头脑中听到了那种声音一样。这种"再现",还具有概括性的特点。例如,我们能够在头脑再现"马"的形象,"牛"的形象,"男人"的形象,"女人"的形象,而不必是某匹马或某头牛、某个男人或某个女人的形象。表象的直观性和概括性,给人提供了超越时空的世界——脱离特定的时间、地点和条件而"浮现"或"萦绕"在人的"脑海"中的各种各样的形象的世界。

　　"表象"与"对象"的关系,是以"映象"为中介的。如果说"映象"是把"对象""移入人的头脑","表象"则是在人的脑海中不断地"唤醒"已经"移入人的头脑"的种种关于"对象"的"映象"。因此,要理解"表象"的"超越性",首先需要探讨"对象"与"映象"的关系。

　　如果我们把世界上的一切存在区分为"物质"和"意识"这两大类存在,我们也可以把这两大类存在称做"意识外的存在"和"意识界的存在"。这样,我们就可以清楚地理解"对象"与"映象"的关系:其一,"映象"不是"对象","对象"是"意识外的存在",而"映象"则是"意识界的存在";其二,"映象"是关于"对象"的"映象",是把"意识外的存在"变成"意识界的存在"。由此我们就会提出两个问题:其一,人的意识如何把"意识外的存在"变成"意识界的存在"? 其二,人的意识活动所构成的"意识界的存在"与"意识外的存在"是何关系？

关于第一个问题，即"对象"变成"映象"的问题，需要高级神经生理学、脑科学和心理学以及信息论等实证科学来回答；关于第二个问题，即"映象"与"对象"的关系问题，则是我们所关注的问题，它会帮助我们思考"表象"及其与"概念"的关系问题。

"映象"是把"意识外的存在"变成"意识界的存在"，因此，"映象"总是关于"对象"的"映象"。对此，马克思有两句人们广为引证的名言：其一，"意识在任何时候都只能是被意识到了的存在"；[1]其二，"观念的东西不外是移入人的头脑并在人的头脑中改造过的物质的东西而已"。[2]马克思的这两句名言，是值得我们深长思之的。

客观世界是不依赖于人的意识而存在的。"在我们之外有一个巨大的世界，它离开我们人类而独立存在。"[3]在它未成为人的意识的"对象"之前，它是纯粹的"自在之物"；当它一旦成为人的意识的"对象"，它就构成了人的"意识界的存在"——"映象"。

"映象"不是"对象"，而是"被意识到了"的"对象"、"在人的头脑中改造过"的"对象"，这意味着，作为"意识界的存在"，"映象"并不是纯粹"客观"的存在。所谓"意识的内容是客观的"，只能是指"映象"来源于客观的"对象"，而不能把"映象"本身说成是"客观的"。

人类意识以"映象"和"表象"的方式而使"对象"得以"映现"和"再现"为意识的内容，这首先是在生理和心理的意义上体现了人类意识的超越性——人类的意识活动把外在的"对象"变成了内在的"映象"和"表象"。进一步看，作为人的"意识形式"的感觉、知觉和表象，它们又在社会遗传的意义上体现了意识的超越性——人类的意识活动把自在的"对象"变成了人所理解的即具有文化内涵的"映象"和"表象"。

"表象"，它既是再现"映象"的形式，又是"映象"在人的头脑中再现的内容，因而是再现"映象"的内容与形式的统一。人的再现"映象"的"表象"，不仅是一般地超越特定的时间与空间而再现"映象"，而且特别地表现在下述三个方面:一是以语词"呼唤"、"调遣"各种表象;二是以语词"重组"、"构建"各种表象;三是以语词"创造"、"创建"各种表象。表象同语词是密不可分的。把这二者联系起来,才能真正理解人的表象。

语词,不仅对使用它的每个个体而言是超时空的,而且它还以"历史文化的水库"的形式而实现其社会性的历史遗传。如果我们把人视为历史文化的存在,而不是"超历史"、"非文化"的存在,那么我们就会更为深切地懂得以语言为存在方式的人的表象的超越性。在人的意识活动中,任何"映象"的"再现",都是同"语言"密不可分的。著名的语言学家索绪尔告诉我们:"语言符号连结的不是事物和名称,而是概念和音响形象。后者不是物质的声音,纯粹物理的东西,而是这声音的心理印迹,我们的感觉给我们证明的声音表象。"由此索绪尔"把概念和音响形象的结合叫做符号",并"用能指和所指分别代替概念和音响形象"。[4]在人的意识活动中,再现"映象"的"表象",是由人的语词"招之即来"、"挥之则去"的。这更为深刻地表现了"表象"之于"对象"和"映象"的超越性。

人的意识活动不仅仅是以语词"呼唤"或"调遣"表象,而且是以语词"重组"表象。"枯藤、老树、昏鸦,小桥、流水、人家,古道、西风、瘦马,断肠人在天涯"。这一个个相互独立的表象,在词人马致远的笔下,被组合为一种超越纯粹表象组合的表达人生况味的艺术意境。作为这首作品的读者,如果只是孤零零地"再现"关于"枯藤"、"老树"、"昏鸦"、"小桥"、"流水"、"人家"的"映象",就会成为一组互不相干、毫无意义、索然无味的"表象"。然而,正是人的"历史文化的水库"——语词——以其文化的内涵"重组"了表象、照亮了表象,这一首由诸种"表象"构成的"图景",才引发了人的情感的共鸣和无尽的遐想。

人的意识以语词"重组表象",也以语词"创造"表象。人的意识之所以能够"仰观宇宙之大,俯察品类之盛",正是由于人的意识以语词而构建了人的表象的"小宇宙"。语词使表象得以千变万化、千姿百态地"组合"与"重组",也使表象获得"意义"与"意境"。这正如陆机所说,"石蕴玉而山辉,水怀珠而川媚"。语词使表象获得了远远大于表象、远远超出表象的文化内涵。正是凭借这种文化内涵，人的表象实现了自我超越——不仅仅是"再现""映象"，而且是"创造""形象"，从而使人给自己构成自己所要求的"世界图景"。

"语词"与"表象"的关系，已经表明了"概念"与"表象"的矛盾关系。作为认识主体的人具有感性和理性，在人的认识活动中，人的感性机能使对象的感性存在变成头脑中的"表象"，人的理性机能则使对象的内在规定变成头脑中的"思想"。因此，在人的现实的认识活动中，感性与理性的矛盾就呈现为"表象"与"思想"的矛盾运动；或者也可以反过来说，"表象"与"思想"的矛盾运动，是感性与理性的矛盾在人的现实的认识活动中的体现。

"表象"既是再现对象的感性形象的方式，又是对象的感性形象在人的头脑中再现的内容，因而它是感性形式与感性内容的统一；同样，"思想"既是以概念、判断、推理等形式去表述对象的内在本质的方式，又是对象的内在本质在人的头脑中再现的内容，因而它是思想形式与思想内容的统一。认识过程中的"表象"和"思想"的矛盾运动，就不仅仅是认识形式之间的矛盾，而且更主要的是认识内容的矛盾。以"表象"和"思想"为核心范畴去描述认识的矛盾运动，就能够更为合理地阐释人的认识在内容与形式的对立统一中所实现的基本过程。

现实的认识主体是历史文化的存在，因而总是以其已经具有的"表象"和"思想"进入具体的认识活动之中，而不是仅仅以纯粹的"感性"和"理性"的"认识形式"去反映对象。认识过程中的矛盾运动，在一定的意义上，是已有的"表象"和"思想"同新形成的"表象"和"思想"的矛盾运动。离开人的"表象"与"思想"的矛盾运动，或者把人的"感性"和"理性"当做纯粹的"认识形式"，就会非历史地或超历史地看待人的认识活动，无法把握和解释人的现实的认识过程。

三 表象与思想的矛盾运动

人的全部的认识,就是人的感性和理性的矛盾运动。人的感性和理性的矛盾运动,在其现实性上,表现为思想与表象的矛盾运动。

人的感性与理性不仅仅是两种认识机能,它还是文化的产物。人的感性也好,理性也好,都是一种有文化内涵的东西。不仅仅理性是文化的产物,被理性所规范的感性也是如此。马克思说,人的五官就是整个世界历史的产物。我们的五官就不是一个纯粹自然的产物。你作为一个人,一个婴儿来到这个世界的时候,你已经是人类多少万年的结果了。你照镜子看看自己的眼睛,品味一下自己的目光,你就会发现,人的眼睛是整个世界历史的产物,因为它在创造意义。因此,感性和理性不像我们原来理解的,一方面人有纯粹自然的感觉、知觉、表象,另一方面人还有作为文化产物的概念、判断、推理。这个感觉、知觉、表象本身就是世界历史的产物。我们原来讲哲学的时候,一个最大的毛病,就是超历史地去理解人、去理解人同世界的关系,而马克思告诉我们的是,历史地去看待人,历史地去看待人同世界的关系。这就是关键。

一旦提出人是怎样的存在,就会发现人是一种历史的存在。马克思讲得真好,他说,人既是历史的经常的前提,又是历史的经常的结果,人只有作为历史的经常的结果,才能够成为历史的经常的前提。太精彩了! 我们只有这样来理解人以及人同世界的关系,它才是现实的。主体,它的感性和理性,都是历史文化的结果,因此人的认识过程,它的感性和理性的矛盾,表现为思想同表象的矛盾运动。那么这种思想与表象的矛盾运动,是贯穿于认识过程始终的,而不是一先一后的。所以第一个最基本的认识呀,要改变大家那种传统的观念,改变那种先有感性后有理性,先有表象后有思想的观念。人的感性和理性,在人的认识活动中,绝不是一先一后的! 一旦你把人理解为现实的人,理解为文化的人,理解为历史的存在的时候,任何人的认识活动,它都是感性和理性、思想同表象的矛盾的运动,而不是一先一后的存在。有了这个第一点的基本的判断,我们才能够去描述、解释人的认识运动。

从这个角度来说,人的认识运动是什么样的呢？马克思曾经说,人的认识大体上可以分为三个基本过程:第一个过程,形成关于事物的"混沌的整体的表象";第二个过程,"形成片面的思维的规定性";第三个过程,达到"许多规定的综合"和"多样性的统一"。[5]大家注意了！按照马克思的区分,人的认识过程是经历了这样三个阶段:第一个阶段,感性的具体,混沌的整体的表象,第二个阶段,理性的抽象,或者说思维的片面的规定性,第三个阶段,理性的具体,也就是许多规定的综合和多样性的统一。感性的具体,理性的抽象,理性的具体,大家注意这三个词组！

在人的现实的认识活动中,"表象"与"思想"的矛盾运动,主要表现为三个基本阶段:一是思想"把握"表象的矛盾运动,这是认识过程中的"感性具体"的阶段;二是思想"蒸发"表象的矛盾运动,这是认识过程中的"理性抽象"的阶段;三是思想"重组"表象的矛盾运动,这是认识过程中的"理性具体"的阶段。下面,我们分别讨论这三个阶段。

在"思想把握表象"的矛盾运动中,虽然认识主体是以"概念"去把握表象,但是,这里的"概念"还只能是把握表象的"名称",而没有展现概念自身的丰富的思想内涵,因而"概念"是围绕"表象"旋转的,由此而形成的认识只是一种"混沌的关于整体的表象"。这就是认识过程中的"感性具体"的阶段。

关于"感性具体"中的表象与思想的矛盾,列宁曾经作过这样的论述:"虽然,在一定意义上表象的确是较低级的。实质在于:思维应当把握住运动着的全部'表象',为此,思维就必须是辩证的。表象比思维更接近于实在吗？又是又不是。表象不能把握整个运动,例如它不能把握秒速为30万公里的运动,而思维则能够把握而且应当把握。"[6]

列宁的这段论述表明:其一,认识运动的"实质"是思维与表象的矛盾运动;其二,思维能够把握到表象无法把握的整个运动;其三,表象与思维相比,它是以"感性具体"表现实在,因此它既比思维更接近实在,又没有思维更接近实在。因此,认识主体要超越"感性具体"而达到对实在的思维把握,就必须使认识运动进展到"理性抽象"的阶段,并进而达到"理性具体"的阶段。

关于从"感性具体"到"理性抽象"和"理性具体"的矛盾运动,马克思作过这样的描述:"具体之所以具体,因为它是许多规定的综合,因而是多样性的统一。因此它在思维中表现为综合的过程,表现为结果,而不是表现为起点,虽然它是现实中的起点,因而也是直观和表象的起点。在第一条道路上,完整的表象蒸发为抽象的规定;在第二条道路上,抽象的规定在思维行程中导致具体的再现。"[7]

马克思这里所说的"第一条道路",是由"感性具体"上升为"理性抽象"的过程;这里所说的"第二条道路",则是由"理性抽象"上升到"理性具体"的过程。经过这两条"道路"所实现的,是由"感性具体"而达到"理性具体",因而马克思说"理性具体"是"具体的再现"。这种再现的具体即"理性具体",是"许多规定的综合"和"多样性的统一"。

由"感性具体"上升为"理性抽象"的过程,就其实质内容而言,是把"完整的表象蒸发为抽象的规定"。"感性具体"作为"完整的表象",它既是最"具体"的,又是最"抽象"的。这是因为:一方面,在思维把握表象的"感性具体"阶段,思维围绕着表象旋转,表象为认识主体呈现生动具体的感觉形象,因而是"最具体"的;另一方面,正因为"感性具体"阶段是思维围绕表象旋转,思维用以把握表象的概念还只不过是空洞的"名称",还没有形成关于被表象的对象的任何规定性的认识,因而又是最"抽象"的。

由"完整的表象"而"蒸发"出的"抽象的规定",是关于对象的各种规定性。比如,我们"蒸发"掉"桌子"的表象,就在思想中形成了关于桌子的颜色、硬度、形态、结构、功能等等的"规定性"。但是,这些规定性"只能作为一个既与的、具体的、生动的整体的抽象片面的关系而存在"。[8]它们以逻辑范畴的形式表现着对象的各种规定性,并以思维范畴逻辑运动的形式而表现着事物的运动。所以,列宁提出,"当思维从具体的东西上升到抽象的东西时",它不是离开真理,而是"接近真理"。列宁还具体地指出,"物质的抽象,自然规律的抽象,价值的抽象等等,一句话,那一切科学的(正确的、郑重的、不是荒唐的)抽象,都更深刻、更正确、更完全地反映着自然"。由此列宁所得的结论是:"从生动的直观到抽象的思维,并从抽象的思维到实践,这就是认识真理、认识客观实在的辩证的途径。"〔9〕

关于"理性的抽象"或"抽象的规定"及其表现形式——"逻辑范畴"和"范畴的逻辑运动",马克思作过这样的论述:"在抽象的最后阶段(因为这里谈的是抽象,而不是分析),一切事物都成为逻辑范畴,这用得着奇怪吗?如果我们抽掉构成某座房屋特性的一切,抽掉建筑这座房屋所用的材料和构成这座房屋特点的形式,结果只剩下一个一般的物体;如果把这一物体的界限也抽去,结果就只有空间了;如果再把这个空间的向度抽去,最后我们就只有同纯粹的数量,即数量的逻辑范畴打交道了,这用得着奇怪吗?用这种方法把每一个物体的一切所谓偶性(有生命的或无生命的,人类的或物类的)抽去,我们就有理由说,在抽象的最后阶段,作为实体的将是一些逻辑范畴。"〔10〕马克思还指出:"正如我们通过抽象把一切事物变成逻辑范畴一样,我们只要抽去各种各样的运动的一切特征,就可得到抽象形态的运动,纯粹形式上的运动,运动的纯粹逻辑公式。"〔11〕马克思的这个论述是非常深刻的,他深刻地说明了怎样理解"抽象",怎样理解由"抽象"而构成的"逻辑范畴"和"范畴的逻辑运动"。

在表象与思维的矛盾中,思维把"完整的表象蒸发为抽象的规定",从而形成了关于对象的各种规定性的"理性抽象"。但是,由于这种"理性抽象"还"只能作为一个既与的、具体的、生动的整体的抽象片面的关系而存在",因此,还必须使"抽象的规定在思维行程中导致具体的再现"。这个"再现"的具体就是"理性具体"。

马克思说:"具体之所以具体,因为它是许多规定的综合,因而是多样性的统一。"[12]对于这种多样性统一的"理性具体",马克思从表象与思维的矛盾关系中,做出了深刻的阐述。马克思指出:"具体总体作为思维总体、作为思维具体,事实上是思维的、理解的产物;但是,绝不是处于直观和表象之外或驾于其上而思维着的、自我产生着的概念的产物,而是把直观和表象加工成概念这一过程的产物。"[13]

从表象和思想的矛盾运动来表达认识发展过程是非常重要的,它凸现了认识运动中的内容与形式的不可分割、认识过程中的感性与理性的相互渗透、认识活动中的历史性与现实性的对立统一,以及认识展开中的由"感性具体"(肯定)到"理性抽象"(否定)再到"理性具体"(肯定)的否定之否定的辩证运动。人的认识的这个辩证运动正是深刻地展现了人类意识以"表象"与"思想"的矛盾运动而实现的"超越",即由"感性具体"而超越性地发展为"理性抽象",又由"理性抽象"而超越性地发展为"理性具体"。正是在"理性具体"中,人的意识达到了对世界的"许多规定的综合"和"多样性的统一"的把握。

我从人的感性与理性,表象与思想的矛盾运动出发,给大家列了这么一个直观地可以使大家把握的图表,就是思维把握表象、思维蒸发表象和思维创造表象这样三个阶段。下面,我们再结合这个图表,重新思考一下认识的矛盾运动。

第一个阶段我把它叫做思维把握表象。什么叫做思维把握表象呢?就是说,那个时候,概念还是作为名称存在的,概念是围绕着表象旋转的,大家琢磨琢磨这个意思呀,不是没有概念、判断、推理,但是你的概念、判断、推理是围绕着你的那个表象旋转的,这就是第一个阶段。

在思维把握表象的基础之上,我们进入到第二个阶段。但是第二个阶段的进入,已经不仅仅是一个逻辑的过程了,也不仅仅是一个理性的过程,它还需要有非理性的东西,我们把它叫做直觉的东西。是什么呢?首先就是这样一种联想和想象的能力。伟大的科学家爱因斯坦说,想象比知识更重要!中学时写作文,你有各种各样的感性的素材,你形成了关于对象的各种各样的表象了,但是到你的笔下的时候,它怎么就不能妙笔生花了呢？这里面就有一个"联想"、"想象"的问题。第二个阶段是"思维蒸发表象"。我用了马克思的那个词,我们中文把它译为"蒸发"！我觉得真形象！把那个表象"蒸发"掉,最后剩下什么了？剩下那个思维的规定了么！蒸发,蒸发了表象！表象都被蒸发掉了,变成了一个马克思说的"理性的抽象"了！变成了一个思维的各个片面的规定性了！仔细想一想呀,一般说来,人达到的认识主要是这种水平,思维的片面的规定性。

哲学为什么要达到一种辩证的智慧呢？它要达到一种理性的具体,达到一种"许多规定的综合"和"多样性的统一"。你看很多同学都说,大学生,一年级理想主义,二年级现实主义,再往上就不知道变成什么主义了。这说明什么问题？就是他在这个理想和现实之间呀,采取了一种思维的片面的规定性。要么他觉得这个世界真是美好得理想呀,但是现实地去看,哎哟,怎么这样呢？怎么有这么多问题呢？悲观了！跑到另一个极端去了！所以我特别愿意跟大学生说一个字:"实"！实实在在的实。什么实呢？态度要现实,工作要踏实,但是我认为最重要的是,精神要充实。我们最不容易做到的是最后一点。一到毕业走上工作岗位了,态度也现实了,工作不得已也踏实了,但是就是精神不充实了。劳动变成谋生的纯粹的手段了。然而,人应当是荷尔德林说的,诗意地栖居在大地上！那是海德格尔最欣赏的一句话。人只有诗意地栖居在大地上,你才是作为人而存在的。我在这里发挥了一下,是说人最容易陷入的就是一种思维的片面的抽象的规定性,很难超越出去。因为你只有超越了它,你才有可能升华为"理性的具体",你才有可能升华为思维创造表象！这是最难最难的了。

从这个角度来说,人的实践也不是一个水平的。人的实践基本上都是重复式的实验,我的思维把握住这个表象了,我按照这个表象来规范我的思维,我的思维的操作制约着我的实践活动,那么这样一种围绕着表象旋转的思维的操作,就构成了一种重复性的实践活动。只有当我的思维蒸发了表象,构成了关于表象的思维的规定性,我才有可能进入到一种改良式的实践活动。只有进一步升华,达到一种思维创造表象,我思维的操作是创造性的,我才能进入到一种创造性的实践活动。正是在这个意义上,维特根斯坦认为,人的话语方式,就是人的思维方式,而人的话语方式和他的思维方式,就是他的行为方式。

我常讲中国理论界要从什么东西当中解放出来? 一是从两极对立的思维方式当中解放出来,二是从教条主义的研究方式当中解放出来,三是从僵死枯燥的话语方式当中解放出来。天天都说的那几个词,还有新思想?! 还有新行为?! 如果你连哲学的基本概念都没有,你怎么搞哲学呢? 只有达到思维创造表象,才会出现新的观念客体。列宁在《哲学笔记》里边说,人给自己构成世界的客观图画。人的认识就是消灭对象的真实性,而把那个世界的真实性变成自己思想的真实性,也就是把人的理想变成世界的现实,这才是人的存在呀! 所以大家想一想,人的认识过程是极为复杂的。

人的感性和理性在认识的过程当中是一对矛盾,这对矛盾表现为思想同表象的矛盾运动。而思想和表象的矛盾运动,展现为思想把握表象的阶段,思想蒸发表象的阶段和思想创造表象的阶段。这三个相应的阶段,正是马克思所说的,混沌的整体的表象阶段、片面的抽象的思维规定的阶段、许多规定的综合和多样性的统一的理性具体的阶段。这也决定了人类实践的三种水平,重复式的实践活动、改良式的实践活动和创造性的实践活动。

我在这里边只是提出这些问题,只是想引发大家回去进行认真的思考。有了这样一些基本认识,我们才能够从人作为历史的文化的存在,重新思考主体对客体的认识关系,主体对客体的实践关系,从而更深切地理解现实的主客体关系。

四　思维的"至上性"与"非至上性"

前面我具体地展现了人的感性和理性的矛盾,以及它在人的认识过程中所表现的思想和表象的矛盾运动。在这个思想和表象的矛盾运动当中,人类的思维自身也体现出了一种深刻的内在的矛盾。这种矛盾就使人的认识更加复杂化了。恩格斯说，人类的思维，它自身有这样一种矛盾，那就是思维的"每次的现实"和"个别的实现"，都是"有限的"、"非至上的"，而按照思维的终极的使命、可能和目的来说，则是"无限的"和"至上的"。恩格斯的话是什么意思？我给大家简单作一下解释。

恩格斯说，人类的思维自身，在人的认识过程当中，有一种自身的矛盾。这个矛盾表现为什么呢？首先思维的每次的现实，每一次的现实性，个别的实现，都是怎么样的呢？都是有限的。你琢磨琢磨，我们现实的认识活动，都是有限的。对不对？在这个意义上思维是非至上的，没有那种至上性，这是一面。另一面，按照思维的本性，思维的可能，思维的终极的目的来说，怎么样呢？思维又是无限的和至上的。我把恩格斯的这个意思概括为思维的至上性与非至上性的矛盾。

人类的思维，在人的认识过程当中，不仅仅表现为思维同表象的矛盾运动，还表现为思维自身的矛盾运动。人类的思维自身就是一个矛盾的运动过程。正是思维的自身的这种内在的矛盾，构成了我们人类认识过程当中的更为深刻的矛盾。那么都是些什么矛盾呢？我把这种矛盾概括为：确定性与非确定性，相对与绝对，有限与无限等等的矛盾。学了哲学史大家就知道了。哲学史是理论化的人类认识史，它以一种理论的形式表现了人类认识的过程。这些个矛盾是更深刻的。确定与不确定，有限与无限，相对与绝对，是更加深刻的范畴。为什么它更加深刻呢？它从思想同表象的矛盾跃迁为思维自身的矛盾了。

当我们去把握经验对象的时候，你想一想我们更加深刻的矛盾是什么？首先就是对象的确定性与非确定性。本体、变体呀，现象、本质呀，你往深了一想是什么问题了？是存在的确定性和非确定性的矛盾了。存在的确定性和非确定性的矛盾，才构成了人类思维的两种逻辑，一种是人类思维的形式逻辑，另一种是人类思维的辩证逻辑。

我们在经验的水平上，总是把对象把握为确定性的存在，而我们在反思的层面上,又把对象把握为一个非确定性的存在了。什么叫发展?为什么它叫辩证的否定?它把对象不是理解为一个确定性的存在,而是把它理解为一个确定性与非确定性的对立统一的存在了。当你这样认识事物的时候,就发生重大的变化了,所以那个伟大的文学家歌德才说,人们只是在知识很少的时候才有准确的知识,怀疑会随着知识一道增长。你为什么都确定?你知道的太少了!你一旦知道得多了,你就知道,它不确定了!琢磨琢磨,就是这样一个道理。随着你对它的理解的增多,你就会把思维所把握到的经验的对象视为确定性与非确定性的矛盾的存在了。这就是你认识的一个真正的跃迁。"横看成岭侧成峰,远近高低各不同,不识庐山真面目,只缘身在此山中。"当着我们这样思考问题的时候,就把我们的认识深化了。我们用一对更深刻的范畴——确定性与非确定性来把握经验对象了。

那么进一步,思维的至上性与非至上性的矛盾,又引导我们引入了一对更深刻的矛盾,相对与绝对。这个更重要了。我们关于事物的全部的认识,都具有历史的相对性,所以恩格斯在《反杜林论》里边说,所谓相对的真理,就是相对的谬误,相对的谬误,也称之为相对的真理。它都具有思维的非至上性。在非至上性的意义上,它都具有相对性。正因为这样,所以解释学的最基本的命题我是非常之欣赏的:"合法的偏见!"人类的全部的认识都是什么?全是合法的偏见!在认识史的意义上,人类的认识总会不断地深入么,在这个意义上它都是"偏见",不可能达到真正的全体。用黑格尔的话来说,人要达到全体的自由性,但是全体的自由性要诉诸各个环节的必然性。因此在这个意义上,你永远不可能达到一个全体的自由性。想一想呀,我们觉得思考达到了全面,但是当着你在深化了认识的时候,你把这个全面当成了一个什么了?片面了么。人类任何的认识都是一种偏见,但是另一面,这个偏见具有什么性?任何偏见都具有"合法性"。它是一个历史的产物。你真实地想一想,我们今天批判这个哲学家,明天批判那个哲学家,对,你不批判他你怎么能向前发展?但是当着你批判他的时候,你要知道你是怎么样?你是站在巨人的肩膀上!

这就需要我们从相对与绝对的对立统一的观点去理解一切问题,其中包括对"哲学"本身的理解。哲学的目光,不是神的目光,也不是兽的目光,而是人的目光。但它又不是个人的目光,而是人类的目光。这就叫哲学。我们用哲学的目光来看这个世界的时候,就会发现,人类的任何一种认识,总是历史的存在。但是人类的思维,它的指向性恰好是一个什么东西? 绝对性。人类永远想获得一种绝对性的东西。中学给大家培养的都是追问绝对。那么相对呢,不值得一提。相对我还记它干什么? 所以人们总是追问"到底"是怎么回事。恩格斯说了,这就叫做非此即彼,"是就是,不是就不是,除此之外,都是鬼话"。这种思维方式,才叫做真正的形而上学的思维方式。其实,思维内在的就具有这样一种矛盾性,这种矛盾它构成了更深刻的相对与绝对的矛盾。所以我在 1988 年写的那个《从两极到中介》的文章最后说,人类关于世界的任何的认识,都是一种历史的合理性,因而它永远是一个相对的绝对。相对的绝对! 它既不是一个相对的相对,也不是绝对的绝对,而永远是一种相对的绝对! 什么意思呢? 在你自己时代认识的水平上,这种合法的偏见,就是你这个时代的合理的认识,它具有绝对性。而在历史展开的意义上,它只不过是一种合法的偏见。因此它又是一种相对性。那么我们总得在自己的这个时代中生活吧? 对不对? 任何一个时代给我们提供的认识,都具有这个时代的合理性,都是我们这个时代的相对的绝对。所以我们应该有两种自觉的意识:一、它永远是一种合法的偏见,我们需要发展它;二、它总是有历史的合理性,我们需要受它的规范。我想对于同学们的实际生活来说,有这种意识非常重要。

　　在青年时期最容易产生无政府主义和虚无主义。它把所有的绝对都消解掉了,它认为只是绝对的相对。大学生开始一反思呀,往往出现绝对的相对,一种理论的和实践的虚无主义和相对主义,这是最容易出现的。对于思想活跃的大学生来说,往往容易走向绝对的相对,陷入相对主义、虚无主义和行为上的无政府主义,不承认相对的绝对。而实际上,人类所达到的任何的一种认识,都具有相对的绝对的意义,我希望同学们去思考这样一些问题。

我们今天所以能够达到互相的理解,互相的认同,你琢磨琢磨,以什么为前提? 是以我们都承诺了相对的绝对为前提的。如果我们没有对于相对的绝对的承诺,我们互不理解,我们互不认同,我们如何互相交流? 互相沟通? 同学们琢磨琢磨这个问题,我觉得对于我们大家来说,特别是对于大学生来说,是至关重要的。有了这种认识我们才有合作的精神,才有团队的意识,我们才能够使大家都生活得好。

思维的至上性和非至上性,同样构成了有限和无限的矛盾。无限是理性思维把握的一种矛盾的产物。在人的思维与经验的矛盾当中,思维必然超越经验的有限性,而达到思维把握的无限性。所以那个黑格尔聪明呀! 黑格尔说,不是有限的叠加构成了无限,而是有限的本身是真正的无限! 有限的叠加构成的是"恶无限",不是真实的无限。而只有你理解了任何的有限都是一个无限的过程的时候,这才是真正的无限。无限是过程性的存在! 这才叫辩证法大师呀! 是我们的理性的内在的矛盾,构成了有限和无限的矛盾性的冲突。人应当达到的是瞬间的永恒!

你看苏轼写《前赤壁赋》,最后达到的就是这种境界呀。泛舟长江,夜游赤壁,"诵明月之诗,歌窈窕之章","纵一苇之所如,凌万顷之茫然",实乃人生一大快事。然而,游赤壁则不能不怀古,怀古则不能不想到横槊赋诗的曹孟德和火烧赤壁的周公瑾,想到曹孟德和周公瑾则不能不感慨于"一世之雄""而今安在",想到浪花淘尽千古英雄便不能不感叹于"寄蜉蝣于天地,渺沧海之一粟","哀吾生之须臾,羡长江之无穷"。于是,有限对无限的无奈,瞬间对永恒的向往,便跃然纸上,使人沉浸在无以名状的悲凉之中。而苏轼的人生妙论,则不仅令人耳目一新,而且让人思之不尽。苏轼写道,如果只是"自其变者而观之",万事万物皆处于瞬息万变之中,无物长在,无物长住,"天地曾不能以一瞬",又何况人生呢? 然而,"自其不变者而观之",世代繁衍,物质不灭,"物与我皆无尽也"。退而论之,虽然人生有限,但是人生的瞬间却能够浴清风,赏明月,"耳得之而为声,目遇之而成色",取之不尽,用之不竭,又何必"哀吾生之须臾,羡长江之无穷"呢？这种洒脱通达的人生态度,不正是一种对有限与无限的辩证理解吗？不正是一种我们最为需要的辩证智慧吗？这真正是塑造了一种瞬间的永恒之美,一种有限的崇高之美。

那么人生,什么是真正的无限呢？真正的无限不是长生不老,而是你瞬间的永恒！这个东西值得我们很好地去琢磨它呀。正由于我们思维的内在的矛盾性,才构成了真正的有限和无限的矛盾。我们不可能在经验的意义上达到无限。正因如此,才出现了经验自身的分裂,这才出现了真正的哲学问题,才使我们进入了真正的哲学思考！

康德就说,休谟把他的那种独断论的迷梦惊醒了,为什么？就因为休谟意识到了经验自身的内在的矛盾了。什么矛盾呢？就是对人所显现的全部的存在,都是人的经验的存在;而人要断定经验外的存在,必然诉诸经验的存在;而经验在回答经验外的存在的时候,经验本身沉默了！这就是康德意识到的休谟问题！这就是哲学的真正的问题！

感性和理性的矛盾,造成的最深刻的矛盾是经验自身的分裂。因为人类的任何的经验,都成立于感性和理性的矛盾当中。列宁说,从经验这个概念出发,既能是唯心主义的,也能是唯物主义的;既能是经验主义的,也能是唯理主义的。哲学史上的经验主义同唯理主义的冲突,它是经验的自我分裂的产物。什么叫经验论？什么叫唯理论？是经验的自我分裂。在经验的自我分裂当中,它构成了哲学史上的经验论和唯理论的不同水平的斗争。康德之前,是经验同超验的关系。康德给我们引申出来的是经验同先验的问题。而现代哲学对于传统哲学的反叛,给我们引进的是经验与实验的问题,经验与体验的问题。我们在反思的意义上,揭示了经验自身的矛盾性,意识到经验与超验的矛盾,经验与先验的矛盾,经验与实验的矛盾,经验与体验的矛盾,这就构成了我们真正的哲学的思考。所以我觉得同学们应当很深刻地去理解,人和世界关系当中的主客关系,主客关系当中的感性和理性的关系,构成了表象同思想的矛盾运动,表现了思维的至上性与非至上性的冲突,从而凸现了有限与无限、相对与绝对的矛盾关系。这些矛盾关系,又展现为哲学当中的经验论与唯理性的派别冲突。

五 经验论与唯理论的派别冲突

在哲学史上,对人的感性与理性的矛盾的哲学反思,形成了经验论与唯理论的分歧与斗争,并因而形成了试图弥合这种分歧与斗争的种种哲学努力。然而,这种经验论与唯理论的分歧与斗争,却总是以新的形式与内容,在新的时代背景中得以展开和深化。应当说,正是这种分歧与斗争的展开与深化,愈来愈深刻地揭示了人的感性存在与理性思维的矛盾,从而也愈来愈深化了人对自己的感性与理性的矛盾的认识。

关于哲学中的经验论和唯理论及其分歧与斗争,通常是以解释认识过程中的"感性认识"和"理性认识"的相互关系为前提的。通常认为,人的认识始于感性认识,认识的基本过程是从感性认识上升到理性认识;感性认识和理性认识既相互区别又相互联系,理性认识依赖于感性认识,感性认识有待于发展为理性认识,感性认识和理性认识是相互渗透的。

正是从对认识过程中的"感性认识"与"理性认识"的这种理解出发,通常认为,"割裂感性认识和理性认识的辩证关系就会走向唯理论和经验论。唯理论否认感性认识的重要性,片面夸大理性认识的作用,认为只有理性认识才是可靠的,它不依赖于感性认识。相反,经验论则否认理性认识的重要性,片面夸大感性认识的作用,认为感性认识无须上升为理性认识。唯理论和经验论各执一端,但在总体上都是错误的"。[14]

从比较广泛的意义上说,经验论和唯理论都有其深远的思想渊源。古希腊哲学中的德谟克利特的"影像说"与柏拉图的"回忆说"的对立,中世纪经院哲学中的"唯名论"与"唯实论"的对立,都具有经验论与唯理论的对立与斗争的性质。但是,作为系统的和典型的经验论和唯理论,则是形成于近代哲学的两个发端——培根的经验论哲学和笛卡儿的唯理论哲学。在通行的各种哲学史著作和教材中,认为培根、霍布斯、洛克、贝克莱和休谟是经验主义的主要代表,而笛卡儿、斯宾诺莎、马勒伯朗士、莱布尼兹和沃尔夫则是最主要的唯理主义者。

关于经验论与唯理论的分歧,梯利在他的《西方哲学史》中做出下述的界定,并做出了相应的解释。他认为,"近代哲学按照它们以理性(ratio)或经验为知识的泉源或准则而被划分为唯理主义或经验主义"。[15]对此,梯利还做出了这样的解释:"(1)所谓唯理主义可以指这种态度,它肯定知识的标准是理性而不是启示或权威。从这个意义来看,一切近代哲学体系都是唯理主义的;确实由于这一特征,我们才把它们划归近代哲学。""(2)所谓唯理主义可以指这种观点,它认为真正的知识由全称和必然的判断所组成,思维的目的是制定真理的体系,其中各种命题在逻辑上相互有联系。这是关于知识的数学式概念,几乎所有的新思想家都视之为理想。无论他们是否相信这种理想是能实现的,他们只承认合乎数学模型的知识,才是真正的知识。""(3)还有关于知识的起源问题。近代哲学对此有不同的答案:(a)真正的知识不能来自感官知觉或经验,而必然在思想或理性中有其基础。真理是理性天然所有或理性所固有的,那就是天赋、或与生俱来、或先验的真理。确实的真理起源于思想本身。这种观点虽然有些人愿意定名为直觉主义或先验论,也被称为唯理主义。(b)没有与生俱来的真理:一切知识都发源于感官知觉或经验,因此,所谓必然的命题根本不是必然或绝对确实的,只能给人以或然的知识。这种观点被称为经验主义或感觉主义。"[16]

梯利关于唯理主义与经验主义的界定告诉人们,这二者的主要分歧是关于"知识的泉源或准则";而他对此所做出的解释,则更应该成为人们理解唯理主义与经验主义的一个重要前提。为此,我们对梯利的解释做出如下分析。

首先,西方哲学史中的"近代哲学",无论是"唯理主义"还是"经验主义",它们之所以是"近代哲学",就在于它们都"肯定知识的标准是理性而不是启示或权威"。或者反过来说,不能从一般意义的"理性"出发去区分"唯理主义"与"经验主义"。理解这个问题是至关重要的。

现代德国哲学家卡西尔在概括"启蒙时代的精神"时提出,"所有形形色色的精神力量汇聚到了一个共同的力量中心。形式的差别和多样性,只是一种同质的形成力量的充分展现。当 18 世纪想用一个词来表达这种力量时,就称之为'理性'。'理性'成了 18 世纪的汇聚点和中心,它表达了该世纪所追求并为之奋斗的一切,表达了该世纪所取得的一切成就"。[17]这就是说,"理性"是整个近代哲学的共同出发点,以"理性"去反对"启示或权威"是近代哲学的共同任务。近代哲学的"经验主义"者,都是"理性"地分析人类的知识的起源与标准等等。因此,在区分"唯理主义"和"经验主义"的时候,首先应当注意的是,二者的区别并不是肯定或否定人类的"理性"和"理性的力量"。

其次,在近代哲学的演化过程中,不同历史阶段的哲学家对"理性"的理解是不同的;这种区别标志着哲学自身的发展,也标志着近代哲学中的唯理主义与经验主义在不同的历史阶段有不同的理论内涵。

卡西尔提出,"在 17 世纪的那几大形而上学体系——笛卡儿、马勒伯朗士、斯宾诺莎和莱布尼兹的体系里,理性是'永恒真理'的王国,是人和神的头脑里共有的那些真理的王国"。"18 世纪在一种不同的、比较朴素的意义上看待理性。理性不再是先于一切经验、揭示了事物的绝对本质的'天赋观念'的总和。现在,人们把理性看作是一种后天获得物而不是遗产。它不是一座精神宝库,把真理像银币一样窖藏起来,而是一种引导我们去发现真理、建立真理和确定真理的独创性的理智力量。""整个 18 世纪就是在这种意义上理解理性的,即不是把它看作知识、原理和真理的容器,而把它视为一种能力,一种力量,这种能力和力量只有通过它的作用和效力才能充分理解"。在近代哲学的演进过程中,由于"理性"观念的变化,唯理主义与经验主义在论争的内容上也发生了相应的变化,并从而深化了哲学自身的发展。

在明确上述两点的基础上,我们就可以比较具体地分析唯理论与经验论的主要分歧了。

第一,关于知识的来源问题。

近代哲学中的唯理论和经验论所争论的"知识的来源"问题,主要是有无"天赋观念"的问题。一般地说,经验论者都主张知识起源于感觉经验而否认"天赋观念",与此相反,唯理论者则否认正确的认识起源于感觉经验而以不同的方式肯定"天赋观念"。

经验论者认为,"我们所有的一切知识都是从感觉获得的",[18]"我们的全部知识是建立在经验上面的;知识归根到底都是导源于经验的"。[19]在经验论者看来,一切观念都是思维从感官经验的感性内容中归纳、概括、抽象出来的;全部观念都可以还原为感觉和感觉的不同结合形式,凡在理性中的东西,都存在于感官经验的感性内容中;凡是在感性内容中找不到的东西,或者是错误的,或者是超出人的理性之外的;思维的理解作用,只能是基于感觉的观念去表现对象。[20]

与经验主义相反,唯理主义者则以不同的形式肯定"天赋观念"。笛卡儿提出,观念的来源有三种情况:其一是"天赋的"数学、逻辑、宗教、伦理中的一般的抽象的观念和原则,其二是从"外面"得来的,如听到的、看到的和感觉到的,其三是"臆造的"根本不存在的观念如飞马、美人鱼之类。对于这三种情况,笛卡儿认为,"外面"得来的观念与"臆造的"观念一样,都是没有真理性的,而只有"从我自己的本性得来的"一般观念才具有真理性。这就是说,"真理性"的认识只能是"天赋的"。莱布尼兹进一步提出,感觉经验只能感知个别的偶然的现象,而不能揭示真理的"普遍必然性"。他还尖刻地把经验论者说成是像牲畜一样"纯粹凭经验,只是靠例子来指导自己",因而,无法适应复杂多变的存在。"人之所以如此容易捕获禽兽,单纯的经验主义者之所以如此容易犯错误,便是这个缘故"。[21]在唯理主义者看来,思维本身具有超越感官经验的先天认识原则,对象只有在先天认识原则的把握下才能被人所认识;认识不能还原为感觉和感觉的不同结合形式,它有多于这种内容的作为认识原则的天赋观念;思维的理解作用是以它自己固有的天赋原则去理解对象。[22]

通过上述分析,我们可以看到,在关于认识的来源问题上,经验论和唯理论各存在自己难以解决的问题。"对经验论来说,认识是否单纯是感觉的变形,是否只起源于感性,而不同时起源于理性呢?""对唯理论来说,思维的能动理解作用是否是天赋观念,是否认识只起源于理性,而不同时起源于感性呢?"[23]

这里特别值得注意的问题是,人们通常总是从"经验"出发去看待认识的来源问题,因而往往简单化地断言经验论是对的而唯理论是错的,并没有去反思感性与理性的复杂关系。对此,恩格斯指出,"我们的主观的思维和客观的世界服从于同样的规律,因而两者在自己的结果中不能互相矛盾,而必须彼此一致,这个事实绝对地统治着我们的整个理论思维。它是我们的理论思维的不自觉的和无条件的前提"。对于这个"前提",作为经验论的18世纪的唯物主义,"只限于证明一切思维和知识的内容都应当起源于感性的经验,而且又提出了下面这个命题:凡是感觉中未尝有过的东西,即不存在于理智中。只有现代唯心主义的而同时也是辩证的哲学,特别是黑格尔,还从形式方面去研究了这个前提"。[24]

因此,在对认识的来源的理解中,我们既要承认"一切思维和知识的内容都应当起源于感性的经验",又要从"形式"方面探讨思维的固有的能动作用。需要特别指出的是,人的认识不只是要形成关于经验对象的"表象",更重要的是形成关于对象的"普遍必然性"的思想。"普遍必然性"的思想并不是直接地、现成地从感官经验的感性内容中归纳、概括、抽象出来的,而是在认识的来源上就必须肯定思维把握存在的规律即思维的能动作用。所以,在认识的来源问题上,我们既要超越习以为常的"经验"立场,又要挣脱唯理论者的"天赋观念论",这就需要我们唯物地、辩证地理解认识的来源问题。

第二,关于认识的方法或逻辑问题。

经验论和唯理论在认识来源问题上的对立,已经蕴含着关于认识的方法或逻辑的不同理解。这种不同理解,就是在个别与一般问题上的对立:普遍必然性的认识能否从个别的感性经验中形成?

近代经验论的奠基人弗兰西斯·培根从知识起源于经验这一原则出发,

形成他的由个别的感性经验上升为普遍必然性认识的"归纳法"。这就是培根的"新工具"。

培根从批判亚里士多德的三段论式的演绎逻辑,而形成他的"新工具"的归纳逻辑。培根指出,"正如现有的科学不能帮我们找出新事物,现有的逻辑也不能帮助我们找出新科学"。[25]这是因为,"三段论并不能用于科学的第一原理,而用于中间公理也是无效的。因为它比不上自然的微妙。因此它只能强人同意命题,而不能把握事物"。[26]在培根看来,只有归纳的方法,才能使认识从经验事实开始而上升为一般原理。

培根的归纳法的基本内容是:在观察实验的基础上,得到相应的感性经验材料;将感性材料整理和归类,区分为正面的例证、反面的例证和在不同条件下其性质有变化的例证,并对这三类例证进行比较研究;排斥掉非本质的东西,舍弃无用的材料,留下有用的材料;对留下的材料进行归纳,得到一般原理。[27]培根认为,这种归纳法能够使人们循序渐进地揭露出不同等级的自然规律,防止人们超越经验作无谓的猜想。与经验论相反,近代唯理论的奠基人笛卡儿认为,在追求真理的出发点上,必须首先探求出一种无可怀疑的原则,并在这个原则的基础上去形成普遍性的思想。这就是笛卡儿的新的演绎逻辑。这种新的演绎逻辑或演绎方法的基本规则是:第一条:绝不把任何我没有明确地认识其为真的东西当做真的加以接受,也就是说,小心避免仓促的判断和偏见,只把那些十分清楚明白地呈现在我的心智之前,使我根本无法怀疑的东西放进我的判断之中;第二条:把我所考察的每一个难题,都尽可能地分成细小的部分,直到可以而且加以圆满解决的程度为止;第三条:按照次序引导我的思想,以便从最简单、最容易认识的对象开始,一点一点地上升到对复杂的对象的认识,即便是那些彼此并没有自然的先后次序的对象,我也给它们设定一个次序;最后一条:把一切情形尽量完全地列举出来,尽量普遍地加以审视,使我确信毫无遗漏。

大家注意,笛卡儿的新的演绎逻辑,已经不是传统的演绎逻辑及其在现代西方数理逻辑中的发展。传统的演绎逻辑是一种外延逻辑,即依靠概念之间的普遍性、特殊性、个体性的外延关系而构成大前提、小前提和推出结论。笛卡儿的演绎逻辑则是思想从单纯上升到复杂、从抽象上升到具体的内涵逻辑。这种关于思想自身发展的内涵逻辑,在德国古典哲学集大成者黑格尔那里,构成了概念辩证发展的关于人类思想运动的逻辑。黑格尔的概念辩证法的直接意义,就在于它是关于人类思想运动的逻辑、关于人类思想发展的逻辑。

在理解培根的经验论的归纳法与笛卡儿的唯理论的内涵逻辑的时候,我们还必须看到,作为近代哲学的两个开端,具有某些不可忽视的共同点:其一,培根创建的归纳法和笛卡儿开拓的内涵逻辑,都是在近代科学的基础上,试图超越传统的演绎逻辑的产物。他们不是彻底否定三段论及其逻辑规则,而是反对把传统的演绎逻辑绝对化和权威化;其二,他们都从破除僵化的概念和偏见出发,力图以新的方法或逻辑去实现思维的创造性。培根关于种族假象、洞穴假象、市场假象和剧场假象的论述,笛卡儿关于清除虚假观念的论述,都是力求防止先入为主的"成见"对人的认识的误导与束缚。

第三,关于认识的可靠性问题,即感觉经验与理性知识何者更为可靠的问题。

经验论者认为,"错误或虚假倒不是在感官里,感官并不主动,它只是接受影象,……错误或虚假是在判断里,或是在心灵里;判断或心灵没有给予应有的周密细致地对待,没有注意到离得远的东西只是由于离得远或由于别的原因,而应该比它们离我们较近时显得小和模糊;在别的情况下也是这样。"[28]这就把"错误"或"虚假"归咎为"判断"或"心灵",也就是归咎为人的"理智"。

与此相反,唯理论者则认为感觉是"骗人的"。笛卡儿说:"因为我曾经多次观察到:塔远看像是圆的,近看却是方的,竖在这些塔顶上的巨像在底下看却像是些小雕像;像这样,在无数其他的场合中,我都发现外部感官的判断有错误。"[29]在分析荷兰哲学家斯宾诺莎的哲学思想时,我国学者提出:"唯理论者斯宾诺莎继承笛卡儿的认识论思想,把知识分为三类:第一类是感性经验知识,包括传闻的知识和泛泛的经验;第二类是推理知识;第三类是理性的直观。他说:'只有第一类知识是错误的原因,第二类和第三类知识是必然真实的。'可见斯宾诺莎也排斥感性经验,只信赖理性知识的可靠性。"[30]

经验论和唯理论在近代哲学的发展过程中,逐步地从彻底的两个极端而走向肯定感觉经验与理性知识的各自的合理性,但却一直把感性与理性割裂开来。德国古典哲学的奠基人康德,在总结近代哲学的经验论与唯理论的基础上,提出了感性直观与理性思维相结合的原理。他的名言是:思维无感性则空,直观无概念则盲。德国古典哲学的集大成者黑格尔认为,虽然康德强调感性直观与知性思维的"联合",但在康德那里,"思维、知性仍保持其为一个特殊的东西,感性也仍然是一个特殊的东西,两者只是在外在的、表面的方式下联合着,就像一根绳子把一块木块缠在腿上那样"。[31]黑格尔则在哲学史上第一次提出了感性与思维的辩证统一问题。他要求凭借理性思维的能动性而实现由感性到理性的"飞跃"。然而,真正达到对感性与理性相互关系的辩证理解,并真正超越经验论与唯理论的片面性,则需要从人的实践活动及其历史发展出发去看待人的认识问题。这种实践论的认识论是马克思在认识论中的革命性变革。

注 释

〔1〕《马克思恩格斯选集》第1卷,第30页。

〔2〕《马克思恩格斯选集》第2卷,第217页。

〔3〕《爱因斯坦文集》第1卷,第2页。

〔4〕索绪尔:《普通语言学教程》,商务印书馆1980年版,第101、102页。

〔5〕参见《马克思恩格斯选集》第2卷,第103页。

〔6〕《列宁全集》第38卷,第245—246页。

〔7〕《马克思恩格斯选集》第2卷,第103页。

〔8〕同上,第103—104页。

〔9〕 《列宁全集》第 38 卷,第 181 页。

〔10〕 《马克思恩格斯选集》第 1 卷,第 105 页。

〔11〕 同上,第 106 页。

〔12〕 《马克思恩格斯选集》第 2 卷,第 103 页。

〔13〕 同上,第 104 页。

〔14〕 李秀林等主编:《辩证唯物主义和历史唯物主义原理》,中国人民大学出版社 1990 年版,第 262 页。

〔15〕 参见梯利:《西方哲学史》,商务印书馆 1995 年版,第 283 页。

〔16〕 同上,第 283—284 页。

〔17〕 卡西尔:《启蒙哲学》,山东人民出版社 1988 年版,第 3—4 页。

〔18〕 霍布斯:《论物体》,见《十六——十八世纪西欧各国哲学》,商务印书馆 1975 年版,第 90 页。

〔19〕 洛克:《人类理解论》,见《十六——十八世纪西欧各国哲学》,商务印书馆 1975 年版,第 366 页。

〔20〕 参见邹化政:《〈人类理解论〉研究》,人民出版社 1987 年版,第 60 页。

〔21〕 莱布尼兹:《人类理智新论》,见《十六——十八世纪西欧各国哲学》,第 503 页。

〔22〕 参见邹化政:《〈人类理解论〉研究》,第 60 页。

〔23〕 同上,第 61 页。

〔24〕 《马克思恩格斯选集》第 3 卷,第 564 页。

〔25〕 培根:《新工具》,商务印书馆 1984 年版,第 10 页。

〔26〕 同上。

〔27〕 参见王天成:《创造思维理论》,吉林教育出版社 1989 年版,第 7 页。

〔28〕 参见伽桑狄:《对笛卡儿〈沉思〉的诘难》,商务印书馆 1963 年版,第 75 页。

〔29〕 参见《十六——十八世纪西欧各国哲学》,商务印书馆 1975 年版,第 179 页。

〔30〕 参见《外国哲学史研究集刊》第 5 辑,上海人民出版社 1982 年版,第 14 页。

〔31〕 黑格尔:《哲学史讲演录》第 4 卷,商务印书馆 1983 年版,第 271 页。

第七讲

小我与大我

"我"的自我意识

"我"与社会

"我"与历史

"我"的独立性与依附性

"我到底要什么"与"我们到底要什么"

上一次我们讲感性和理性的关系问题,大家能够感受到这个问题本身是很复杂的。但是我想,要理解哲学意义上的感性和理性的关系问题,最重要的是要理解哲学问题是一个什么样的问题。

哲学是一种理论化的世界观。世界观是把人和世界的关系作为一种反思的对象,它是理解和协调人与世界关系的理论。因此,全部的哲学问题,我们可以把它归结为一个问题,人与世界之间的关系问题。那么,现实的人同世界的关系是什么关系呢?就是主体与客体的关系。在这里,人同世界的关系不是一种自在的关系,它是以人作为主体而构成的现实的主体与客体的关系。主体与客体的关系,是人与世界关系的现实存在形式。一旦理解了这个问题,就不仅要遇到我们上一次所讲的感性和理性的关系问题,而且还要遇到我今天要给大家讲的"小我与大我"的关系问题。

感性和理性的关系问题,它是把作为个体之我的内在矛盾揭示出来,再去反思主体同客体的关系。但是主体和客体的关系是以主体的逻辑的先在性为前提的,所以我们只有把握了主体的内在矛盾,才能够深入地全面地去理解主体和客体的关系。

那么我们怎么理解主体和客体的关系呢?首先,我们把主体当做一个个体之我来看的时候,那么这个作为个体的主体,马上向我们展现出来一对基本的矛盾,感性和理性的矛盾。人类的每个个体,都既是感性的存在,又是理性的存在,人作为一个感性的和理性的矛盾相统一的存在,在同他的对象构成主体与客体关系的时候,客体的或者说世界的整个的矛盾的丰富性就呈现出来了。如果你不能够理解主体自身是一个感性和理性的矛盾,你就会把主客关系简单化了、抽象化了。一旦我们意识到了主体是感性和理性的矛盾的时候,感性与理性的矛盾所把握到的客体的现象与本质、个别与一般、偶然与必然、有限与无限的无限丰富的矛盾就展现出来了。

在主体和客体的矛盾当中,我们去把握那个客体,客体首先就被我们把握为存在与非存在的对立统一了。因为对于人的感性来说的存在,对于理性是非存在。对于人的理性来说的存在,对于人的感性来说是非存在。所以,当着主体以自己的感性和理性去把握经验客体,另一对矛盾就出现了。什么矛盾?我们感性把握到的经验客体永远是一个现象形态的存在,而我们理性所把握到的经验的客体永远是一个本质的存在。因此在主体的感性和理性的矛盾的存在当中,客体也被把握为一个现象与本质对立统一的存在。人的感性把握的客体,永远是一个个别的、特殊的存在,而人的理性所把握的客体,永远是一个一般的、共性的存在,所以在人的感性和理性的矛盾当中,经验的客体被把握为个别与一般、特殊与普遍对立统一的存在。我们的感性所能把握到的经验对象的存在,永远是一个有限的存在,而我们的理性所把握到的经验客体,可以在思维的至上性当中把它把握为一个无限的存在,所以在主体的感性和理性的矛盾当中,客体被我们把握为一个有限与无限的矛盾统一的存在。确定性与非确定性、终极性与有限性、相对性与绝对性,我们所有把握到的关于这个经验的客体,或者说关于世界的矛盾的存在,都在主体的感性和理性的矛盾当中得到了合理的解释。这就是我上一次跟大家讲的那么多的内容。

这个需要大家去认真思考,不要孤立地说,上一次讲的是感性和理性的矛盾,同主体和客体就不联系了,这就不行了。实际上是人和世界的关系,现实地表现为主体和客体的关系。而主体作为一个个体的存在,它是感性和理性的矛盾,它的感性和理性的矛盾在把握经验客体的时候,构成了客体的一系列的矛盾,这就是我们上一次讲的内容。

我们今天要讲的"小我与大我",是把主体之我作为一个"大我"来揭示主体自身的矛盾的。大家都知道,马克思有一句名言,"人的本质在其现实性上是一切社会关系的总和"。人不是作为一个孤立的个体存在的,它是作为全部的社会关系存在的。人作为社会性的存在,表现了在主客关系当中的主体自身的矛盾,就是我作为"小我"和我作为"大我"的矛盾。

人与世界的关系,在其现实性上,是主体与客体的关系。主体本身,我们既可以把它作为一个"小我"来把握,又可以把它作为一个"大我"来把握。当我们把主客关系的主体作为一个"小我"来把握的时候,我们展现了每一个生命的个体都是这样一种矛盾的存在,感性与理性的矛盾的存在。当我们知道人之所以为人,在于他不仅仅是一个个体性的存在,他是全部社会关系的总和,所以这个主体,它本身是一个"大我"和"小我"相矛盾的存在。

"我"自身在我的自我意识当中,既是作为小我的存在,又是作为大我的存在,那么我作为小我和大我相统一的我,是一个社会性的存在,所以它构成了一个"我与社会"的关系。我作为全部社会关系的总和,是一个不断地发展着的关系,是一个历史的关系,所以对于"我"的理解,不仅需要从我与社会的同时态的关系去理解,而且需要从"我与历史"的历时态的关系去理解,因此,我今天讲的"小我"与"大我"的关系,主要给大家讲五个问题:第一个问题就是对于"我"的内在矛盾的分析;第二个,对"我与社会"关系的分析;第三个,对"我与历史"关系的分析或者说对"我"的历时态分析;第四个,在上述分析的基础上,探索"我"的独立性与依附性的矛盾关系;最后,第五个,在价值论的意义上,谈谈"我到底要什么"与"我们到底要什么"的矛盾关系。

一 "我"的自我意识

我首先来讲第一个小问题,就是对"我"的内在的矛盾的分析,或者说,我现在专门来分析这个"我"。

大家想一想,当我称呼我自己为"我"的时候,你说你是什么? 你不也同样用"我"来称谓你自己么? 所以在我的自我意识里边,同时就构成了一对矛盾:我关于我,当然我指的是作为个体的"小我",这毫无疑问的了;但是我同时就是指的作为人类的"大我",所以在我的自我意识当中,我的主体自我意识已经包含着一个最深刻的矛盾了,我不仅仅是指作为个体的我自己,我是指作为我们的人类。这里都蕴含着无限丰富的矛盾呀。

关于"我",辩证法大师黑格尔有一段颇为精彩的论述。他说:"因为每一个其他的人也仍然是一个我,当我自己称自己为'我'时,虽然我无疑地是指这个个别的我自己,但同时我也说出了一个完全普遍的东西。"[1]

黑格尔的论述提示我们:"我"是个别与普遍的对立统一。从个别性看,"我"是作为独立的个体而存在,"我"就是我自己;从普遍性看,"我"又是作为人类的类分子而存在,"我"又是我们。作为个体性存在的"我"是"小我",作为我们存在的"我"则是"大我"。"小我"与"大我"是"我"的两种存在方式。由于"大我"具有明显的层次性,诸如家庭、集体、阶层、阶级、民族、国家和人类,因此又构成多层次的"小我"与"大我"的复杂关系。正是这种多层次的复杂关系,构成了人的无限丰富的社会性内涵。

"我"当然首先是作为个体的"小我"而存在的。这正如马克思所说,"任何人类历史的第一个前提无疑是有生命的个人的存在"。[2]没有作为个体生命的人的存在,当然不会有人类和人类的历史。但是,人的生命个体之所以能够作为"人"而存在,却又是因为每个人都是作为人的"类"分子而存在。由此便形成以"小我"与"大我"的关系为内容的个体性与普遍性、独立性与依附性、个人利益与整体利益、价值取向与价值导向、价值认同与价值规范等等的矛盾关系。这些矛盾关系又构成了对人类的生存与发展具有重大意义的伦理道德问题、价值规范问题、政治理想问题、社会制度问题、社会进步问题和人类未来问题。

  人在把握对象世界的时候,它本身就是作为小我与大我的对立统一来构成主客体关系的。在这个小我和大我的矛盾当中,就出现了一系列更深刻的矛盾。人对世界的认识,它不是一个简单的感性和理性的矛盾,它蕴含着认知、价值、审美或者说知、情、意或者说真、善、美全部的矛盾。我就给你举一只粉笔,那得有多少包括认知的、审美的、价值的判断在里边,无限丰富的矛盾关系在里边。那么为什么会有这么多丰富的矛盾关系呢?那就是因为,虽然我是作为个体的小我去认识对象,但是我是作为全部社会关系的总和,我是作为人类文明的结果,我是作为"大我"在认识。如果"我"不是作为"大我"去认识,如果"我"不是人类文明的结果,"我"对世界的关系,不就和动物对世界的关系一样了吗?"我"还能从认知判断、价值判断和审美判断的统一中去把握这支小小的"粉笔"吗?"我"还能用"概念"、"范畴"这些人类认识的"阶梯"和"支撑点"去认识世界吗?想一想!只要我作为"人"去认识世界,其实"我"就既是作为"小我",又是作为"大我",去认识世界的。人的实践活动更是如此。只要人同世界发生关系,每个人就既是作为"小我",又是作为"大我",同世界发生关系的。

  在人同世界的现实的主客体关系当中,我们从总体上可以给它分解为两个方面的矛盾,一方面,我们从主体作为个体的存在,来思考感性和理性的矛盾;那么另一方面,我们从人作为一个大我,作为一个类的存在,我们来思考小我与大我、个体与类、我与我们之间的矛盾,这就更加有意义了。按照冯友兰先生的说法,哲学是对人生的有系统的反思,那么这个就切实地进入到人究竟是一种怎样的存在的问题。人类存在的最直接的矛盾就在于,人既是一个小我的个体的存在,又是一个类的大我的存在,所以"我"就构成了整个社会的全部矛盾的丰富性。

这样一种小我和大我的矛盾,是以我的主体自我意识为前提的。人得首先有主体的自我意识,我的自我意识,你才能够自觉到这些个矛盾关系。在鲁迅的小说中,那个尽人皆知的阿Q,挨了一顿打还不知道为什么,问他姓啥,不知道姓啥,最后剩下来的就是在临死前担心那圈画得圆不圆。鲁迅非常深刻,实际上表现的就是人的主体自我意识的失落。人要有我的自我意识,他首先就必须确认到大我与小我之间的关系,他才能够理解我自身的存在。

两千多年来的人类的哲学思想,不管是西方的还是中国的,它面对的第一个问题就是,人自身的个体性与普遍性的关系。在人类存在的历史当中,有两种最基本的人类存在的状态:一种是"没有选择的标准的生命中不堪忍受之重的本质主义的肆虐",另一种是"没有标准的选择的生命中不能承受之轻的存在主义的焦虑"。那么为什么会构成这样两种存在状态呢?为什么有的时候它是"不堪忍受之重"呢?为什么有的时候它是"不能承受之轻"呢?就在于个体性与普遍性的矛盾。当着我们用普遍性去压抑、扭曲、阉割、取消个体性的时候,人们是一种怎样的存在?是一种生命之中不堪忍受之重的存在么!在这种状况下,你感觉到的是什么?是一种本质主义的肆虐!那么反过来看,当着我们用个体性去消解了、取代了、拒斥了普遍性的时候,你感到什么了?生命中不能承受之轻!所以我们用一个哲学的语言把它叫做什么?存在主义的焦虑!西方的存在主义哲学说,存在主义哲学之前的全部哲学都是本质主义的哲学,只有存在主义才是存在主义哲学,而存在主义哲学却又陷入了"没有标准的选择"的焦虑。这个东西跟历史有关,跟人类的"文化"有关。

在小我和大我的矛盾当中,最基本的最普遍的矛盾就是个体性与普遍性的矛盾。这种矛盾不是抽象的,它深刻地体现在人类的"文化"之中。

文化自身有一种倾向,什么倾向呢？就是概念表达的单一性。人要用概念去表达存在的时候,就有一种危险性。人们用普遍性去消解了个体性,一旦我们用普遍性消解了个体性,把个体性全部归结为一个普遍性的时候,个体性没了。所以马克思说,每个人的全面的自由发展,是与一切人的全面的自由的发展分不开的。你不能离开每个人的个人的自由的全面的发展去说一切人的全面自由的发展。人类文化的巨大的危险性就在于,两千多年来,它是以普遍性去阉割了、取消了、淹没了个体性。不仅仅是传统社会是这样的,现代社会同样存在着这种巨大的危险性。西方马克思主义的代表人物马尔库塞,写了非常有名的那本书,《单向度的人》,就是专门批判美国这个发达的工业社会。美国最大的问题仍然是以普遍性淹没个体性。所以你看所谓后现代主义的哲学家们福柯、德里达、罗蒂、利奥塔,他们所要求的就是消解普遍性对个体性的压抑。作为个体的小我和作为类的大我,它构成了个体性和普遍性的矛盾,这可以说是人类历史中的最重要的矛盾,其他的矛盾可以说是由它延伸或派生出来的。这是它的第一对矛盾,个体性与普遍性的矛盾。

哲学是"思想中的时代",古代哲学、近代哲学和现当代哲学分别以理论的方式表现了人的个体性与普遍性的矛盾。我们学习哲学,就是在理论的层面上深化对个体性与普遍性的理解。从总体上说,西方近代以前的哲学,是以理论的方式表现了一种"没有选择的标准的生命中不堪忍受之重的本质主义的肆虐",也就是以理论的方式表现了普遍性对个体性的压抑,但同时又以理论的方式表现了人类对个体性与普遍性辩证融合的向往与追求,表现了人类对崇高的期待与承诺,这特别集中地表现在作为传统哲学集大成的黑格尔哲学之中。

黑格尔对现实的个体理性和历史理性进行了耐人寻味的"消解":其一,黑格尔提出,思维的主体并不是"能思者",而是"能思者的思维"。这样,他就把思维的主体由个体的思维转换成人类的思维,用人类思维的普遍性去

"消解"个体思维的有限性。其二,黑格尔又提出,思维的历史并不是历史地形成愈来愈丰富的思维规定,而是思维的"全体自由性"与"各个环节的必然性"的统一过程。这样,他就把思维的历史性转换成精神的历程性,用人类精神历程的内在性去"消解"认知过程的外在性。通过对个体理性和历史理性的双重"消解",哲学以理论形态所表征的人类对崇高的追求,在黑格尔这里就变成了作为普遍理性的"绝对精神"的自我运动和自我认识。

具体地说,用人类思维的普遍性消解个体思维的有限性,用精神历程的内在性消解认知过程的外在性,黑格尔就以思维自我异化的方式形成了"绝对精神"作为崇高的存在、标准和实现的"三位一体":崇高的存在就是既超然于个体理性和历史理性之外、又内在于个体理性和历史理性之中的"绝对精神";崇高的标准就是作为普遍理性的"绝对精神"的自身存在和自我认识;崇高的实现既是个体理性认同普遍理性、与普遍理性辩证融合的精神历程,也是普遍理性自我运动、展现为各个环节的历史理性的逻辑进程。个体理性认同普遍理性的精神历程与历史理性展现普遍理性的逻辑进程的统一,就是黑格尔的"绝对精神"作为崇高的存在、标准和实现的统一。科尔纽在《马克思的思想起源》中说,"不幸和努力是结合在一起的,没有这种结合,就没有深刻的生活。基督的形象就是这种结合的象征。这一思想构成了黑格尔体系的基础"。

值得深思的是,哲学界长期以来主要地并不是从"这一思想"去理解和评价黑格尔哲学,而是致力于批判黑格尔哲学的"理性的狂妄"(如现代科学主义思潮)、"理性的冷酷"(如现代人本主义思潮)或"理性的抽象"(如国内通行的哲学原理和西方哲学史教科书)。这些批判是必要的和重要的,但是,由于现代哲学的众多流派仅仅着眼于对黑格尔的极端理性主义或极端逻辑主义的批判,并因而仅仅把黑格尔哲学归结为"泛逻辑主义"或"理性的放荡",却造成了 20 世纪的哲学理性的精神困倦(尽管这只是其中原因之一)。

应当而且必须看到,黑格尔关于个体理性认同普遍理性、历史理性展现普遍理性的"这一思想"，既是极其荒谬的——它导致了哲学的彻底的唯心主义和崇高的彻底的异化形态，又是极为深刻的——它提供了哲学的辩证的思维方式并提示了追求和实现崇高的新的道路。这条新的道路就是以"类主体"（而不是黑格尔的"普遍理性"即"绝对精神"）的方式去实现"每个人"的全面发展（而不是黑格尔的"个体理性"与"普遍理性"辩证融合的精神历程）。这条新的道路，是马克思开辟的。我们应当从马克思开辟的哲学道路去思考个体性与普遍性的统一问题。

二 "我"与社会

"大我"和"小我"的矛盾，应当从两个不同方面描述，一个是我与社会的"同时态"描述，另一个是我与历史的"历时态"描述。这两种考察，同样是对于"我"的矛盾的分析，是把"小我"与"大我"的矛盾展现为横向的"我与社会"的关系，以及纵向的"我与历史"的关系。

研究任何问题，方法是至关重要的。我们在分析我的内在矛盾，特别是把我的内在矛盾诉诸"我与社会"和"我与历史"的关系的时候，从我个人来说，是非常自觉地借鉴了索绪尔《普通语言学教程》里边所提出的一对范畴，以及与此相适应的分析的方法。在《普通语言学教程》里边，索绪尔提出来了一对范畴，就是"同时态"与"历时态"。我觉得这对于我们分析任何问题，特别直接地是分析社会历史问题至关重要。"小我和大我"的矛盾，它现实地展开为一种"同时态"的结构关系和一种"历时态"的发展关系。

小我和大我的矛盾在"同时态"上，表现为"我同社会"之间的关系，而我同社会之间的关系，直接地是表现为我与他人的关系。我与他人的关系，立即就出现了一个深刻的矛盾，那就是，在我与他人的关系当中，有两种最基本的关系，一种我们把它称之为互主体关系，或者说叫做主体际关系，主体间关系；另一方面，我作为小我和大我的矛盾，它又是一个互主客体关系，互为主客体关系。

　　我同其他的存在物之间的关系是主客关系,而我同他人的关系既是互主体关系,又是互主客体关系。所以这个问题就比较复杂了。人作为主体同世界构成主客体关系,那么人自身作为主体,分裂为小我与大我的对立统一。在这种小我与大我的对立统一当中,它直接地表现为我同他人之间的关系。我们前边说了,黑格尔讲的,当着我称呼我自己是我的时候,虽然我直接指的作为个体的我自己,但是我同时也就说出了一个完全普遍的东西,你也是"我"! 我们都是"我",在这个意义上我们是什么? 我们是互主体。我们都是主体。但是另一个方面,我又把你作为我的客体来对待,所以在这个我同他人的关系当中,同时具有两种关系,这就是互主体关系和互主客关系。如果我们把我同他人的关系仅仅理解为、把握为一种互主客关系的话,我们会是一种什么样的存在? 我们有一种互主体的理解的时候,我们又是一种怎样的存在? 我们理解了我与他人的这种矛盾,我们才有可能去展现我与社会之间的丰富的矛盾关系。

　　"我与社会"之间的丰富的矛盾关系,它直接地呈现为第一个层次,那就是在现实生活中的三种最基本的关系:血缘关系,地缘关系和职缘关系。大家想一想:人作为一个有生命的存在,他首先必然构成一种直接的血缘关系;而我们作为一种生命的活动的存在,必然要有自己存在的时空,所以相应地构成了一种地缘关系;那么人作为一种在特定的生产方式当中的存在,必然又构成一种职缘的关系。无论是在哲学的意义上,还是在社会学的意义上,这种血缘关系、地缘关系和职缘关系都是值得我们深入思考的。

　　关于这方面的基本情况,南开大学哲学系王南湜教授在他的《从领域合一到领域分离》一书中,做出很好的概括,我在这里借用他的概括,来分析"我与社会"之间这三种关系。

　　人类的各种共同体的共同作用,是将各个个人结合起来,保持在一种直接的依赖关系之中,从而保证社会秩序的存在。在不同的条件下,将各个个人结合起来的方式必然也会不同,这种不同就造成了各种共同体之间的差别。这种差别主要取决于各种将个人结合起来的方式中各自所能加以利用的组织资源。就此而言,这类共同体可能有三种存在形式:血缘共同体、地缘共同体和职缘共同体。

我们先来看血缘关系。血缘共同体是一种最为古老的社会组织形式。由于血缘关系是一种完全天赋的自然关系,同一血缘的人之间存在着一种自然的亲密感情,血缘群体中又存在着一种自然的差等关系,因而,人们极其自然地利用这些现成的天然资源去建立自己的社会关系。源于同一血缘的自然亲密性提供了保持一个共同体所必需的先天同一性,而存在于其中的自然差等关系又为建立共同体所必需的内部差序关系提供了现成的基础。这些条件使得借助于血缘关系而建立共同体成为最为简便易行、最为成本低廉的社会组织方式。正因如此,血缘共同体就具有了最为顽强的生命力。

我们再来看地缘关系。地缘关系是另一类可资利用的组织资源。借助血缘关系构成共同体固然有诸多便利之处,但在血缘组织遭到破坏或不易保持的情况下,人们便必须寻找其他可以利用的资源去构成共同体,以保证社会秩序的存在。在农业社会中,以土地为基本生产资料的农业生产,决定了在同一块土地上耕作和比邻而居的人们之间自然地存在着一种互助性的亲密关系。这种地缘关系虽不及血缘关系来得深切牢固,但在血缘关系不能保持的情况下,地缘关系就成为惟一可利用来建构共同体的现成资源。

血缘关系和地缘关系作为组织资源,主要是存在于以农业生产为根基的农村地区,而在较大城市中则往往不能存在。城市作为工商业集中地,具有农村地区不具有的由于从事共同的职业而产生的密切关系即职缘关系。职缘共同体主要有同行社团和单位两种基本样式。前者存在于自然经济社会的城市中,后者则存在于计划经济社会的城市中。同行社团在各个自然经济社会中都普遍地存在。计划经济条件下的单位,是另一种职缘共同体样式。在计划经济条件下,城市中生活的人们一般很少血缘关系,地缘关系由于职业的分别也很少起作用,而职缘关系则由于种种条件而获得极大的发展。单位对于个人生活而言,在很大程度上有如家庭所起的作用,一方面,为个人提供保护,对个人的生、老、病、死,吃、穿、住、行全面负责;另一方面,又限制个人之间的可能导致两极分化的自然竞争。单位在很大程度上的政企合一性质,使其能更有效地对个人实施支配。

我们这里只是概括性地分析一下人与他人之间的血缘关系、地缘关系和职缘关系。尽管这种分析是简单的,但我们也能初步体会到"小我"与"大我"在"同时态"结构中的错综复杂的矛盾。

作为同时态分析的第二层,就是在人的全部关系的社会生活当中,可以把它作一个高度的概括,这就叫做经济关系、政治关系和文化关系。这三种关系是互动的。

在非市场经济的状态下,无论是传统的自然经济,还是我们搞了几十年的计划经济,只要它是非市场经济,它的一个突出的特点就是,人的经济关系、政治关系和文化关系的领域合一,而市场经济的一个突出的特征则是政治、经济、文化三个领域的相应的分离。这是历史的一个巨大的进步。我举一个切身的例子。我记得在80年代研究生有一场关于红、黄、黑的讨论。什么意思呢?那是叫做当官的路红通通,经商的路黄灿灿,搞学问的路黑洞洞。这正是表现了政治、经济、文化三大领域在现实中的矛盾关系。当时就叫做红黄黑的讨论。那么作为一个以市场经济为基础的现代社会,它的突出特点是政治、经济、文化三个领域的分离,所以现代社会才有三种精英,政治精英、企业精英、学术精英。我曾经作过一个不恰当的比喻,我说这三种精英构成了一个社会的三角,企业精英是做蛋糕的,政治精英是分蛋糕的,而学术精英是反思他们做得好不好、分得对不对的。所以学术精英是相对独立的,这个相对独立是以政治、经济、文化的三个领域的分离为前提的。人类社会是从原来的经济、政治、文化的合一走向市场经济条件下的相对的分离,这深刻地体现了人与社会关系的变革。

第三个层次,传统的哲学教科书在历史唯物主义部分,一般分析了阶级、国家,但是,它没有从这样一个家庭、单位、阶层、阶级、民族、国家、人类众多的层次进行分析。实际上作为"我与社会"的关系,它的层次是极为复杂的。我在这里只是作一个罗列，使大家能够感受到这个问题的复杂性，至于这里边的每个问题，都能构成一个非常重要的研究对象。比如说中国的"单位"现象。就是原来我们搞计划经济，它所形成的重要后果是个人作为单位的成员而存在。如果一个人没有单位了，就不好办了。现在出现了一个更加突出的概念，"阶层"。现在社会学研究的一个非常重要的理论，就是这种分层理论。改革开放以来出现的一个人们感到越来越突出的问题是什么？那就是阶层问题。

　　原来我们是把共同富裕设想为同步富裕，所以不会出现这样一种很鲜明的阶层现象。那么邓小平明确提出来，改革开放，要解决什么问题？贫穷不是社会主义，发展才是硬道理。而如何发展，从而实现社会主义的共同富裕呢？邓小平提出一个最基本的论断，这就是允许一部分人和一部分地区先富起来。这就突现了阶层问题。这样就构成了当代研究"我与社会"之间的关系的一个突出的现象。在当前关于社会主义市场经济中的分配问题的研究中，逐步地形成了一种共识，这就是把按劳分配与按生产要素分配统一起来，也就是把资金、技术、管理等等作为生产要素而参与分配。这样就进一步解决了哪些人先富起来，依靠什么先富起来的问题，并为实现共同富裕奠定了坚实基础。从这个角度看，我们就会从"小我"与"大我"的矛盾中去理解包括"阶层"等等在内的社会现象。我只是向大家作一下提示，就是对于小我和大我的矛盾，我们首先应当从同时态的角度去分析一下我与社会之间的矛盾，也就是对"我"的内在矛盾作一种结构性的分析。但是我个人更倾向于把这种结构的分析，诉诸一种历史性的考察。

三　"我"与历史

　　对于"我"的一种内在矛盾的历时态的考察，就是"我与历史"的关系。这点我认为是最重要的。我们原来都说，人是社会性的存在，意味着人是历史性的存在。没有人的历史性，构不成真正的人的社会性。这个非常重要。

马克思说,什么叫历史?他说,历史不过是追求自己的目的的人的活动过程而已。历史就是人追求自己的目的的活动的那个过程。那么在人追求自己的目的的活动过程当中,它首先形成了历史自身的这样一个内在的矛盾,什么呢?那就是马克思的一句名言,马克思说,人作为历史的经常的前提,它首先是历史的经常的结果。人只有作为历史的经常的结果,它才能成为历史的经常的前提。这是我们理解马克思的历史唯物主义的一个最根本的入口处。

什么是历史唯物主义呀?马克思的历史唯物主义认为,作为历史的那个真正的起点的人,是一个矛盾的存在。作为人类的历史,构成历史的主体的我,既是历史的经常的结果,又是历史的经常的前提。而我们之所以能够作为历史的经常的前提,是因为我们永远是历史的经常的结果。这就是历史唯物论。我们作为历史的经常的结果,是因为历史不仅仅给我们提供了生产力,而且给我们提供了生产关系和广义的社会关系。因为历史不仅仅是生产力的再生产,生产关系的再生产,而且是全部丰富的社会关系的再生产过程。大家想一想呀,你这才能理解"我"为什么能够成为主体呀!你能够成为历史的主体,因为你首先是历史的经常的结果。马克思有一篇非常有名的文章,叫《路易·波拿巴的雾月十八日》。开篇的第一句话是:人们自己创造自己的历史,但是这种创造活动,并不是随心所欲的,不是在他们自己选定的条件下进行的。马克思一下子就说出了历史的辩证法!历史就是人们自己的创造活动,但不是在你自己选定的条件下进行的,因而你不是随心所欲的。

所以对于我与历史的关系,首先要理解我在历史当中是一个辩证的存在,我既是历史的前提,我又是历史的结果,所以才构成了我与社会之间的丰富的矛盾关系,"我"才成为马克思所说的一切社会关系的总和。这些问题真正理解了,不仅仅是学问见长,而且你更会做人了。怎么在社会当中生活呀?首先就要理解你同历史的关系,你是一个历史的存在,这样你才能够一方面发挥自己的能动性、创造性,你又知道自己不是随心所欲的。

人作为历史的前提和结果,在这样的矛盾运动当中,我更加欣赏马克思所揭示的人自身存在的三种历史形态的理论。这样就把我的"小我和大我"的矛盾诉诸人的历史性的存在方式了。人作为历史的前提和结果,在他的历史运动当中,构成了马克思所说的三种存在方式,最基本的三种。马克思说,第一种,是以自然经济为基础的人的依附性的存在。几千年来的人的存在方式就是这样一种以自然经济为基础的人的依附性的存在。那么只有市场经济,它才改变了这种人的依附性存在。究竟什么是市场经济?市场经济是一种人的存在方式。那么市场经济是一种什么样的人的存在方式呢?马克思讲得极为精辟。马克思说,市场经济是一种以物的依赖性为基础的人的独立性的存在。超越市场经济,人的第三种存在形态,就是马克思所说的人的全面发展的自由人的联合体。

几千年来的自然经济,它是一个三位一体的东西,什么三位一体呢?就是经济生活的禁欲主义、精神生活的蒙昧主义和政治生活的专制主义。正是经济生活、精神生活和政治生活的这种三位一体,决定了每个人的存在方式,这就是人对人的依附性的存在!所以自然经济条件下的那种文化,本质上就是确立"神圣形象"。马克思说得同样精辟!自然经济造成了"人在神圣形象中的自我异化",就是,整个自然经济造成了一种人的"依附性"的存在,也就是每个人在这种神圣形象当中的自我异化。

那么市场经济相对于自然经济,是一个巨大的历史的进步。为什么?因为它在经济生活当中,反对禁欲主义,要求现实幸福;它在精神生活当中,反对蒙昧主义,要求理性自由;它在政治生活当中,反对专制主义,要求天赋人权。所以市场经济构成了三个基本取向的统一,这就是经济生活的功利主义的价值取向,精神生活的工具理性的思维取向,政治生活的民主法制的政治取向,这三种基本取向的统一。这种功利主义的价值取向、工具理性的思维取向和民主法制的政治取向,它确认了一种人的存在方式。市场经济条件下,人是一种"以物的依赖性为基础的人的独立性"的存在。

这种存在,它既是一种巨大的历史的进步性,又是一种巨大的历史的局限性。因为在市场经济当中,人的"独立性"必须是"以物的依赖性为基础"。这表明,市场经济是具有正、负两面效应的。所以我们才在当代中国的市场经济前面加上了四个字,"社会主义",那就是说,我们既要充分地发挥市场经济的积极的正面的效应,挺立人的独立性,发挥人的主动性、积极性、创造性,又要自觉地克服市场经济的负面效应。所以邓小平南巡讲话时就说,两手抓,两手都要硬,物质文明和精神文明一起建设。现在我们更加明确地提出,要展开物质文明、政治文明和精神文明的建设。市场经济在文化的意义上,发生了一个重大的变化,那就是,构成了马克思所说的人在"非神圣形象"中的自我异化。

什么是这里所说的"非神圣形象"? 什么叫做人在"非神圣形象"中的"自我异化"? 在"以物的依赖性为基础的人的独立性"的历史形态中,个人摆脱了人身依附关系而获得了"独立性",但这种"独立性"却是"以物的依赖性为基础"的。人依赖于物,人受物的统治,人与人的关系受制于物与物的关系,人在对"物的依赖性"中"再度丧失了自己"。于是,对"神"的崇拜变成对"物"的崇拜。马克思之所以说黑格尔哲学是以"最抽象的形式"表达了"最现实的人类状况",就是因为黑格尔哲学集中地表征了人在对"物的依赖性"中"再度丧失了自己"。

人自身的存在,在历史的发展过程当中,首先是一种以自然经济为基础的人的依附性的存在,近代以来又发展为以市场经济为基础的存在。按照马克思的理解,人类社会是要不断向前发展的。马克思认为,人的第三种存在形态,是以产品经济为基础的人的全面发展的社会。我认为这不是空想。前一段我写了一篇文章,题目叫做《解放的旨趣、历程和尺度》,中心是马克思的学说就是关于人类解放的学说,也就是关于人的全面发展的学说。在这个关于人的全面发展的学说当中,我认为蕴含着三个东西:一、解放的旨趣,也就是人类的理想之维的承诺;二、解放的历程,也就是人的解放过程的展现;三、解放的尺度,也就是观照人类历史的标准。人类的解放,人的全面发展,就是我们所追求的人的理想的存在形态。

这三种历史形态,它具体地展现在人的生活世界当中,所以我们人的生活世界,正好是表现了人的存在的方式,人的存在的形态。我们从原来的非市场经济进入到现在的市场经济,在人的生活世界的意义上,它发生了如下的重大的变化,我把它叫做非日常生活的日常化:一个是日常经验的科学化,一个是日常消遣的文化化,一个是日常交往的社交化,一个是日常行为的法治化,最根本的是农村生活的城市化。

大家想一想呀,当代中国在它从非市场经济转向市场经济,在它从前现代化转向现代化的过程当中,我们大家的存在方式究竟发生了什么变化?你不是按照日常的经验来进行日常生活,你是按照那种科学的规定来进行日常生活了,这不就是日常经验科学化吗?同时,你的日常消遣文化化了。过去你不外乎是侃大山,摆龙门阵呀,下盘棋呀,甩个扑克呀,现在你怎么样了?最起码卡拉 OK 了么。不然的话就是保龄球了,那更高级的还有"高尔夫"了。同样,你的日常交往社交化了。原来你跟谁交往呀?亲戚、朋友、邻居、同事,现在你跟谁交往?你和公安、税务、工商、银行、保险、消防各方面打交道,这不成了全部社会关系的总和了么?日常交往怎么样了?社交化了。你一旦日常交往社交化了,你怎么样了?日常行为法治化了。如果说你的行为,原来主要是受道德和纪律的约束,现在怎么样?主要是受法律约束么!所有这些"化",最根本的在什么地方?农村生活城市化了,所以整个社会就现代化了。那么正是在这个现代化当中,深刻地展现了作为"我"的大我和小我之间的深刻的矛盾。或者反过来说,"我"的内在矛盾,在一个现代化的层面上,得到了一种具有历史意义的展开。所以我们今天再来在哲学的层面上反思"我"的时候,就获得了一种现实的、历史的规定性。

四 "我"的独立性与依附性

由个体性和普遍性的矛盾,构成了直接的一对矛盾,就是人的独立性与人的依附性的矛盾。我作为主体,每个生命的个体,都必须具有它的独立性。然而人作为社会关系的总和,它必然具有一种依存性。那么这种独立性和依存性是什么关系呢?

前面我们刚刚谈到自然经济与市场经济。马克思说,什么叫自然经济?自然经济就是人对人的依附性。什么叫市场经济?市场经济就是人的独立性。当然马克思是给它前边限定了,以物的依赖性为基础的人的独立性。这就构成了一个深刻的矛盾,它蕴含的是个体性与普遍性的矛盾。汤因比在《历史研究》中就说,不管是何种制度,它都面对一个最根本的问题,个人利益与社会正义的矛盾。这就把它现实化了,实际上人们的价值判断都蕴含着这样的一个最基本的关系,个人利益与社会正义之间的矛盾。任何一个社会不都是处理这个关系么?罗尔斯也好,诺齐克也好,为什么现在西方政治哲学方兴未艾,如火如荼?因为它突现了个人利益与社会正义在当代社会中的矛盾。在我国,怎么解决社会的稳定问题?为什么要强化社会保障问题?就是要调解个人利益与社会正义之间的关系。所以这样一种小我与大我的矛盾,它直接地表现为个人利益与社会正义之间的矛盾。那么这里边的矛盾就多了,个人利益与集体利益的关系,暂时利益与长远利益的关系,许许多多的利益关系呀,都以小我与大我的个体性与普遍性的矛盾得到展开了。

这些矛盾构成了社会的价值规范与个人的价值认同、社会的价值导向与个人的价值取向、社会的价值理想与个人的价值追求等等的一系列的矛盾。我记得 60 年代,有一本苏联的小说叫做《你到底要什么?》它就把这个问题突现出来了,你到底要什么?"你到底要什么"蕴涵两个问题,一是"我"到底要什么?另一方面"我们"到底要什么?我们到底要什么?就是国家的、整个社会的这种价值的规范、价值的理想、价值的导向;我到底要什么?就是我个人的价值认同、价值取向、价值追求。这是无论中外,无论古今面对的最大的问题了。大家想一想,哲学绝不是远离世界之外的那样一种玄思和遐想,不是的!在那样一种抽象的、晦涩的、哲学的概念的游戏当中,蕴涵着整个时代的精神、人类的文明。大家如果这样去想,就会理解黑格尔说的,哲学是最敌视抽象的,哲学是最具体的,哲学是最现实的。只有在哲学的高度上,才能够深层地去把握人类现实的矛盾。

现在面对的所有矛盾,说到底就是小我与大我的矛盾。在小我与大我的关系里边,突出的是一个伦理道德的问题。所谓伦理道德问题是什么呢?就是小我与大我之间的关系。没有伦理,小我和大我的关系得不到规范;没有道德,小我和大我得不到一种自我的认同。伦理问题和道德问题不是一个问题,伦理是一个规范的问题,道德是一个自我认同的问题。接着就出现第二个问题了,法律规范问题。同样是协调小我和大我之间的关系的。第三个,那么它提出制度问题了。因为任何一种伦理、法律,都必然体现为一种政治制度来作为直接的规范。我们对于伦理道德的问题、法律规范的问题、政治制度的问题,都必须承诺一种价值判断和价值理想。我们怎么去设定、悬设、承诺一个理想的社会,那么这个问题就关系到了人类的未来问题。所以我们面对的整个社会历史的问题,都在小我和大我的关系当中,或者反过来说,我们所面对的社会历史问题,都不过是我作为小我和大我的矛盾的历史性展开。从我作为个体的小我和我作为类的大我之间的矛盾,我们能够引发出来全部的社会历史问题。

"我"是个别与普遍的对立统一。从个别性看,"我"是作为独立的个体而存在,"我"就是我自己;从普遍性看,"我"又是作为人类的类分子而存在,"我"又是我们。作为个体性存在的"我"是"小我",作为我们存在的"我"则是"大我","我"的存在既是独立性的,又是依附性的。

由于"大我"具有明显的层次性,诸如家庭、集体、阶层、阶级、民族、国家和人类,因此又构成多层次的"小我"与"大我"的复杂关系。正是这种多层次的复杂关系,构成了人的无限丰富的社会性内涵。正因如此,马克思说"人的本质并不是单个人所固有的抽象物。在其现实性上,它是一切社会关系的总和"。[3]

由于"我"既是"小我"又是"大我",由此带来了"小我"与"大我"的个体性与普遍性、独立性与依存性的矛盾。而在现代社会中,由于个人的自主性与社会的模式化的同步增加,愈来愈尖锐地凸现了人的独立性与依存性的矛盾。

在两极对立的思维方式中,或者以"大我"去淹没"小我",把"小我"变成依附性的存在,从而扼杀了"小我"的独立性;或者以"小我"凌驾于"大我",把"大我"变成虚设性的存在,从而取消了"小我"的依存性。然而,没有以独立性为前提的依存性,只能是扼杀生机与创造的依附;没有以依存性为基础的独立性,只能是陷入混乱与无序的存在。因此,我们必须改变两极对立的思维方式,以辩证法的思维方式去看待现代社会生活中的人的独立性与依存性的矛盾,真实地挺立主体的自我意识。

在论述人类历史的时候,马克思说:"任何人类历史的第一个前提无疑是有生命的个人的存在。"[4]没有作为个体生命的人的存在,当然不会有人类的历史。但是,个体生命的存在,并不是人的独立性。"自然界起初是作为一种完全异己的、有无限威力的和不可制服的力量与人们对立的;人们同它的关系完全像动物同它的关系一样,人们就像牲畜一样服从它的权力……"[5]在这种历史过程中,主体不是任何单个的个人,而只能是由一定数量的个体所构成的"群体"。个体之间只具有相互的"依存性",而不具有个人的"独立性"。这是一种个体单纯地依赖于群体的"人的依附性"。

个体对群体的依赖,实质上是人对自然的依赖。在以自然经济为基础的封建社会中,由于生产力水平的低下,人们对自然(首先是土地)的依赖,仍然决定了个人对以血缘关系和地缘关系为纽带的群体的依赖和依附。个人的独立性和个人的主体意识,不具有现实的基础。

以工业生产、科技进步、商品交换、自由贸易为主要内容的市场经济摧毁了以等级从属关系为主要形式的人身依附关系,形成了马克思所说的"以物的依赖性为基础的人的独立性",并不断地培植起个人的主体自我意识。"自我选择"、"自我表达"、"自我塑造"、"自我实现"等等,不仅是现代社会的时髦口号,也不仅是现代个体的普遍认同,而且也成为现代文明的基本标志。

中国传统哲学对人的定义是"仁者,人也"。"二人"方为人,人必在诸如君臣、父子、夫妻、兄弟、姐妹、朋友、邻里乃至尊卑、上下、左右、前后的"对应关系"中才成其为人。个人的自我意识,就是"关系"的自我意识,"角色"的自我意识,"地位"的自我意识,"责任"的自我意识,而独独排斥"自我"的自我意识。梁漱溟先生说中国人是"依存者"。这其实是由于自然经济造成的。对于这种"依附性的存在",有的学者曾从自主性、自为性和自律性三个方面进行分析。我把这个分析叙述如下。

这种依存性首先表现为缺乏自主性。俗话所谓"在家靠父母,在外靠朋友",这个"靠"字活脱脱地表现了自主性的匮乏与缺失。个人的升学、就业、婚恋似乎都不是由个人自主决定的事情,而必须"靠"别人的"参谋"、"指点"、"帮助"和"决定"。行为的主体变成了行为的客体。主体的自我意识变成了群体的依存意识。这不能不弱化主体的自我判断、自我选择和自我决策的能力,因而也不能不阻碍主体的主动性、积极性和创造性。

这种依存性又表现在缺乏自为性。个人行为的选择与成败,首先考虑的并不是个人的需要与情感,个人的现在与未来,而是群体的要求与期待,群体的现在与未来。个人失败了,便是辱没父母,愧对师长;个人成功了,则是光宗耀祖,衣锦还乡。于是乎,"一荣俱荣,一损俱损",甚至"一人得道,鸡犬升天"。这就是人的"依附性"所造成的自为性的缺失。

这种依存性又表现为缺乏自律性。个人的成就与荣誉,个人的失败与耻辱,均依赖于他人的评价。人们的行为成为他律的产物,而不是自律的结果。在人们的自我意识中,按照他人的意志办事既是最安全的,也是最有希望的,反之则是既危险又无希望的。这不仅造成了因循守旧,人云亦云,按长官意志办事,"惟上惟书"的普遍心理,甚至于出现所谓"说你行你就行,不行也行;说不行就不行,行也不行"的民谣。

这种缺乏自主性、自为性和自律性的"从众主义",并不是真正的"集体主义",而恰恰是一种消极形态的"个人主义"。从众主义和个人主义,都是把"集体"看做某种外部的、异己的力量。二者的区别在于,个人主义是以某种公开的、显著的甚至是极端的形式去损害集体利益而获得个人利益,而从众主义则是以某些隐蔽的、曲折的甚至是屈从的形式去获得个人的利益。

这种从众主义、媚俗主义,或者说消极、冷漠的个人主义,绝没有强化集体意识、集体精神和集体力量,也绝没有强化人与人之间的相互依存和相互合作,而恰恰是消极地破坏了集体意识、集体精神和集体力量,消极地瓦解了人与人之间的相互依存和相互合作。有句俗话叫做"一个和尚担水吃,两个和尚抬水吃,三个和尚没水吃",这形象地表达了个人缺乏自主、自为、自律的主体自我意识,表达了从众主义所具有的消极的、冷漠的个人主义的本质。因此,强化主体的自我意识,是强化主体的依存意识的前提。没有真正独立的主体,就没有真正的主体的依存。

在当代中国,强化主体的自我意识,实现主体的独立性与依存性的相互协调和同步发展,最根本的途径就是建立和健全社会主义市场经济。市场经济所实现的是"以物的依赖性为基础的人的独立性"。在市场经济中,人以物为基础而获得独立性,人的独立性又奠基于对物的依赖性。由此便造成了人的独立性与人的物化的双重效应。这就是市场经济的正、负两面效应。强调建立和健全社会主义市场经济,从根本上说,就是既充分发挥市场经济的正面效应,又有力地克服市场经济的负面效应。

首先,社会主义市场经济为确立个人的主体地位和强化个人的主体意识提供了经济前提。它把个人从对行政命令、长官意志、条块分割、人才垄断的"依附性"中解放出来,成为具有独立的主体地位的个人。

其次,社会主义市场经济否定了个人之间的等级特权关系,给每个人提供一个自由平等的竞争环境,从而使个人形成平等竞争的观念。同时,由于社会主义市场经济的平等竞争原则和效率效益原则,不断地强化了个人的能力本位意识,使每个人的能力得到越来越充分的发挥。

再次,社会主义市场经济不仅需要形成个人的独立性和个人的主体自我意识,而且需要形成以个人独立性为基础的真实的、全面的人与人之间的相互依存。人的社会交往的扩大,人的选择机会的增多,人的合作领域的拓宽,人的权利义务的增强,要求人们以开放的思维方式、健全的社会性格、良好的道德品质和积极的精神状态去适应各种社会环境、对待各种社会关系、参与各种社会活动、取得各种社会认同。"小我"必须在多个层面的、多种性质的"大我"中,才能获得和实现自己的独立性。主体的独立性与依存性,在一个健康的社会主义市场经济中,能够不断地相互协调、相互促进。

五 "我到底要什么"与"我们到底要什么"

个人与社会之间的矛盾关系,表现在社会的价值体系中,就构成社会的价值理想、价值导向和价值规范与个人的价值目标、价值取向和价值认同之间的矛盾,即社会的价值理想与个人的价值目标、社会的价值导向与个人的价值取向、社会的价值规范与个人的价值认同之间的矛盾。这是任何一个社会的价值体系中都存在的相互矛盾的两个基本方面。

社会的价值导向与个人的价值取向之间的矛盾,在其最本质的意义上,就是我在这里所说的"我们到底要什么"与"我到底要什么"的矛盾。作为复数的"我们",是代表社会所提出的价值要求,即我们这个社会所要求的到底是什么;作为单数的"我",则是表明个体所提出的价值要求,即我这个个体所要求的到底是什么。因此,所谓的"价值导向",就是以社会的名义所提出的价值要求,又以社会的名义引导每个个体认同这种价值要求;所谓的"价值取向",则是基于个体的价值要求,对社会的价值要求的认同或拒斥的基本态度。

在社会的价值导向与个人的价值取向的矛盾中,我们首先必须注意的是,不能把"社会"当做抽象的东西而与个体对立起来。个体是社会的存在物。人的个体生活与整体的社会生活,是相互融合的,个体生活总是以某种方式表现了整体的社会生活,整体的社会生活也总是以某种方式蕴涵于各不相同的个体生活。这表明,社会的价值导向,总是形成于具有普遍性的个体的价值取向,因而才有可能反过来去"引导"个体的价值认同;同样,个体的价值取向,也总是蕴涵着某种社会的价值要求,因而也才有可能去"认同"社会的价值导向。

在社会的价值导向与个人的价值取向的矛盾中,我们还必须注意的是,这种"导向"与"取向"的矛盾关系是在动态的实践过程中构成的,而不是某种既定的、僵化的关系。在人类的历史进程中,每一代人都是历史的"前提",又是历史的"结果"。作为历史的"前提",每一代人都首先必须是上一代人的"结果";而每一代人作为上一代人的"结果",又同时构成下一代人的"前提"。这种历史进程中的"前提"与"结果"的矛盾,在价值观的意义上,就构成了社会的价值导向与个人的价值取向的动态的矛盾关系。现代哲学解释学认为,每个个人都存在一种"历史视野"与"个人视野"之间的"张力",即:一方面,每个个人总是要在历史中接受从过去承继下来的"文化",另一方面,每个个人又要在自己的生活境遇中更新理解的方式,从而在个人的理解中构成既源于历史、又超越历史的新的理解。具体地说,个人的价值认同,并不是现成地接受,而是创造性地接受,因而使价值导向的方向、内容与形式都呈现为历史过程中的存在。这就要求我们从社会的价值导向与个人的价值取向的矛盾运动中去探讨价值观的内在矛盾。

在社会的价值导向与个人的价值取向的矛盾关系中,社会的价值导向是矛盾的主要方面,它从总体上规范个人的价值取向。这个基本特点,首先表现在个人价值取向的社会性内涵上。理解这一点,对于坚持社会的价值导向是十分重要的。

从社会现象上看,社会中的每个个人的价值目标及其价值取向总是千差万别、千变万化的,似乎每个个人的价值取向只是取决于个人的利益、欲望、兴趣、情绪甚至是嗜好等纯粹与个人相关的因素。因此,人们往往把个人价值取向的基本特性视为主观性、任意性和随机性。所谓主观性,就是认为个人的价值取向取决于个人的主观意愿,个人愿意选择哪种价值目标,就选择哪种价值目标。比如,我喜欢唱歌所以我学声乐,我喜欢绘画所以我学美术,我热爱自然所以我学生物,我喜欢无拘无束所以我游手好闲,如此等等。

所谓任意性,就是认为个人的价值取向可以随意改变,今天选择这个价值目标,明天就可以选择那个价值目标。比如,我今天"跟着理性走",认真钻研理论,明天我就"跟着感觉走",听天由命,如此等等。所谓随机性,就是认为个人的价值取向的选择与改变,完全可以脱离社会的各种条件的制约,只是个人的随机的选择与变更。比如,我今天认同"理性"而明天认同"感性",这只是个人的任意的选择,如此等等。

然而,如果我们透过每个个人的千差万别、千变万化的价值选择,我们就会发现:个人的价值目标总是"取决"于社会的某种价值理想;个人的价值取向总是"取向"社会的某种价值导向;个人的价值认同总是"认同"社会的价值规范;个人的价值选择总是"依据"某种社会的价值标准。这表明,在社会的价值体系中,个人的价值目标、价值取向、价值认同和价值选择,总是具有社会性内涵。

个人价值取向的社会性内涵,主要表现在个人的价值取向中的社会内容、社会性质和社会形式这样三个方面:(1)从个人的价值取向的内容上看,总是具有社会性质的社会正义、政治制度、法律规范、道德伦理、人生意义等问题,而绝不是没有社会内容的所谓纯粹的个人问题;(2)从个人的价值取向的性质上看,总是具有社会性质的真与假、善与恶、美与丑、集体利益与个人利益、整体利益与局部利益、长远利益与暂时利益等问题,而绝不是与社会无关的所谓纯粹的个人问题;(3)从个人价值取向的形式上看,总是要表现为作为社会意识形式的宗教、艺术、伦理、科学和哲学,而绝不是与社会意识形式无关的所谓纯粹的个人表现。

改革开放以来的中国,正处于从"计划经济"到"市场经济"的社会转型的过程中,人的存在方式及其自我意识正在这种社会转型过程中发生深刻的变化,不可避免地形成相互冲突的社会心理和社会思潮,从而也形成了各不相同的个人价值取向。然而,透过这些五花八门的个人价值取向,我们却可以发现蕴涵在这些价值取向中的社会性内涵。比如,在建设社会主义市场经济的过程中,一种所谓"耻言理想、蔑视道德、拒斥传统、躲避崇高、不要规则、"怎么都行"的社会思潮正在引起人们的困惑与忧虑。对于这种社会思潮,我们可以发现在个人的价值取向中所包含的社会内容、社会性质和社会形式:首先,理想、道德、传统、崇高、规则,它们都具有显著的时代性的社会内容,人们对它们采取何种态度,或者说"取向"什么,是对时代性的社会内容采取何种态度的反映;其次,在理想、道德、传统、崇高、规则当中所蕴涵的正是具有社会性质的真善美与假恶丑、理想主义与功利主义等问题,人们对理想、道德、传统、崇高和规则的态度,表现了人们对真善美与假恶丑的态度;最后,人们对理想等等的态度,总是表现在人们的各种社会意识形式之中,即总是表现为人们的宗教信仰、艺术情趣、科学精神和哲学意识之中。正是由于个人的价值取向具有不可逃避的社会性内涵,因此,社会的价值导向才能够对个人的价值取向起"导向"的作用。

社会的价值导向,是以其时代性的社会内容、普遍性的社会性质和可操作性的社会形式去表达社会的价值理想和价值规范,引导个体"认同"和"取向"社会的价值理想和价值规范。社会生活表明,个人的价值取向的总体趋向,总是取决于社会的基本的价值导向;而个人的价值取向的困惑,则总是根源于社会的价值坐标的震荡;因此,解决个人价值取向问题,最根本的是解决社会的价值导向问题。通俗地说,要解决"我到底要什么"的问题,关键是要解决"我们到底要什么"的问题。如果"我们到底要什么"扑朔迷离,"我到底要什么"必然是模糊不清。

"我们到底要什么?"这是当代中国面对的根本性问题,也是理论界应当予以回答的重大问题。这就是确认当代中国的价值理念,并从而确定相应的社会价值导向的问题。在改革开放的实践过程中,我们愈来愈自觉到,"贫穷不是社会主义","发展才是硬道理"。"发展",正在成为当代中国的基本的价值理念,并从而正在成为当代中国的基本的价值导向——引导全体人民把自己的价值追求定位在"发展"上。这应当是我们在当代中国对"小我"与"大我"关系的现实性理解。

注　释

〔1〕　黑格尔:《小逻辑》,第 81 页。

〔2〕　《马克思恩格斯选集》第 1 卷,第 24 页。

〔3〕　同上,第 18 页。

〔4〕　同上,第 24 页。

〔5〕　同上,第 35 页。

第八讲

理想与现实

超越性的存在

需要的层次

马克思的社会理想

关于"主体与客体"之间的丰富的矛盾关系,我们主要讲了两个方面:第一个方面,主体作为"个体"来说,它既是一种感性的存在,又是一种理性的存在,因此在人的"感性与理性"的矛盾当中,就构成了主体对客体的无限丰富的关系;第二方面,作为主体的人,自身就具有双重性:一方面,主体是作为个体的我而存在的,同时又是作为"类"而存在的,也就是说主体是作为"小我"与"大我"的对立统一而存在的。但是,除了"感性与理性"、"小我与大我"的关系之外,现实的、真实的主体与客体的关系,更重要的是今天我要跟大家讲的,"理想与现实"的矛盾。

一 超越性的存在

人既是一个现实性的存在,又是一个理想性的存在。但是,我们往往把理想与现实这对范畴想得很简单,似乎"现实"就是现在看到的这个样子,"理想"就是我们想让它成为一个什么样子。其实,"理想"是人的存在方式、活动方式。我们需要从人的存在方式去思考理想与现实的关系。

大家看我的那本《超越意识》,劈头第一句话我就写道,"人是世界上最奇异的存在——超越性的存在"。人是一种超越性的存在,超越其所是的存在,是一个创造性的存在。这种超越性的、创造性的存在,意味着人是一个理想性的存在。

世界就是自然,它存在得自然而然。但是从自然中生成的人类怎么样?它需要认识自然,改造自然,把自然变成对人来说是真善美相统一的存在。这就是人对世界的超越么!那么同样的,人生也是一个自然。它自然地生,自然地死,生和死都自然而然。但是,人却要去认识人生的意义和价值,把人生变成"有意义"、"有价值"的人生,这不就是人对于人生的超越么!正是在这种双重的意义上,人要创造一个理想的世界、理想的人生,因此人是一种理想性的存在。

人是一种超越性的、创造性的、理想性的存在。那么这种人的理想性的存在,它不是空泛的、抽象的一个命题或者判断,它具有丰富的内涵,直接地表现为人类实践活动的超越性。这种实践活动的超越性,它的内涵是人类精神活动的超越性。这种实践活动、精神活动的超越性,具体地表现出来的是一个文化活动的超越性,它构成的是一种人自身的生活境界的超越性。这种生活境界的超越性体现的是一种价值追求的超越性。所以,人的理想性,或者说理想与现实的关系,就是实践活动的超越性、精神活动的超越性、文化活动的超越性、生活境界的超越性和人的价值追求的超越性所构成的人与世界之间的关系。

首先我们分析作为人的存在方式的实践活动的超越性。实践活动,它表现了人同世界的一种特殊的关系,这就是人与世界之间的否定性的统一关系。在这种否定性的统一关系当中,它造成了世界本身的二重化,也造成了人自身的二重性,以及作为人的发展进程的历史的二象性。

在关于"生存与生活"的第二讲中,我们曾经谈到,动物是一种"生存"的生命活动,而人则是一种"生活"的生命活动。如果从"人与世界"的关系去看,"生存"与"生活"的区别,就在于动物的"生存"活动是一种纯本能、纯自然的活动,所以它表现的是动物与世界的直接的肯定的关系,也就是动物在它的自然而然的活动中实现动物与世界的统一。与此相反,人的"生活"的生命活动,恰恰是一种超越自然的活动,改变自然的活动,把自然而然的世界变成人所要求的世界,把理想变成现实的活动。这种把现实变成人所要求的理想的现实的活动,不就是对世界的现状的否定吗? 人与世界的统一,不正是在人对世界的否定性活动中实现的吗? 能不能理解人与世界的否定性统一,是理解人与世界关系的根本问题之所在!

理解了人与世界的否定性统一关系,就会懂得,人在自己的活动中把世界"二重化"了:一方面,世界永远是自然的世界、自在的世界;另一方面,世界又变成了马克思所说的"人化了的自然"、"属人的世界"。"世界"在人的活动中被"二重化"了。同样,人在自己的活动中也被二重化了:一方面,人永远是自然的、自在的存在;另一方面,人又是超自然的、自为的存在。"人"在自己的活动中具有了"自然"与"超自然"、"自在"与"自为"的二重性。"人"在自己的活动中,是按照自己的目的进行活动、创造自己的历史的,同时人的创造历史的活动又构成历史的发展规律,这是历史的"二象性"。

我们经常使用"实践"这个概念,说实践是人们有意识的、有目的的、改造客观世界和探索客观世界的客观物质活动,它具有社会历史性,如此等等。我们都背下了给实践下的定义,但是,究竟怎么去理解这个实践? 实践,它是人的存在方式,人就是一个实践活动的过程。因此,我们对于人,对于人同世界之间关系的理解,说到底,是对于实践活动的理解。那么什么是实践活动呢? 实践活动就是否定现存世界的活动。动物以本能的方式,来实现它同自然的统一,那是一个肯定性的活动。而人的实践活动是一个人同世界的否定性的统一的活动的过程。这才能理解人是一个超越其所是的存在。为什么人是这样的? 因为人是以实践的方式存在的。实践就是否定现存世界状态的活动,也就是实现人同世界的否定性统一的活动。这是最重要的。

理解了人对世界的否定性统一关系,我们就能深刻理解辩证法了,就能深刻理解主体对客体、理想对现实、人对世界的辩证关系了。

大家想一想,究竟什么是辩证法?辩证法源于人对世界的否定关系。没有否定关系,怎么能有辩证法呢?所以马克思说,什么叫辩证法?辩证法就是在对事物的肯定理解当中,同时包含着对它的否定的理解。这才叫辩证法。那么为什么我们在对事物的肯定的理解当中,能够而且必须包含着否定的理解呢?因为人是以实践的方式存在的。人同世界的关系是一个否定性的统一的关系。

大家想一想,我们生活的这个世界,是我们否定现存世界的结果和产物。你吃的,你穿的,你用的,你戴的,所有的一切,都是我们否定了现存世界的产物和结果。没有实践活动对于现存世界的否定,哪里有人的世界呀?所以实践活动说到底是一种理想性的活动,是把人的目的性要求、人给世界构成的客观图画取得现实性的过程。你说什么叫实践活动?实践活动就是把人的目的性要求现实化,把人的头脑当中的世界的客观图画现实化的过程。那么这个过程,你想一想是什么?它消灭了世界本身的现实性,而把人的目的性要求变成了现实性,从而实现了在否定性的关系中所出现的人同世界的统一。这不就是理想与现实的辩证关系吗?这是最重要的,这是人同动物的根本性的区别。你说人是一个什么样的存在?人是一个否定性的存在,或者说人是一个理想性的存在。全部的实践活动,不过是把你的目的性要求取得现实性。而你的目的性要求能够取得现实性,是否定了世界的现实性。这就是人的全部行为。我们只有理解了这一点,才能够真实地去理解人同世界的关系。人不是站在世界之外,说我看看世界是什么样。你认识事物是因为你对于事物具有一种目的性要求,否则你不会去认识那个事物。想一想,这样一种认识活动当中,已经具有了实践自身的否定性。所以人的认识是作为实践活动的内在环节而存在的。

　　人在自己的实践活动当中,把我们所生存的世界本身二重化了! 我们
生活的这个世界当然是一个自然的世界,但是人的实践活动,使这个自然而
然的世界变成了马克思所说的,人化了的自然。或者像马克思使用的另一
个概念,属人的世界。人同世界的关系,是由人的实践活动构成的,实践活
动是一个否定现实世界存在的过程,在这种否定性的统一关系中,首先是世
界本身被二重化了。所以这个哲学难学呀,你总是把世界理解成自然而然
的世界,那你就无法理解真实的、现实的人同世界的关系。

　　那么实践活动把我们所生存的世界二重化的同时,也使我们人本身具
有了二重性。人的二重性是多方面的。我们可以说人既是一个自然性的存
在,又是一个社会性的存在。人既是一个物质性的存在,又是一个精神性的
存在。但是我认为最深刻的在于,人既是一个现实性的存在,又是一个理想
性的存在。人是一个现实性与理想性的对立统一的存在,人既是一个超越
其所是的存在,就不是他原来的存在。如果你体会一下自身的存在就会知
道,你是怎样的存在,你是真正的辩证的存在。没有一个人不是辩证的存
在。因为你永远不是你。你永远在否定性中存在。你既是你你又不是你,
你既是一个肯定性你又是一个否定性,这才是真正的对立统一。你从昨天
的你变成今天的你,而且你必然变成明天的你。这不就否定之否定了么?
这就是人自身的二重性,最根本的在于人既是一个现实的存在,但人又是一
个理想性的、超越性的、创造性的存在。这是人的最深层的二重性。只有理
解了人的二重性,特别是理解了人的理想性与现实性的二重性,才能够理解
人同世界的关系。

　　人的二重性的过程,构成了一种历史的二象性。人永远是一个现实的
存在,永远是一个历史的结果。历史给我们提供的条件,构成了我们每个人
的现实的存在,所以我们永远是一种历史的结果和产物。那么同时,我们永
远是在改变历史当中来接受历史的,所以我们又永远是历史的前提。我们
作为历史的前提,给历史提供了一个又一个的结果,所以历史构成了这样一
种规律性的存在方式。琢磨琢磨,人的存在是实践的存在,这种实践的存在

构成了一种历史性的存在。什么是历史性的存在？历史性的存在就是说，你既是现实的，又是理想的，所以人既是历史的结果，也是历史的前提。人既服从历史的规律，又创造了自己的历史。很多人问，马克思说的那个共产主义到底还有没有？其实他问的是这样一个问题：历史有没有规律？历史有没有必然性？他问的归根到底是这么一个问题么。如果我们从历史的二象性，人在自己的实践活动当中所构成的人与世界的否定性的统一关系来看的话，那么毫无疑问，人类的历史是一个发展的过程。在这样一个历史的发展的过程当中，构成了一个双重性的过程，那就是社会的进步过程和人的全面的发展过程的统一，也就是实现马克思所说的共产主义的过程。

实践活动的超越性不是抽象的，它最直接地体现了人类精神活动的超越性。首先你就会想到，你的"表象"对于你那个经验"对象"的超越。你怎么构成你那个表象的？表象是对于经验对象的超越。你进一步再想人的表象，不光是反映了那个对象，而且你还创造了没有的对象，那就是"想象"，想象又超越了经验对象的形象的存在。你又不仅仅是能够想象那个对象，你还会构成关于对象的"思想"，这就是思想对表象的超越。不仅如此，你的"智力"又超越了给定你的那个"知识"，人类作为一种智慧性的存在，你的"智慧"又超越了形式逻辑所规范的那样一种"逻辑"。所以在人自身的精神活动当中，构成了一系列的超越。

人类的精神活动是极其丰富多彩的，我不可能用语言穷尽它的超越性，只能给它作一个罗列。超越对象的表象，超越形象的想象，超越表象的思想，超越知识的智力和超越逻辑的智慧。所以我在《超越意识》里面说：无论是看过绚丽的朝霞还是闪烁的星空，我们常常会说，那美丽的景色在我们的"脑海中浮现"；无论是听过火爆热烈的打击乐还是如泣如诉的管弦乐，我们又常常会说，那动人的乐曲还在我们的"脑海中萦绕"；我们能够在"脑海中"背诵夏商周秦汉晋隋唐宋元明清历代王朝，让那远逝的尘封的历史"历历在目"；我们可以"在脑海中"运用加减乘除开方平方微分积分，让大千世界的万事万物成为计算的数字；我们甚至能够"在脑海中"构成玉皇大帝王母娘娘各路神仙妖魔鬼怪魑魅魍魉，"不用想象某种真实的东西而能够真实地想象某种东西"。如此这般神奇的"脑海"是什么？就是人的"意识"。人的"意识"为何能够"制造"如此这般神奇的"脑中世界"？就因为人的"意识"具有"超越性"。

我非常喜欢海德格尔对凡高的一幅画的论述，就画面看，仅仅就是一个农夫穿的一双鞋，然而，人就驰骋了自己的想象，在落日余晖当中，一个疲惫不堪的农民，走回到他的家里，把这双农鞋放在炉边去烘烤它，然后他去想农民这样一种愉悦的心态等等。你什么不可以想象呀？所以我说，我非常欣赏联想集团的广告词，"人类失去联想，世界将会怎样？"人类要是没有想象和联想的话，人的世界就不复存在了。

人类的这种作为精神活动的超越性，一方面表现为它的"想象"，而另一方面表现在它的"思想"上了。人看到的都是一些直观的形象，从而构成我们关于对象的表象。然而人的理性思维能力，可以把对象性的存在，变成"概念"的存在。想一想，当我说"桌子"的时候，我就把桌子移进我的头脑了吗？当我说"火"的时候，我是把燃烧着的火放进我的头脑了吗？当我说"红色"的时候，我是把大脑染成红色了吗？都没有。因为我是以"概念"的方式去把握这个经验世界的。想一想，如果人要没有概念，人将是一种怎样的存在？人不仅仅能够把握关于对象的表象，而且能够创造原来没有的关于对象的表象，它能够驰骋自己的想象的能力。但是，大家想一想，人不仅能够想象世界上没有的形象，而且人能够把握对象的普遍性、本质性、必然性、一般性的概念性的，从而能够给自己构成一个概念系统的世界。什么是科学？科学就是各种有系统的概念、概念体系。人能够以科学的方式去把握这个经验的世界，这就构成了人的科学世界图景。卡西尔在《人论》中说："科学是人的智力发展中的最后一步，并且可以被看成是人类文化最高最独特的成就。""在我们现代世界中，再没有第二种力量可以与科学思想的力量相匹敌。它被看成是我们全部人类活动的顶点和极致，被看成是人类历史的最后篇章和人的哲学的最重要主题。""对于科学，我们可以用阿基米德的话来说,给我一个支点,我就能推动宇宙。在变动不居的宇宙中,科学思想确立了支撑点,确立了不可动摇的支柱。"

在任何一种比较成熟的科学概念框架中,我们都会发现,它总是从最为精炼的初始概念和初始条件出发,以严密的逻辑手段推演出一系列的定理、定律、公式、方程,形成具有普遍性和预测性的结论,为理解、描述、刻划和解释世界提供强有力的逻辑。

让我们想一想最为熟悉的欧几里得几何学吧。它的初始概念只有"点"、"直线"、"平面"、"在……之上"、"在……之间"、"叠合"就够了,而它的整个理论从 10 条公设和 10 条公理出发,却用严谨的演绎方法推演出一个缜密的几何学体系。无怪乎后世的科学家们常常沉迷于欧几里得《几何原本》的逻辑美之中,并把它作为科学逻辑体系的样板而予以效仿。

让我们再来听听科学家们是如何盛赞爱因斯坦的广义相对论的。法国物理学家德布罗意认为,广义相对论对万有引力现象"这种解释的雅致和美丽是不可争辩的。它该作为 20 世纪数学物理学的一个最优美的纪念碑而永垂不朽"。德国物理学家玻恩这样写道:"广义相对论在我面前像一个被人远远观赏的伟大艺术品。"这些赞誉告诉人们,"支配科学家的动机,从一开始就体现为审美的冲动","科学达不到艺术的程度就是科学不完备的程度"。

科学是对真的探索,也是对美的追求。因此,科学理论的逻辑之美,并不仅仅体现在自然科学理论之中,也同样表现在社会科学理论之中。在谈到人们对《资本论》的评论时,马克思说,不管这部著作存在这样或那样的毛病,但它作为一个"完整的艺术品",却是可以引为自豪的。确实,凡是读过《资本论》的人,有谁能不深深地折服于这部巨著"由抽象上升到具体"的逻辑呢? 有谁能不被这个逻辑引发思维的撞击并产生强烈的逻辑美感呢? 列宁说,马克思为人类留下了一部"大写的逻辑",这就是《资本论》。

人自身的这种超越性,在其精神活动的层面上,不仅仅在于它有知识,而且在于它有驾驭知识、重组知识的智力。所以我说,什么叫做能力? 能力就是激活背景知识的能力。一个人的能力大小,就是看你能不能激活你的背景知识。如果你的背景知识都是死的,人的能力就小了。你能够把你的背景知识活化了,这个人的能力就大了。所以我叫做激活背景知识的能力,那是最重要的。我们为什么说人是有智慧的存在呢?什么叫智慧?智慧就是对于逻辑的超越。人都是按照历史文化所给予我们的知识所蕴涵的逻辑进行思想并从事活动的。但另一方面,人是一种有智慧的存在,人总是不断地超越自己设定的承诺的那种逻辑,从而达到了一种逻辑自身的跃迁和升华。

学习哲学的一个目的,就是要体会逻辑层次的跃迁。如果看哲学史,大家就会理解。古希腊哲学的三位最伟大的哲学家苏格拉底、柏拉图、亚里士多德,他们在人类理论思维能力形成的过程中,分别探索了人类用以把握世界的概念、判断和推理,并在亚里士多德那里形成了系统化的演绎推理的逻辑,从而给我们构造了一个人类思维运动的逻辑的一个基本范式。那么你想一想,德国古典哲学给予我们的是什么?从康德开始,到费希特、谢林,到黑格尔,对于传统的形式逻辑,特别是在对它的 A 就是 A 的同一律的反思当中,总结了一个人类思想运动的逻辑,也就是概念内涵运动的逻辑。这是一个逻辑层面的跃迁。想一想我们今天,刚刚进入的 21 世纪,我们最为热门的话题是什么?创新思维!它表明了人类智慧的超越性。所以大家在理解人类的理想性的时候,在理解它是一种人的实践方式的、实践活动的自我超越的同时,还要理解它同时又内蕴着人的精神活动的自我超越。

这种人类精神活动的自我超越达到了什么程度呢?它达到了我在《超越意识》中所说的,"人无法忍受"的程度!人无法忍受什么?人无法忍受单一的颜色,哪怕是最白的东西,最绿的东西,最红的东西。我们说人的眼睛最愿意接受绿色,我就给你全是绿的,你无法接受。人的眼睛能够接受的,永远是五颜六色的东西。为什么?因为人的心灵只能接受五颜六色的东西。所以我说我特别欣赏马克思说的那句话,每一滴露水珠在太阳的辉映下都闪烁着五颜六色的光芒,人的精神怎么能只有一种颜色——灰色呢?

所以人这种创造性的、超越性的理想性的存在，必然要创造一个丰富多彩的世界。正因为人要创造一个丰富多彩的世界，所以人无法忍受单一的颜色，因而也无法忍受凝固的时空。

马克思说，时间才是人类的空间。人类活动的过程，才是真正的人类存在的空间，所以人无法忍受凝固的时空。人永远是在一个创造的过程当中，给人创造了属于人自己的那个世界的时空世界。所以对人来说，太阳每天都是新的。

因为人无法忍受单一的颜色和凝固的时空，所以人无法忍受存在的空虚。人是一种寻求意义的存在，人无法忍受无意义的生活。我们的存在，必然是一个有意义有价值的存在。我们不能忍受无意义的生活，所以人无法忍受存在的空虚。

人无法忍受存在的空虚，所以人无法忍受自我的失落。每个人的生活过程，都是一个实现自我的过程。这种实现自我的过程，不仅仅要实现个体的小我，而且也要实现人类的大我。正因为人无法忍受"单一的颜色"、"凝固的时空"、"存在的空虚"和"自我的失落"，所以人无法忍受"彻底的空白"。因此人永远是想用他的有限的生命去创造无限的生命的意义和价值。正因为人是"向死的存在"，所以才能够面对着他自觉到的死亡而燃烧起生命的熊熊之火，把人的存在变成了一个超越性的、创造性的、理想性的存在。

二　需要的层次

人的超越性，是把理想变为现实的活动，也是不断地满足自身需要的过程。需要层次的跃迁，具体地体现了人的理想性追求。

人的理想，是对幸福生活的追求。那么，什么是幸福？

幸福，在最宽泛的意义上，总是离不开人的生理和心理需要的满足。人的需要是多层次的，人的幸福感也是多层次的。古希腊的伟大哲人柏拉图，就曾把人的快乐感分为三个等级：爱财富，这是低级的快乐；爱荣誉，这是中级的快乐;爱智慧,这是高级的快乐。柏拉图之所以这样划分快乐感的层次,是因为他把人类的全部行为归结为三个主要源泉:欲望、情感和知识。在柏拉图看来,欲望、嗜好、冲动、本能是一类,情感、精神、抱负、勇气是一类,知识、思想、才能、理智是一类。而人的欲望、情感和知识这三类东西的存在,分别产生于人的三种不同的器官:欲望产生于生殖器官,因为这里是聚积能量的地方;情感来源于心脏,来源于血液的流动和力量,它是经验与欲望的有机共鸣;知识则来自于人脑,它是欲望的眼睛,也是灵魂的舵手。正因为爱财富只不过是本能的欲望,所以由此产生的快乐感是低级的;正因为爱荣誉也不过是情感的冲动,所以由此产生的快乐感是中级的;正因为爱智慧才是对知识——欲望的眼睛和灵魂的舵手——的追求,所以由此产生的快乐感才是高级的。

在现实生活中我们可以看到,有些人是"欲望"的化身,他们贪得无厌、野心勃勃,无时不在为自己的物质利益到处奔波,你争我夺。他们的胸中总是燃烧着享荣华富贵的欲火,日益增长的贪欲,使得他们的欲望永无满足之日,快乐被销蚀在无法满足的欲望之中。有些人是"情感"的化身,他们仅仅崇拜感情和勇气,他们所关心的与其说是奋斗目标,不如说胜利本身。他们争强好胜,引以自豪的不是金钱,而是权威与荣誉。只有少数人以追求"知识"为己任。他们渴望得到的不是财物,不是胜利,而是智慧。他们的意志是束光,而不是一团火。他们的避难所不是权势,而是真理。

正是由于把人的行为的源泉分为"欲望"、"情感"和"知识"三个层次,相应地把人的快乐感分为"爱财富"、"爱荣誉"和"爱知识"三个等级,并从而把人分别视为"欲望"、"情感"和"知识"的化身,柏拉图才提出了"哲学王"的思想。他认为:"要么哲学家当上国王,要么世上的国王和王子具备了哲学的精神和力量,并集智慧与领导才能于一身,只在这种情况下,城邦才会免于瘟疫的侵袭。人类亦复如此。"

柏拉图的这种需要层次观和幸福等级观,在今天看来确实是不合时宜;但他把人的需要分为层次、把人的幸福分为等级,对于人们实现多层次的需要,体验多方面的快乐或幸福,不能不说是有启发性的。

在当代,人本主义心理学家马斯洛的层次需要论,产生了非常广泛的影响。它启发我们把人的需要、人的价值和人的幸福统一起来,去看待人的生活质量和人对幸福的追求。

马斯洛提出,人的需要,可以分为如下七个基本层次:1.生理需要或生存需要,这是最起码的也是最低的需要;2.安全需要,即生活有保障而无危险;3.归属的需要或爱的需要,即与他人亲近,受到接纳,有所依归;4.尊重需要,即胜任工作,得到赞许和认可;5.认知需要,即求知、理解和探索;6.审美需要,即以审美的态度去观照生活和享受生活;7.自我实现的需要,即实现个人的潜在能力,这是最高层次的需要。

马斯洛的层次需要论,可以引发人们的多方面的思考。

首先,这种层次需要论,向人们显示了人类自身的丰富性。人有高于其他动物的多种潜能,因而人能为自己创造其他动物所不具有的多彩的生活世界;人有高于其他动物的多种需要,因而人能为自己创造其他动物所不具有的多重的意义世界;人有高于其他动物的多种价值,因而人能为自己创造其他动物所不具有的多样的文化世界。

其次,这种层次需要论,在现代意义上表明了层次需要、层次规定、层次价值和层次规范的关系。每个层次的需要,都有它的特定的确定的内涵即规定,人的需要在这种层次规定性中得到具体的展现。每个层次的需要,都有它的相应的不可或缺的价值,人的需要在这种层次价值性中得到充分的肯定。每个层次的需要,都有它的基本的不可缺少的规范,人的需要在这种层次规范中得到相应的实现。

再次,这种层次需要论,又在现代意义上表明了需要的层次关系。各个层次的需要,对人的生活特别是人的生活质量来说,具有按照层次不断上升的价值。比如,生理需要或生存需要,其价值是最低的;自我实现,则具有最高的价值。同时,只有低层次的需要得到满足,或至少得到部分满足以后,高层次的需要才有可能成为行为的重要决定因素。

人的需要的丰富性、层次性以及需要层次的复杂相关性,构成了人类生活的丰富性、生活价值的层次性以及实现生活价值的复杂性。

在当代中国,肯定人的生存需要并张扬这种需要的基础价值性,不能不说是一个巨大的历史进步。"贫穷不是社会主义",首先否定了无视人的生存需要的极左思潮,并充分地肯定了生存需要的根本性的生活价值。针对人们批评市场经济中"人文精神的失落",著名作家王蒙提出这样的看法:"与其说是市场经济使私欲膨胀,不如说是市场经济条件下人们的私欲更加公开化,更加看得见摸得着了。我们的目标不是建立一个人人大公无私的'君子国',而是建立一个人人靠正直的劳动与奋斗获得发展的机会的更加公平也更加有章可循的社会。这个目标只能在市场经济条件下达到,达到了这样的目标也才更容易寻找人文精神。"又说,"富裕不能自发地等同于文明,贫穷也还可以做到'人穷志不穷','穷而好礼'。但富裕不仅不是文明的羁绊,而且还是文明的果实,至少是果实之一种。进一步说,富裕正在或将要使对于人的关注成为现实而不是仅仅停留在口头"。

《读者文摘》1991 年第 6 期刊载的一篇文章,题目是《因为我没有很多的钱》。文章说:"因为我没有很多的钱,我买不起高级时装。这样也有好处,我可以随便地坐在软软的草地上接受太阳热情的爱抚而不必担心会弄脏弄皱了我的衣服,也不必为烫衣服而费去太多的时间。""因为我没有很多的钱,我没去买现成的,而是自己动手利用废旧玻璃做了个小型的玻璃柜,里面放点小摆设,居然也美观,居然也能引起别人的兴趣。""因为我没有很多的钱,不会常去'卡拉 OK'练嗓子,这样我就有更多的机会可以向书本这个好朋友请教。""因为我没有很多的钱,所以吃得清淡,不必为身材会失其苗条而发愁。""因为我没有很多的钱,极少光顾美发厅,所以下雨没带伞也无所谓,不会因为雨淋坏了时髦的发型而懊恼,冲进雨里,一阵清凉,倒可以清醒清醒脑子。""因为我没有很多钱,所以不买增白蜜、营养霜,也就不必担心皮肤会不适应而过敏。随便要了点甘油抹在脸上,效果也很好。""因为我没有很多的钱,所以想出这些譬解来安慰自己。""假使我有了很多的钱,又会怎样想呢？"

　　也许有人会说，这是吃不着葡萄便说葡萄酸的自我解嘲，是阿 Q 式的儿子打老子的精神胜利法。然而，只要认真地品味文章，作者的真实感受和真实用心还是不难理解的。记得在一部电视专题片中，表现的是一位热心助人的"有了很多钱"的人。他说，人生就像是从河的这岸游到河的那岸，钱越多，身上的负担越重，因而也越容易沉到河里。究竟如何评论这"没有很多的钱"的人所写的文字，以及这"有了很多的钱"的人所发的这番议论，都可以存而不论。但有一点却是容易取得"共识"的，这就是"没有钱是万万不行的，有了钱也不是万能的"。而对"钱"的体验，则不仅是因人而异的，而且更重要的是同人的需要的层次密切相关的。

　　人的需要是多层次的，多层次的需要又是相互渗透的，因而也是相互矛盾的。

　　如果我们像动物一样仅仅是一种生存的生命活动的话，就不会有这样一种层次需要了。正因为人不仅仅是一种本能的、生存的生命活动，还是一种超越了生存的这样一种生活的生命活动，因此他提出了一系列高层次的需要。在生存需要的基础上，他就提出了所谓安全的需要，接着它就形成了一种归属的需要。人最怕的是什么？人最怕的是孤独。所以一方面我们害怕人际关系的紧张，但是我们又最怕形影相吊。对不对？你最怕的就是没人理你，所以是这样一种归属的需要。在归属的需要里边你又需要获得的什么东西？你需要获得的是一种尊重的需要。那么进一步，一种审美的需要。人应当是诗意地栖居在大地上。大家想一想，这绝不是玄虚的东西呀，对于一个人来说，最重要的是在这里面获得一种审美的生活。哲学家叶秀山先生说，世界上的一切对于人来说，都是"让"存在。让它存在！让鲜花存在，让绿树存在，让蓝天存在，让草原存在！所以它构成了一种审美的对象。

　　我们常说，否定之否定，怎么回事呢？通过对生活的理解你就知道了。说原来山就是山，水就是水。看见山叫山，看见水叫水。那么当你升华到一个境界的时候，山不是山了，水也不是水了。但是你最后的认识还是要回来,山还是山,水还是水,但它不只是一个认知的对象,它还是一个审美的对象! 你和那个山,和那个水,融在一个美的境界当中去了。那么在这种审美当中,你才真正有可能达到一种真实的自我实现。所以我们说人类全部的实践活动,它的超越性不外乎是达到一种自我实现,这就是我给大家讲的这个"层次需要"和需要的"层次跃迁"。

三　马克思的社会理想

当代美国学者宾克莱有一本关于西方社会中变化着的价值观念的学术著作,它的标题是《理想的冲突》。在这部著作中,宾克莱首先提出这样一种认识,"一个人在对他能够委身的价值进行探索时,要遇到许多竞相争取他信从的理想,他若要使这种探索得到满足,就必须对各种理想有所了解"。正是基于这种认识,宾克莱的这本书具体地评述了马克思和恩格斯、弗洛伊德与弗罗姆、克尔凯戈尔和尼采、萨特以及宗教存在主义和元伦理学所提供的迥然有别甚至是截然不同的种种"理想"。在这些相互冲突的社会理想中,最值得我们思考的是马克思的社会理想。如何理解人类社会的过去、现在和未来,马克思的社会理想为我们点燃了理论之光。

在《理想的冲突》这本书中,宾克莱对马克思做出这样的评论:"凡能阅读马克思著作的人几乎无人不为他对 19 世纪不幸的工人命运所表示的深切同情所感动。他看到当时存在于资产阶级社会的一切非正义现象感到义愤填膺,以致他不仅为一个有自由与正义的较好的日子而呐喊,并且提出了一项实现他为人类所抱的理想的纲领。"[1]宾克莱认为:"马克思反对资本主义的原因主要在于它不能让人的创造才能得到充分发展,反而要使一切人(工人与资本家一样)都成为一种以对财物的崇拜为动力的制度的奴隶。资本主义制度评价一个人的价值是看他有什么而不是看他是什么样的人。结果金钱变成资本主义的伟大的上帝,而一切其他价值,不论是道德的还是精神的,都沦落为替它服务的东西。"[2]因此马克思所期待的是无阶级社会的出现，"在那个社会里，创造性的工作将代替异化了的劳动"。[3]

关于马克思的社会理想，宾克莱做出的基本评论是："马克思对于我们今天的吸引力仍是一个道德的预言，人们如果根据人类价值考察现在社会上的种种事实，然后根据自己的发现而行动，以使我们的世界成为一个一切人都能变成更有创造性和更为自由的地方，这样我们就是忠于马克思了。"他同时又说："作为我们选择世界观时的一位有影响的预言家的马克思永世长存，而作为经济学家和历史必然道路的预言家的马克思则已经降到只能引起历史兴趣的被人遗忘的地步。"[4]

对于宾克莱的这种评论，我们既可以感受到他所表达的对马克思的尊重，又能够发现他对马克思的社会理想的远非正确的解读。按照我个人的理解，尽管人们可以根据学科分类的角度把马克思的学说分述为哲学、政治经济学和科学社会主义理论，但是，从它的实质内容和社会功能来说，马克思的学说就是关于人类解放的学说，也就是关于实现人的全面发展的学说。这个学说既表达了人类解放的旨趣，是对人的全面发展的价值理想的承诺；又描述了人类解放的历程，是对人的全面发展的实现过程的揭示；还表述了人类解放的尺度，以人的全面发展的价值标准观照人类全部的历史活动和整个的历史进程。我们需要从解放的旨趣、历程和尺度的统一中去理解马克思的社会理想。

把人类奋斗的最高理想定位为人类自身的解放，即以"每个人的自由发展"为条件的"一切人的自由发展"，这首先意味着马克思对真正的"以人为本"的价值理想的承诺，也就是把人从一切"非人"的或"异化"的境遇中"解放"出来的价值理想的承诺。在发表于1844年的《〈黑格尔法哲学批判〉导言》中，马克思就明确地把自己对人类解放的价值理想的承诺做出这样的表述："对宗教的批判最后归结为**人是人的最高本质**这样一个学说，从而也归结为这样一条**绝对命令：必须推翻**那些使人成为受屈辱、被奴役、被遗弃和被蔑视的东西的**一切关系**。"[5]"推翻"使人"受屈辱"、"被奴役"、"被遗弃"、"被蔑视"的"一切关系"，这是马克思创建自己的全部学说的真正的出发点，也就是马克思的全部学说所承诺的最高的价值理想。正是从自己所承诺的人类解放的价值理想出发,马克思超越了费尔巴哈对宗教的批判,而把"对宗教的批判"视为对"其他一切批判的前提",从而把"对天国的批判"变成"对尘世的批判",把"对宗教的批判"变成"对法的批判",把"对神学的批判"变成"对政治的批判"。[6]

马克思的人类解放的价值理想,直接针对的是人被"异化"、被"物化"的现实。正是针对人类的这种"非人"的或"异化"的存在状态,马克思不仅把自己的价值理想定位为人类解放,而且把人类解放的价值理想确定为每个人的全面发展,即以"每个人的自由发展"为条件的"一切人的自由发展"[7]。

对于马克思所承诺和追求的人的全面发展的价值理想,人们的评价历来是迥然不同的。承认马克思的人的全面发展的价值理想的"道德的号召力",而否认马克思所揭示的实现这一价值理想的"历史必然道路",这不仅仅是一种由来已久的学术思潮,而且形成一种影响广泛的社会思潮。因此,在对马克思的人的全面发展学说的思考中,有必要更多地思考马克思对人类解放的现实道路的探索。

在马克思所创立的唯物史观中,马克思在社会有机体众多因素的交互作用中,在社会形态曲折发展的历史进程中,在社会意识相对独立的历史更替中,发现了生产力在人类"历史"中的最终的决定作用,从而为人类实现自身全面发展的价值理想揭示出一条"历史必然道路"。马克思提出,在人类追求自己的目的的"历史"活动中,人类自身的存在表现为三大历史形态,即与自然经济形态相适应的"人的依赖关系"、与市场经济形态相适应的"以物的依赖性为基础的人的独立性"和"建立在个人全面发展和他们共同的社会生产能力成为他们的社会财富这一基础上的自由个性"。[8]

马克思关于人类存在的历史形态的论述,对于我们理解人的全面发展的现实道路,具有多方面的启发意义:首先,人的全面发展的价值理想以人类社会的历史发展为基础,因而是一个现实的而非虚幻的历史过程;其次,市场经济所形成的"以物的依赖性为基础的人的独立性",既尖锐地暴露了人的"异化"状态,又为人类走出这种"异化"状态提供了前提条件;最后,也是最为重要的是,马克思的关于人的全面发展学说所蕴涵的"解放的旨趣"一再地提示人们,人类的当代使命,决不仅仅是使人的"独立性"奠基于"对物的依赖性",而且必须使人从"对物的依赖性"中解放出来,把"物"的独立性真正地变成"人"的独立性,实现人自身的全面发展。

在探讨理想与现实的相互关系时,深入地思考马克思的社会理想,不仅会使我们更深切地理解人是把现实变成理想的现实的存在,而且会使我们更加切实地理解实现人类解放的社会理想。

注 释

〔1〕 宾克莱:《理想的冲突》,商务印书馆 1986 年版,第 95—96 页。

〔2〕 同上,第 101—102 页。

〔3〕 同上,第 103 页。

〔4〕 同上,第 106 页。

〔5〕 《马克思恩格斯选集》第 1 卷,第 9 页。

〔6〕 同上,第 2 页。

〔7〕 同上,第 273 页。

〔8〕 参见《马克思恩格斯全集》第 46 卷(上),第 104 页。

第九讲

标准与选择

生 活 的 根 据

从 层 级 到 顺 序

当 代 社 会 思 潮 中 的 标 准 与 选 择

前面我们讲过,人同动物的根本区别,在于动物的生命活动是按照本能而进行的维持生存的生命活动,而人的生命活动却是一种寻求意义的生活活动。正因为动物是维持和延续种类生存的生命活动,所以动物只是一代又一代地复制自身,在这个意义上,动物是没有"历史"的,也是没有"发展"的。与此相反,正因为人的生活活动是寻求和实现生命意义的活动,所以人类的生活活动构成了人类文明的历史,构成了人类自身的发展。"历史"和"发展",对人来说才有真实的意义。

由此我们就会提出一个更为深刻的问题:既然人的生活活动是有意义的生命活动,人的历史发展是生命意义的实现过程,那么,究竟什么是有"意义"的? 这样,评价"意义"的标准,就成为思考人的生活、历史和发展的核心范畴。如果进一步思考,我们还会认识到,历史作为人实现自己目的的生活过程,人作为历史的创造者,总是人们自己选择评价意义的标准,从而根据自己的选择而创造自己的历史。这样,思考人的生活、历史和发展,就必须引进一对更为重要的范畴:标准与选择。

在人类的生活活动中,生活"意义"的创造,与生活"意义"的自觉,是互为前提的。这就是说,没有生活意义的创造,就不会有生活意义的自觉;没有生活意义的自觉,也没有生活意义的创造。这是生活意义的自觉与创造的辩证法,也是标准与选择这对范畴的辩证法。

一　生活的根据

人是寻求意义的存在,人无法忍受无意义的生活。人的存在是创造意义的生活活动,人的世界是有意义的生活世界。"有意义"是人类生命活动的肯定,"无意义"则是人类生命活动的否定。然而,对人来说,究竟什么是"有意义"的,什么是"无意义"的? 怎样做是"有意义"的,怎样做是"无意义"的? 区分"有意义"与"无意义"的标准是什么? 人对种种各异其是的"标准"如何做出自己的"选择"? "标准"与"选择"的矛盾,把"主体与客体"、"小我与大我"、"理想与现实"的矛盾在人的生命活动中凸现出来。

哲学作为理论形态的人类自我意识,也就是"意义"的社会自我意识,它在人类的社会生活中,始终是作为人的思想与行为的深层根据和评价标准而存在的。纵观哲学史,我们会非常惊讶地发现,凝聚着人类最高智慧的哲学,竟然自始至终地追求最简单的"一"! 大家想一想,从古代哲学的寻求"万物的统一性"到"理念的统一性"以至"原理的统一性",从近代哲学的寻求"意识的统一性"到"逻辑的统一性"以至"人性的统一性",从现代哲学的寻求"世界的统一性"到"科学的统一性"、"文化的统一性"、"语言的统一性"以至"人类活动的统一性",哲学始终以其"爱智之忱"的"形上智慧"不倦地进行着对"一"的追求。这究竟是为什么?

在哲学演进的漫长过程中,它对自己的"一"的追求曾经作过难以胜数的和莫衷一是的解释与回答。"始基"、"基质"、"存在"、"理念"、"共相"、"形式"、"上帝"、"实体"、"本体"、"物质"、"概念"、"逻辑"、"科学"、"文化"、"语言"、"符号"、"理解"……,都曾经充当过哲学所寻求的"一"。然而,透过这些令人眼花缭乱、扑朔迷离的解释与回答,深究哲学的这种不倦寻求,我们就会对哲学苦苦求索的"一"获得新的认识。

人类的全部"生活活动"的指向与价值,在于使世界满足人类自身的需要,把世界变成对人来说是真善美相统一的世界,也就是实现人的自我发展的有"意义"的世界。所以,哲学所寻求的"一",并不是某种统一性的"存在",而是判断、解释和评价"有意义"与"无意义"、"真善美"与"假恶丑"的根据、标准和尺度;哲学的生活价值,并不是直接地创造人的"生活世界",而是以其对"一"的求索、解释和回答,批判性地反思人类的全部"生活活动"及其所创造的"生活世界",使人类形成作为生活"最高支撑点"的"意义"的社会自我意识。

在人类历史的发展进程中,社会所悬设和承诺的"意义"的"标准",与个人对这个"标准"的选择与认同,总是处于矛盾之中。特别是在人类生活世界发生时代性变革的过程中,由于常识意识、科学精神、审美意识和伦理文化的全面变化而引起的"意义范式"的转换,总是造成时代性的"意义危机"。这种"意义危机",既会激发"意义"的个体自我意识的新的感受和领悟、新的期待和追求,也会引发"意义"的个体自我意识的新的困惑与迷惘、新的矛盾与冲突。"我到底要什么"的价值取向和价值认同与"我们到底要什么"的价值导向和价值规范,深刻地体现了各个时代的"标准"与"选择"的矛盾。

首先我们来思考自然经济条件下的"标准"与"选择"的关系。人在自然经济的"人对人的依附性"的存在方式中,必然形成马克思所说的"人在神圣形象中的自我异化"。这种人的自我异化的文化内涵,可以概括为"没有选择的标准的生命中不堪忍受之重的本质主义的肆虐"。

所谓"没有选择的标准",就是人的思想与行为的"标准"被异化为某种绝对确定、不容置疑、不可改变、至高无上的"神圣形象",如欧洲中世纪的规范一切和裁判一切的"上帝"。对于这个作为"神圣形象"的"标准",人们只能是顶礼膜拜,而根本无法"选择"。对于这个"标准"的任何蔑视或置疑,都会被视为离经叛道和大逆不道。生活在这种"没有选择的标准"之中,人们不能不强烈地感受到一种"生命中不堪忍受之重"。人的每时每刻,都被像"宪兵"和"警察"一样的"上帝"窥视着、监督着,人的一言一行、一举一动,都需要向"无向不在"、"无所不知"、"无所不能"的"上帝""汇报",这的确是生命中的不堪忍受之重。

人在"神圣形象"中的这种"自我异化",人在"没有选择的标准"中的"不堪忍受之重",表现在哲学的层面上,集中地体现为以"共相"扼杀"个别"、以"本体"凌驾"变体"、以"统一"排斥"选择",这就是现代哲学所批判的传统哲学的"本质主义的肆虐"。

近代以来的哲学,它的根本性的时代内涵就是"消解"人在超历史的"神圣形象"中的自我异化,把异化给"上帝"的人的本质归还给人自身。这就是所谓"人的发现",也就是市场经济所要求的反对禁欲主义、蒙昧主义和专制主义。近代哲学以"我思故我在"、"我欲故我在"、"我生而为人"的哲学命题表征了这种时代精神。

我们再来分析市场经济条件下的"标准"与"选择"的关系。市场经济,就其实质而言,是一种"以物的依赖性为基础的人的独立性"。一方面,它在反对禁欲主义、蒙昧主义和专制主义的过程中,倡言现实幸福、理性自由和天赋人权,要求和实现"人的独立性";另一方面,它所要求和实现的"人的独立性",又必须和只能是"以物的依赖性为基础"。因此,这种"以物的依赖性为基础的人的独立性"并没有解决人的自我异化,而是如马克思所说,只是把自然经济中的"人在神圣形象中的自我异化",变成了市场经济中的"人在非神圣形象中的自我异化"。

人在这种"非神圣形象中的自我异化",深切地感受到一种两重化的矛盾:一方面,"神圣形象"的消解,或者如尼采所说"上帝被杀死了",人们既感受到没有了"窥视"自己、"惩罚"自己的"上帝"的解放的愉悦,又感受到了一种没有"规范"自己、"约束"自己的"标准"的空虚;另一方面,在"非神圣形象"即"法"、"政治"等等"世俗"化的"规范"中,人们既感受到新的"束缚"和"压抑",又感到"非神圣形象"作为"标准"的"非神圣性",因而也感受到一种无所皈依的烦躁。这种烦躁就是一种"没有标准的选择的生命中不能承受之轻的存在主义的焦虑"。

在市场经济中,"现代性的酸"使得传统的天经地义的"标准"失去了神圣的灵光。当着人们进行"选择"的时候,却总是难以确认选择的"标准"。捷克著名小说家米兰·昆德拉曾把他的一部风靡全球的小说命名为《生命中不能承受之轻》。这种"轻",就是生命难以承受的"没有标准的选择"之"轻",也就是生命难以承受的"存在主义的焦虑"之"轻"。

在现代哲学中,西方的"存在主义"曾经把它之外的一切哲学都斥之为"本质主义"哲学。然而,由于"存在主义者把整个理念世界作为无用的精神建筑而加以抛弃,结果他们却碰到这样一个令人痛苦的矛盾:他们必须在一无选择的原则,二无任何他们可以用以衡量他们是否选择得好的标准的情况下进行选择",由此便造成了"存在主义的焦虑"。[1]这是值得我们深思的。

二 从层级到顺序

人类的哲学思想,归根到底是对人类自身存在的关切,也就是为人类自身的存在寻求"安身立命之本"。然而,从哲学的宏观历史上看,哲学对人类存在的关切,却可以划分为两种基本方式。一种是以文化的"层级"性去关切人类存在,也就是以"深层"文化的"基础性"、"根源性"来规范人类的全部思想与行为,从而将"深层"文化作为人类的"安身立命之本"。这种"层级"性的关切,可以说是一种"解释"性的关切,就是以"深层"文化解释"表层"文化。另一种则是以文化的"顺序"性去关切人类存在,也就是把"重要"的文化选择为人的"安身立命之本",以它来规范人的思想与行为。这种"顺序"性的关切,可以说是一种"操作"性的关切,就是以"重要"的规范"次要"的。

"层级"与"顺序",这是在理解"标准"与"选择"这对范畴时,我们引入的又一对重要范畴。

对比"层级"性的关切与"顺序"性的关切,我们首先就会发现,这是"非历史"的与"历史"的两种不同的关切。"层级"性的关切,它先验地断定了文化样式的不同"层级",并先验地承诺了"深层"文化对"表层"文化的基础性和根源性,因而它给自己提出的是"非历史"的任务,这就是寻求"超历史"的、永恒的、终极的"本体"。与此相反,"顺序"性的关切,是以否定文化样式的先验的"层级"性为前提,并致力于"消解"文化样式"层级性"的先验原则,因而它给自己提出的是"历史"的任务,这就是在自己时代的水平上对人的"安身立命之本"做出慎重的文化选择。

在对"层级"性的关切与"顺序"性的关切的对比中,我们还会发现,"层级"性的关切总是"两极对立"的。在"层级"性的关切中,哲学的核心范畴总是离开人的历史性存在,表现为本体对变体、共相对个别、本质对现象、必然对偶然等等的"两极对立",并且具有本体规定变体、共相解释个别、本质决定现象、必然支配偶然的恒定的层级关系。与此相反,在"顺序"性的关切中,则是以人的历史性存在为前提,构成表征人与世界、人与历史、人与社会、人与他人、人与自我之间关系的哲学范畴,诸如自然与超自然、能动与受动、理想与现实、公平与效率、真理与价值、标准与选择等相辅相成的矛盾关系。在这种"顺序"性的哲学关切中,它的诸对范畴具有显著的"平等"的特性,其"主从"关系则是"历史"性的。这表明,哲学从"层级"性的关切转向"顺序"性的关切,不只是从"思维方式"上体现了现代哲学的"从两极到中介"的变革,而且是从"价值导向"上实现了现代哲学的"从两极到中介"的变革。

哲学追求的"层级性"与"顺序性",从根本上说,就是如何处理"标准"和"选择"的相互关系。人的生命活动是寻求和实现"意义"的"生活"活动,而"生活"活动的"意义"则总是存在于"标准"与"选择"这对范畴的矛盾关系之中,即"选择"什么样的"标准"来确定生命活动的"意义"。哲学作为理论形态的关于人类存在意义的自我意识,它的全部理论活动,都可以归结为处理"标准"与"选择"这对范畴的矛盾关系。

我们之所以说"传统哲学"是一种"层级"性的追求,从根本上说,就在于它以"表层"与"深层"的对立关系,弱化甚至是取代了"标准"与"选择"的矛盾关系。具体地说,传统哲学是以"变体"与"本体"的对立,代替了"标准"与"选择"的矛盾关系,把"本体"作为无须"选择"的"标准"。而我们之所以说"现代哲学"是一种"顺序"性的追求,从根本上说,就在于它以"重要"与"次要"的历史性的矛盾转化关系,实现了"标准"与"选择"的矛盾关系。具体地说,现代哲学是从"重要"与"次要"的"选择"中,历史性地确认"标准",而不是先验地确认"标准"并排斥历史性的"选择"。就此而言,我们可以说传统哲学追求的是一种"没有选择的标准",而现代哲学则承诺的是一种"可以选择的标准"。

在"层级"性的传统哲学的追求中,"本体"与"变体"的"层级"关系是永恒不变的,所以,传统哲学的任务,只不过是寻找那个作为永恒真理的"本体",并用它来"解释"一切"变体"的存在。正因如此,以"层级"性的追求为使命的传统哲学,只能是马克思所说的"用不同的方式解释世界",并且只能是以"超历史"的"神"或"非历史"的"物"作为"本体"或"标准",去规范人的全部思想和行为。这就是传统哲学的"本质主义的肆虐"。而在"顺序"性的现代哲学的追求中,"顺序"既是对历史文化的一种承诺,更是对现实生活的一种"选择"和"安排",因而是一种"改变世界"的活动。

大家注意,从层级到顺序,这并不意味着从"没有选择的标准"到"没有标准的选择"。"顺序"性的"选择",应当而且必须是有"标准"的。然而,现代西方哲学,特别是现代西方的"后现代主义"哲学,在 20 世纪的长达百年的"消解哲学"运动中,不只是动摇了传统哲学的"层级"性的追求,而且是把现代哲学的"顺序"性的选择引向了"拒斥形而上学"的"没有标准的选择"。这是需要我们深思的。

早在 20 世纪 50 年代,美国哲学家莫尔顿·怀特在评论 20 世纪哲学时就提出，继前几个世纪的"学科帝国主义"之后，20世纪哲学的根本特征是"倾向于更加民主和多元化"，"没有一门学科可以称得起在认识分类表中占有一个唯我独尊的位置"。[2]到了20世纪70年代末，另一位美国哲学家理查·罗蒂则更加明确地提出，当代哲学的首要任务应当是"摈弃西方特有的那种将万物万事归结为第一原理或在人类活动中寻求一种自然等级秩序的诱惑"。[3]然而，避免"学科帝国主义"和摈弃"自然等级秩序的诱惑"，是否意味着"没有标准的选择"？如果我们承诺了选择的标准，是否意味着哲学又陷入了"层级"性的追求？这是困扰当代哲学的最为重大的理论问题。

在我看来，当代哲学在"层级"性的追求与"顺序"性的选择中所陷入的困惑，根本的问题是对哲学的"人类性"与"时代性"的矛盾关系的理解。传统哲学之所以在"层级"性的追求中去确立"没有选择的标准"，是因为它把哲学的"人类性"追求诉诸超历史、超时代的"独断论"。现代西方哲学、特别是现代西方的"后现代主义"哲学之所以在"顺序"性的选择中陷入了"没有标准的选择"，是因为它把哲学的"时代性"、"历史性"的选择变成了非人类性的即"断裂"性的选择。

哲学从"层级"性的追求到"顺序"性的选择，它所改变的是以"层级"的先验性而确认的"标准"的永恒性、终极性，而不是取消人的历史性选择的标准。哲学作为社会的自我意识或人类的自我意识，它所承担的使命，总是以"历史的大尺度"，也就是人类的、社会的、整体的、世代的尺度去观照和反省人类的思想与行为，把"历史的小尺度"，也就是当下的或局部的尺度所忽略的东西提升到"重要"的位置，从而在价值"排序"中"选择"某种"历史的大尺度"作为人的思想与行为的"标准"。正因如此，哲学总是不仅"反映"和"表达"时代精神，而且"塑造"和"引导"时代精神。当代哲学把"发展"的"标准"从"经济增长"提升为"经济与社会协调发展"，再提升为"可持续发展"，不正是在"顺序"性的选择中实现了"人类性"与"时代性"的统一吗？

三 当代社会思潮中的标准与选择

哲学对人类生活的标准与选择的思考,既直接植根于每个时代的社会思潮,又深层地规范每个时代人们对生活意义的标准的选择。所以,在讨论标准与选择这对范畴时,最有现实意义的,就是思考当代社会思潮中的标准与选择问题。

当代社会思潮的首要特征,可以称之为"两极对立模式的消解"。在以自然经济为基础的传统社会中,人们的经济生活、政治生活、文化生活和精神生活都处于两极对立的状态之中,人们总是以两极对立的思维方式去思考一切问题。传统哲学作为传统社会的"思想中的现实",它集中地体现了这种两极对立的生存方式及其思维方式,即总是试图在真与假、善与恶、美与丑的绝对对立中去寻求某种绝对的确定性。这就是我所说的"没有选择的标准"。现代的市场经济、科技文明和大众文化则日益深刻地消解掉了这种"绝对确定性"的灵光,使人们的生存方式发生了"从两极到中介"的变革。

为了理解这种"从两极到中介"的变革,让我们简要地分析一下当代世界的政治、经济、文化和思想上的巨大变化。当代世界的政治模式形成了"从对抗到对话"的多元化和多极性,"和平与发展"成为当今时代的主题;当代世界的经济模式发生了"从对立到合作"的变革,出现了"经济全球化"的趋势;当代世界的文化模式发生了"从对峙到融合"的变革,"欧洲中心主义"已被多元文化模式的共存、交流与融合所取代;当今人类的思维模式更是集中地体现了"从两极到中介"的深刻变革,把真善美理解为时代水平的人类自我意识,已逐步成为当代人类的共识。这又是我所说的"弱化了标准的选择"。

"两极对立模式的消解",使人类从两极对立、非此即彼、僵死凝固的生存方式和思维方式中解放出来,它标志着现代社会与传统社会的本质区别。然而,由于"两极对立模式的消解",也"消解"掉了传统社会所悬设和承诺的绝对确定的种种思想的根据、价值的尺度和行为的标准,因此,面对这种"两极对立模式消解"的社会思潮,需要当代哲学重新寻求人的思想与行为的根据、尺度和标准,这就是当代哲学的"本体论"复兴的社会生活根源。

当代社会思潮的另一个特征可以称之为"英雄主义时代的隐退"。在以自然经济为基础的传统社会中,"上帝"是神秘化了的"神圣形象","英雄"则是"神圣形象"的世俗化存在。历代的帝王将相、圣人先哲都涂抹着"神圣形象"的灵光,以超世或救世的"英雄"的方式而凌驾于人民之上,并被描绘成创造历史的主人。在这个意义上,传统观念中的"英雄",实质上是一种"人格化的标准"或"标准的人格化",就是以"英雄"作为榜样来规范人们的思想和行为。现代的市场经济、科技文明和大众文化则不仅消解了"彼岸世界"的"神圣形象",而且也消解了"此岸世界"的"神圣形象"。

在现代社会中,每个人都是普通的个人,又都可以是显示个人能力的"英雄"。人们越来越强烈地感受到:现代社会的"政治领袖"已不再是超然于历史之上的救世主式的"英雄",而是承担重要责任的"公务员";现代科学共同体中的"科学家",已不再是凭借个人才智而给予人类以划时代发现或发明的"英雄",而只能是依据某种"科学范式"进行科学研究的科学家集团中的"优秀分子";现代文学艺术的丰富多彩和日新月异,以及"接受主体"的"解读"方式的多样化和多元化,使得当代的"文学家"和"艺术家"已不再是"鹤立鸡群"的"文学大师"和"艺术巨匠",而是不断地超越自我的"探索者";同样,现代思想的日新月异和丰富多彩,也使得当代的"思想家"和"理论家"不再是某种不容置疑的"思想伟人",而只能是不断地向人们展现新的可能世界的"思想者";随着现代人的"公民意识"的增强和"社会公德"的普及,各种各样的"行为楷模"也失去了往昔的难以企及的神圣性,而愈来愈成为现代社会中的"好男好女"或"优秀公民"。从这个意义上说,"英雄"的现代含义表明,生活意义的标准已经不再是某种"神圣形象",因此人们才能真正地"选择"生活的意义了。

"英雄主义时代的隐退",从整个社会的层面上改变了传统社会的"英雄"与"奴隶"、"君子"与"小人"的对立,把人们从"英雄创造历史"的误区中解放出来,使得每个人都成为追求实现自我和在社会中作"优秀分子"的社会成员,使得"公民意识"成为每个人的最基本的也是最重要的自我意识,它标志着人从"传统人"变成了"现代人"。然而,这种市场经济所形成的"英雄主义时代的隐退",是"以物的依赖性为基础的",它"抹去了一切向来受人尊崇和令人敬畏的职业的光环","撕下了罩在家庭关系上的温情脉脉的面纱","一切固定的僵化的关系以及与之相适应的素被尊崇的观念和见解都被消除了,一切新形成的关系等不到固定下来就陈旧了。一切等级的和固定的东西都烟消云散了,一切神圣的东西都被亵渎了"。[4]因此,只有超越"以物的依赖性为基础的人的独立性",人才能获得真正的个性,才能真正实现每个人的全面发展。体会一下当代的"生命中不能承受之轻的存在主义的焦虑",我们就会重新思考"标准"与"选择"的关系问题。

当代社会思潮的又一个特征可以称之为"高层精英文化的失落"。在禁欲主义、蒙昧主义和专制主义"三位一体"的自然经济的生存方式中,"文化"是在教育不发达的状态下,将"文化"分为"化"者(教人者)与"被化"者(被教者)对立的两极,从而把"文化"视为向"被化"者灌输的至高无上、千真万确、不容置疑、天经地义的"真理"。这种"真理"直接地构成人们生活的"标准"。然而,以功利主义的价值取向、工具理性的思维方式和民主法治的社会体制的"三位一体"为标志的市场经济,已从根本上改变了自然经济条件下的"文化"状况。市场经济的发展,科学技术的进步,教育程度的普及,生活水平的提高,闲暇时间的增多等众多因素,使"文化"变成了"大众文化"。"大众文化的兴起"和"精英文化的失落",在"文化"的意义上弱化了两极对立的思维方式和价值观念。然而,市场经济中的"文化",同样体现的是一种"以物的依赖性为基础的人的独立性"。市场经济文化的突出特征,在于它是一种以文化商品化为基础的泛审美形象的全面增殖。广告形象、时装模特、明星效应、通俗作品日益成为文化的主体。这种商品化的文化又以工业化的方式而得以最广泛地生产与推售,并通过各式各样的现代媒体得以极为迅速和广泛地传播。"接受主体"已经变成这种商业化的文化的"被动客体"。市场经济文化已经成为"平面化"的大众化、"媚俗"的商业化、"控制"的工业化和"宣泄"的世俗化的统一。现代人的"选择"又陷入现代社会所构成的模式化的"标准"的困惑之中。

在当代社会思潮中,"理性主义权威的弱化"也是一个不容忽视和不容回避的显著特征。现代西方哲学的"消解哲学",就是这一特征的集中表达。在以"哲学文化"取代"神学文化"的近代"后神学文化"中,哲学和科学取代了神学,从而使"理性"成为人类普遍的自觉意识。这种"理性"的观念发展到作为德国古典哲学顶峰的黑格尔哲学,则成为一种取代"上帝"的"绝对精神"。对此,恩格斯曾经深刻地指出,当这个黑格尔发现,他借理性不能得到另一个凌驾于人之上的真正的上帝时,他是多么为理性而感到自豪,以致他干脆宣布理性为上帝。这样,作为"非神圣形象"的"理性"就变成了"神圣形象"的"上帝",人挣脱了在"神圣形象中的自我异化",却又陷入了"非神圣形象中的自我异化"。因此,以"理性"为标志的哲学,首当其冲的是黑格尔哲学,遭到了现代哲学的激烈批判。这种批判,包括马克思主义的以"现实的理性"(实践)对黑格尔的"抽象的理性"的批判,科学主义的以"谦虚的理性"(科学)对黑格尔的"狂妄的理性"的批判,以及人本主义的以"丰富的人性"(文化)对黑格尔的"冷酷的理性"的批判。被近代哲学奉为圭臬的"理性"的权威,在现代社会及其哲学中被不断地"弱化"了。

"理性主义"在现代社会中的"弱化",首先意味着现代社会中的人的主体意识和个性的觉醒。当黑格尔把"理性"视为人的全部丰富性(感觉、情感、意志、想象、目的等等)的深层统一性时,他便以一种泛逻辑主义的思维方式把人抽象化了。当他进而把人的"崇高"归结为"个体理性"对"普遍理性"的认同时,他就把"崇高"异化成了非人的、超历史的存在。对近代"理性主义"、特别是黑格尔的"泛逻辑主义"的批判,表现了现代人类及其哲学对于"人在非神圣形象中的自我异化"的批判。然而,这种以"两极对立模式的消解"、"英雄主义时代的隐退"和"高层精英文化的失落"为前提的"理性主义权威的弱化",却使当代人类陷入了"没有标准的选择的生命中不能承受之轻的存在主义的焦虑"之中。这就是"现代人的困惑"。

"现代人的困惑",是寻求人类"精神家园"的困惑。市场经济把它的等价交换原则渗透到全部社会生活当中,并成为现代人的生存方式,由此便造成了人与自然的异化(无休止的攫取造成的"全球问题"),人与社会的异化(社会对人的全面发展的扭曲),人与他人的异化(金钱关系所形成的人际关系的冷漠与紧张),人与自我的异化(人异化为金钱的奴隶而造成的自我的失落)。现代人的这种"物化"或"异化",使人愈益深切地感受到"精神家园"的失落。世界的符号化和自然的隐退所形成的"无根"的意识,价值尺度的多元化和不确定性所形成的"没有标准的选择",终极关怀的感性化所形成的"信仰缺失"、"形上迷失"和"意义失落",成为当代哲学最为关切的理论问题和现实问题。

以市场经济中的人的存在方式为基础的当代社会思潮,表明当代人类的生活世界处于深刻的"意义危机"之中。当代哲学作为当代"意义"的社会自我意识,它需要对这种时代性的"意义危机"做出全面的反应、批判的反思、规范性的矫正和理想性的引导。应当说,20世纪哲学,正是在这种理论自觉中演进的;新世纪的哲学,则是以这种深刻的理论自觉开始的。总结过去,展望未来,在哲学的层面上,我们应当凸显"标准"与"选择"这对范畴在哲学理论中的重要意义,并用这种范畴去重新理解人的生活、历史和发展。

注 释

〔1〕 〔法〕保罗·富尔基埃:《存在主义》,第50页。

〔2〕 《分析的时代——二十世纪的哲学家》,商务印书馆1981年版,第243页。

〔3〕 《哲学和自然之镜》,三联书店1987年版,第15页。

〔4〕 参见《马克思恩格斯选集》第2版,第1卷,第275页。

第十讲

历史与文化

文化的历史与历史性的文化
语言在历史和文化中的作用
人的文化世界与人的历史发展

　　人是超越性的、创造性的、理想性的存在,人在自己的创造性活动过程中,把现实的世界变成人的理想的现实。这就是人对世界的否定性的统一关系,也就是理想对现实的否定性统一关系。人就是在这种人对世界、理想对现实的否定性统一的活动过程中,构成了人自身的具体的、真实的、现实的存在——历史的、文化的存在。历史和文化,是人的真实的存在方式,是人的真实的生活世界。下面,我们就专门讲一讲人的历史与文化。

一　文化的历史与历史性的文化

　　我们说过,人与动物的区别在哪里? 在于人与动物的生命活动是两种不同的生命活动。动物的生命活动是"生存"的生命活动。人的生命活动是

"生活"的生命活动。但是,在理解这两种生命活动的时候,我们往往只是把"生存"和"生活"当成是动物与人的两种"维持"生命的活动,而没有把"生存"和"生活"当成是动物与人的两种"延续"生命的活动。我们只有从"延续"生命的角度去看动物的"生存"与人的"生活",才能理解人类存在的"历史"与"文化"。而只有理解了人类存在的"历史"与"文化",我们才能真实地、深刻地理解人与世界、主体与客体、小我与大我、理想与现实的关系。

动物在它的生存活动中,怎样延续其种类? 马克思说过,动物只有一个"尺度",即它所属的那个"物种的尺度",因此,动物只能是按照它所属的那个"物种的尺度"本能地适应自然,并进行它所属的那个物种的纯粹自然的物种繁衍,造成世代相传的本能的生命存在。这就是动物的"复制"式的延续其种类的生命活动。人在自己的生命活动中,是按照"任何物种的尺度"与人的"内在固有的尺度"的统一来进行生产,也就是以"合规律性"与"合目的性"的统一来进行生产,因而人的生命活动不仅仅是改造环境的过程,也是改造人本身的过程。在这个双重性的改造过程中,人类的生命延续超越了非历史的生命个体的"复制",从而实现了人所特有的"历史"。

人类的"历史",是以人类的双重性的遗传实现的。大家都知道,人类的遗传具有双重性,是"获得性的遗传"与"遗传性的获得"的统一,即"自然的遗传"与"文化的遗传"的统一。人是历史性的存在,就是"文化"的存在。人的生命活动,不仅是改变生活环境的活动,使自然"人化"的活动,把"人属的世界"变成"属人的世界"的活动,而且是改变人类自身的活动,使自身"文化"的活动,把"属人的世界"变成"文化世界"的活动。

文化是人类的遗传方式。在《遗传学与物种起源》这部著作中,杜布赞斯基对人类的遗传方式做出这样的概括:"在动物和植物中,现实形成对环境的适应性,是通过其基因型的变异。只有人类对环境刺激的反应,才主要是通过发明、创造和文化所赋予的各种行为。现今文化上的进化过程,比生物学上的进化更为迅速和更为有效","获得和传递文化特征的能力,就成为在人种内选择上最为重要的了"。[1]人类是在文化的遗传与进化中实现自身的历史发展的。

在人类的"文化遗传"中,"语言"占有极为重要的地位。生物学家认为,遗传密码和语言结构之间有着惊人的相似之处。比如,两种符号都必须在特定的系统中才获得某些意义,孤立的单位本身没有任何价值。遗传密码也跟语言符号一样,表现为层次结构,一个层次中的单位,只有经过组合上升到更高层次的单位中以后,方能确定其同一性。染色体基因的 DNA 碱基,也同语言中的音位一样,形成各种区别特征。有些结构主义语言学家认为,这样惊人的相似绝非偶然,而是因为人类的祖先传递到后代有两大类基本的信息系统,即由细胞染色体传递的生物遗传密码,和由神经—生理及社会—心理机制传递的语言能力。[2]人类的"文化遗传"表明,人的"生命的生产"表现为"双重关系":一方面是"自然关系",另一方面是"社会关系"。

"历史"作为人的存在方式,它的特殊性在于,人是自身存在的"前提"和"结果"。马克思说,"人的存在是有机生命所经历的前一个过程的结果。只是在这个过程的一定阶段上,人才成为人。但是,一旦人已经存在,人,作为人类历史的经常前提,也是人类历史的经常的产物和结果,而人只有作为自己本身的产物和结果才成为前提"。[3]在这里,马克思精辟地阐发了人作为自身存在的"前提"和"结果"所构成的"历史"的内涵。简要地分析马克思的论述,会有助于我们深化对人的"历史"和"发展"的理解。

首先,马克思的论述启发我们深刻地理解"人"是怎样的存在。

人类作为物质世界链条上的特定环节,是"自在"的或者说"自然"的存在,人类的产生是自然演化的结果,物质世界是人类存在的前提和根据。正因如此,马克思认为,"人的存在是有机生命所经历的前一个过程的结果,只是在这个过程的一定阶段上,人才成为人"。

然而,人类作为认识世界和改造世界的"主体",又是"自为"的或者说"自觉"的存在,人类是在认识和改造世界的过程中而实现自身的存在和发展。正因如此,马克思又提出,"一旦人已经存在,人,作为人类历史的经常前提,也是人类历史的经常的产物和结果,而人只有作为自己本身的产物和结果才成为前提"。"历史"是人类存在与发展的真正"前提"。

上述的"正题"和"反题"表明,需要从"合题"去理解人的存在:作为"自在"的或"自然"的存在,人类统一于物质世界,物质世界是人类生存和发展的根据和前提,人类永远是"自然"的存在;作为"自为"的或"自觉"的存在,人的存在又只能是自己创造自己的过程,人类的历史是人类生存和发展的根据和前提,人类永远是"超自然"的存在;作为既"自在"又"自为"、既"自然"又"自觉"的存在,人类以自己的历史活动而实现"自然性"与"超自然性"、"物的尺度"与"人的尺度"、"合规律性"与"合目的性"的统一,并从而实现自身的"发展"。

其次,马克思的论述启发我们深刻地理解"历史"是怎样的过程。

人作为"历史的经常前提",总是"历史的经常的产物和结果",他们的历史活动总是决定于在他们以前已经存在、不是由他们创立而是由前代人创立的历史条件。就此而言,"历史条件"又成为人们创造历史的"前提",而每代人又都是作为历史的"产物"和"结果"而存在。这样,人们的历史活动就不是"随心所欲"的,人们的历史活动的结果总是表现为不以人们的意志为转移的历史发展规律。历史的"发展"成为人的"发展"的前提。

作为"前提"的"历史条件",包括"物质"的和"精神"的两大方面。马克思和恩格斯说,"历史的每一阶段都遇到有一定的物质结果、一定数量的生产力总和,人和自然以及人与人之间在历史上形成的关系,都遇到有前一代传给后一代的大量生产力、资金和环境,尽管一方面这些生产力、资金和环境为新的一代所改变,但另一方面,它们也预先规定新一代的生活条件,使它得到一定的发展和具有特殊的性质"[4]。同时,作为"前提"的"历史条件"还包括种种的"文化条件"。人类的语言是历史文化的"水库",历史的文化积淀占有个人。人们使用语言,就是被历史文化所占有。语言的历史变化,规定着人们对世界的理解,因而也就体现着人的历史性变化和规范着人的历史性发展。

同时,人作为"历史的经常的产物和结果",人又获得了创造历史的现实条件和现实力量,并凭借这种现实条件和现实力量去改变自己和自己的生活世界,实现历史的进步,并为自己的下一代创造新的"历史条件"。因此,人们又是自己创造自己的历史,人们自己是自己的历史的"前提",历史就是追求自己的目的的人的活动过程,历史就是实现人的自身发展的特殊方式。

"历史",它实现了生命演化的自我超越,它实现了人类生活的自我发展。

二 语言在历史和文化中的作用

人类的"历史"与"文化",与人类的"语言"是密不可分的。马克思说,"语言和意识具有同样长久的历史";"语言是一种实践的、既为别人存在并仅仅因此也为我自己存在的、现实的意识"。[5]语言作为"现实的意识",不仅仅把个人的当下的意识变成可以沟通和交流的言语行为,而且能够把人的世世代代的意识活动的产物"贮存"于历史文化的"水库"之中。

在谈论语言的时候,文化哲学家卡西尔提出,语言的"具有决定意义的特征并不是它的物理特性而是它的逻辑特性。从物理上讲,语词可以被说成是软弱无力的;但是从逻辑上讲,它被提到了更高的甚至最高的地位:逻各斯成为宇宙的原则,并且也成了人类知识的首要原则";"在这个人类世界中,言语的能力占据了中心的地位。因此,要理解宇宙的'意义',我们就必须理解言语的意义"。[6]

语言的力量,在于它是沟通人与世界的"中介",是把世界变成人的世界的"中介"。虽然"世界"在人的"意识"之外,即"世界"不依赖于人的"意识"而存在,然而"世界"却在人的"语言"之中,即人只能在"语言"中表述"世界";"语言"既是人类存在的消极界限,即"语言"之外的"世界"对人来说只能是一种"有之非有"或"存在着的无",又是人类存在的积极界限,即"世界"在"语言"中从"有之非有"转化成对人来说的真正的存在;正是在人的"语言"中凝聚着人类认识的全部成果、人类文化的全部结晶,因而"语言"成为人的历史文化的"水库"。离开"语言",就是离开人的"历史文化",因而也就把人与世界的现实的、真实的"关系"变成了虚幻的、抽象的"关系"。

"语言"保存着历史的文化积淀,历史的文化积淀由语言去占有个人。使用语言,就是理解历史文化、理解历史和理解人自身过程的发生。语言的历史变化,规定着人的"前理解",因而也就体现着人的历史性变化和规范着人的历史性发展。人从属于历史,也就是从属于语言;人只有从属于语言,才能实现自我理解和相互理解。由此,哲学解释学提出了一种新颖的看法,即:人创造了语言,但人却从属于语言;人创造的不是一种工具,而是人自己的存在方式。[7] 从这种角度看,就不是人在使用语言,而是语言构成人的存在。

"语言"作为历史文化的"水库"而占有世世代代的个人,这意味着,人既是在"语言"中去接受和理解"历史文化",又是通过"语言"去解释和更新"历史文化"。这就意味着,"语言"使"历史"与"现实"之间、"历史视野"与"个人视野"之间存在一种"张力"——历史文化对个人的"占有"与个人"解释"历史文化的对立统一。正是这种"张力"中的"历史"与"个人"的统一,构成了每个人的独特的"意义世界"。

人的观念是内在的,而人的语言则是可表达的,因而观念必须以语言的形式而确定为思想,也就是说"语言是思想的寓所"。不仅如此,观念还必须以语言的方式实现对世界的把握、理解和描述,因而又可以说"语言是世界的寓所"。进而言之,观念只能是"意识"这一极的存在,语言则消解观念与存在的二元对立,成为"思想与世界相统一的寓所"。更为重要的是,观念必须以语言(文字)的方式而实现其历史性的社会遗传,并积淀为人类的"文化",因此又可以说"语言是历史文化的水库"。作为历史文化的"水库",语言形式是丰富多彩的,它表现为日常语言、艺术语言、科学语言等等,从而实现以语言形式的多样性去展现人的世界的丰富性。这样,人类意识就以语言为中介照亮了人的世界。

作为历史文化的"水库",人类的词语并不是孤立的存在。现代语言学大师索绪尔告诉我们,关于语言,在我们所能设想的一切比拟中,最能说明问题的莫过于把语言的运行比之于下棋。首先,下棋的状态与语言的状态相当。棋子的各自价值是由它们在棋盘上的位置决定的,同样,在语言里,每项要素都由于它同其他各项要素对立才能有它的价值。其次,系统永远只是暂时的,会从一种状态变为另一种状态。再次,从一个平衡过渡到另一个平衡,从一个共时态过渡到另一个共时态,局部性的变化可能产生全局性的影响。[8]这说明,"语言"是系统性的存在、历史性的存在。它系统性地显现人类意识的丰富多彩,历史性地显示人类意识的发展变化。

在《普通语言学教程》这部名著中,索绪尔为我们深入地辨析了"语言"与"言语"的关系。这应该引起我们的特别关注。他提出,"语言活动有个人的一面,又有社会的一面;没有这一面就无从设想另一面。在任何时候,言语活动既包含一个已定的系统,又包含一种演变;在任何时候,它都是现行的制度和过去的产物。""把语言和言语分开,我们一下子就把(1)什么是社会的,什么是个人的;(2)什么是主要的,什么是从属的和多少是偶然的分开来了。"[9]

通过辨析语言与言语,我们可以得到这样一些基本认识:"语言"表述的是外在于个人的社会性存在,它作为制约人的存在的"制度"而存在,作为人的存在的"规则"而存在。在这个意义上,是"语言"占有个人,个人是历史的"结果"。"言语"表述的是历史性存在的个人的语言实践,它作为个人的物理的、生理的和心理的统一性活动而存在,作为个人活动而存在。在这个意义上,是个人占有"语言",言语是语言的现实。正是在这种语言占有个人与个人占有语言的双重化过程中,人类意识超越了它的内在性、一极性、单一性和非历史性,获得了多样性的表现形态,取得了历史文化的现实性。

语言的重要特点,还在于它具有逻辑的与人文的双重属性。在现代哲学的"语言转向"中,所谓的"分析哲学"突出语言的逻辑特性,所谓的"人文哲学"则突出语言的人文特性。通过对语言的逻辑特性的研究,分析哲学凸现了"语义的单义性"、"概念的确定性"和"意义的可证实性"。与此相反,人文哲学通过对语言的人文性的研究,则凸现了"语义的隐喻性"、"概念的非确定性"和"意义的可增生性"。分析哲学与人文哲学的研究结果,既是从两个极端凸现了语言的特性,又是在它们的相互融合中显现了语言的多侧面、多层次的"张力"。也许,正是语言的这种"张力",才能够表现多姿多彩、变幻万千的人类意识,才能构成源远流长、内涵丰厚的历史文化。

为了从哲学层面上深化对语言的历史文化意义的理解,我们可以进一步讨论现代西方哲学"语言转向"的根据与意义。对此,我们可以做出如下四个方面的分析:

第一,现代西方哲学之所以高度重视从哲学上研究语言,首先是因为,它们形成了这样的一种基本认识:虽然世界在人的意识之外(世界不依赖于人的意识而存在),但世界却在人的语言之中(人只能在语言中表述世界);语言既是人类存在的消极界限(语言之外的世界对人来说只能是存在着的无),又是人类存在的积极界限(世界在语言中使自己成为对人来说的真正的存在);正是在语言中才凝聚着自然与精神、客观与主观、存在与思维、真与善等等的深刻矛盾,才积淀着人类思维和全部文化的历史成果(语言是历史文化的"水库")。因此,它要求从语言出发去反省人与世界的关系。

这种"语言转向"的出发点表明,它是以"倒退"的形式推进了哲学的自我认识。"古代"哲学离开对人类意识的反省,直接地从认识对象出发去寻求"万物的统一性",因此它所能达到的只能是素朴的实在论或"野蛮"的理念论,也就是把"万物的统一性"归结为德谟克利特的"原子"或柏拉图的"理念"。"近代"哲学从古代哲学直接断言"万物的统一性"而"倒退"回对人类意识的认识论反省,从思维与存在的二元对立中去寻求二者的统一性即追究"思想的客观性",因此,近代哲学以"倒退"的形式而自觉地提出了哲学的基本问题——思维和存在的关系问题,从而实现了哲学发展史上的"认识论转向"。"现代"哲学又把近代哲学的认识论反省"倒退"到对人类语言的"分析"或"解释",从人类文化的多样统一性去寻求人的自我理解,因此,现代哲学是以"倒退"的形式把思维和存在相统一的诸种中介环节凸现出来,在语言的批判中深化对人的存在及其与世界的相互关系的理解。

第二,现代西方哲学之所以高度重视从哲学上研究语言,这还是因为,他们试图通过对语言的反省而"治疗"传统哲学。在本世纪初,许多著名的现代西方哲学家如罗素、维特根斯坦、石里克、卡尔纳普等就明确地提出,哲学问题从根本上说是语言问题。他们的见解可以大致归纳如下:其一,在"本原"的意义上,哲学并不提供知识或理论,而只是"分析"和"澄清"人们表达的含义。他们认为,苏格拉底的"诘问法"为后世一切真正的哲学树立了榜样,即追究语言的含义的榜样;其二,古往今来的思辨哲学家们制造了种种无法解决的哲学问题,原因就在于他们"错误地使用语言";其三,由于现代逻辑的发展,人们已经能够正确地把握语言的本质和结构,从而能够厘清由于"误用语言"而产生的"形而上学困惑"。[10]在这种概括中,比较明确地表达了现代哲学语言转向所要回答和解决的三个主要问题:哲学是什么;传统哲学的误区何在;现代哲学转向的根据。

第三,现代西方哲学之所以高度重视从哲学上研究语言,这还是因为,他们不仅从批判传统哲学和实现"哲学科学化"的视角去看待哲学中的"语言转向",而且愈来愈深切地从"文化批判"和"人文研究"的视角去看待哲学中的"语言转向"。现代的哲学解释学认为,人类运用语言来理解世界和表达人类对世界的理解,反过来看,语言又是对人的理解方式和理解程度的表达。因此,对于语言的分析,就不仅仅是分析人所理解的世界,而且首先是分析人对世界的理解。这后一种分析,就是对理解的理解。正是从这种认识出发,哲学解释学给自己提出的任务是,在谈论人如何理解世界和人如何理解自己之前,必须首先考察理解本身和理解的可能性条件。

第四,现代西方哲学之所以高度重视从哲学上研究语言,还因为"语言"与"观念"相比,具有更为广阔和深切的哲学反思价值。近代哲学的"认识论转向",是从"观念"出发去反省"思维"与"存在"的关系问题,因此,"观念"是近代哲学研究的重心和出发点。在这个意义上,近代哲学的"认识论转向",也可以称做"观念论转向"。与近代哲学不同,现代哲学的"语言转向",是从

"语言"出发去透视"思维"与"存在"的关系,"语言"是现代哲学研究的重心和出发点。

对比"观念"和"语言",我们可以发现,对"语言"的分析或解释,具有更为广阔和深切的哲学反思价值:观念必须以语言的形式而确定为思想,因此可以说"语言是思想的寓所";观念以语言的方式而实现对世界的把握、理解和描述,因此又可以说"语言是世界的寓所";在观念与存在的关系中,观念和存在各是对立的一极,语言则是消解观念与存在的二元对立,实现观念与存在的统一的中介,因此也可以说"语言是思想与世界相统一的寓所",观念必须以语言(文字)的方式实现其社会遗传,并从而积淀为"文化",因此又可以说"语言是历史文化的水库";观念必须以语言的方式实现主体间的思想交流,因此可以说语言是交往实践的中介;语言形式是丰富多彩的,它表现为日常语言、艺术语言、科学语言等等,从而实现观念以语言形式的多样性而达到对世界的丰富性的把握;语言作为观念的客观载体,它构成思想批判的对象,从而使观念以语言为中介而实现其自我批判;观念作为心理过程,它的超自然性(社会性)是以自然性过程表现出来的。语言则不仅以符号化的方式实现其超自然性,而且以其"客观知识"的存在方式而构成逻辑分析的基础;观念自身无法实现其社会遗传,因而也无法实现其自主发展。语言作为历史文化的"水库",它的演化与发展具有某种"不以人的主观意志为转移"的自主性,并因而构成人与社会发展的重要前提。

由近代哲学的"观念论"转向现代哲学的"语言学",这并非仅仅是某种"逻辑"的结果,从根本上说,这种"转向"是理论地表征了人的存在方式的变革。这一点应当引起大家的深思。从哲学形态上看,"观念"与"语言"何者成为人的存在方式的理论表征,表现了人的存在方式的划时代性的变革,以下我们来作具体的分析。

"观念"体现的是个体理性把握世界的英雄主义时代,"语言"体现的则是社会理性把握世界的英雄主义时代的隐退。这是因为,以公共性的"语言"表征人的存在方式,意味着社会理性的普遍化,它代替了"观念"所表征的某些"英雄人物"对理性的垄断与统治。

"观念"体现的是个人私德维系社会的精英社会,"语言"体现的则是社会公德维系社会的公民社会。这是因为,历史性和公共性的"语言"表征的人的存在方式,意味着社会公德的普及化,它代替了以"观念"所表征的某些"精英人物"的私德的表率作用。

"观念"体现的是个体的审美愉悦的精英文化,"语言"体现的则是社会的审美共享的大众文化。这是因为,"语言"所表征的人的存在方式,是主体间性的普遍化和多样性,它代替了以"观念"所表征的某些"精英文化"的文化垄断。

"观念"体现的是交往的私人性的封闭社会,"语言"体现的则是交往的世界性的开放社会。这是因为,"语言"所表征的人的存在方式,是主体间的开放性的广泛交流与沟通,它代替了以"观念"所表征的狭隘的交流空间。

"观念"体现的是主体占有文化的教育的有限性,"语言"体现的则是文化占有主体的教育的普及性。这是因为,"语言"所表征的人的存在方式,是人被历史文化的"水库"所占有,而这种"占有"的前提则是教育的普及,它代替了以"观念"所表征的有限的教育及其对主体的占有。

"观念"体现的是客体给予意义的对"思想的客观性"的寻求,"语言"体现的则是主体创造意义对"人的世界的丰富性"的寻求。这深刻地表现了近代哲学与现代哲学的重大区别。在"观念论"中,"意义"是客体给予主体的,因此近代的观念论的根本问题是寻求"思想的客观性"。在"语言转向"中,"意义"离不开主体的创造活动,因此现代哲学诉诸人的存在方式及其所创造的人与世界之间的丰富关系。

"观念"体现的是"人类征服自然"的"实践意志的扩张","语言"体现的则是"人与自然的和谐"的"实践意志的反省"。近代哲学的"观念论"的突出特征是张扬人的理性的能动性,表现了人类征服自然的欲望与能力。"语言"所表征的人的存在方式,则是以对语言的批判性反思而反省人与世界的关系、反省人类实践的结果,从而促进人类的新的世界观的形成。

在现代哲学的"语言转向"中,人类存在的矛盾性以"语言"为载体而获得深刻的揭示。这对于我们理解作为人类自我意识理论的哲学,是非常有意义的。

首先,语言的社会性与言语的个体性的矛盾,使社会与个人、传统与现实、共性与个性的矛盾获得了具体内容。

"语言"表述的是外在于个人的社会性存在,它作为制约人的存在的"制度"而存在,作为人的存在的"规则"而存在。在这个意义上,是"语言"占有个人,个人是历史的"结果"。"言语"表述的是历史性存在的个人的语言实践,它作为个人的物理的、生理的和心理的统一性活动而存在,作为个人活动而存在。在这个意义上,是个人占有"语言",言语是语言的现实。

在语言与言语的关系中,语言的共时性与言语的历时性、语言的结构性与言语的事件性、语言的形式性与言语的实质性、语言的系统性与言语的过程性、语言的规则性与言语的事实性、语言的齐一性与言语的多样性、语言的内在性与言语的外在性、语言的自主性与言语的受制性、语言的潜在性与言语的现实性、语言的静态性与言语的动态性等关系,为深切反思人的存在方式提供了丰富的理论内容。

其次,语言的存在与功能的关系,是现代哲学理解人类存在和人的世界的多样统一性的重要出发点。

人们通常把语言视为交流的"工具",而不是把语言视为人的存在方式,因而总是离开人的存在方式去看待语言。在现代哲学的"语言转向"中,特别是在欧陆哲学的"语言转向"中,则突出地探讨了语言与历史文化的关系、语言与人的思想方式和行为方式的关系,语言与人类文化的多样性和统一性的关系。

再次,语言的逻辑性与人文性的关系,是现代哲学中的科学主义与人本主义"双峰对峙"的重要根源,也是它们相互融合的重要基础。

现代哲学中的科学主义思潮与人本主义思潮的冲突,直接地聚焦于对"语言"的理解。科学主义思潮强调语言的逻辑特性,因而要求语义的单义性、概念的确定性和意义的可证实性;与此相反,人本主义思潮则强调语言的人文性,因而突出语义的隐喻性、概念的非确定性和意义的可增生性。对语言的逻辑性与人文性的辩证理解,在一定的意义上,是实现科学主义思潮与人本主义思潮合流的前提,也是实现对人的"理性"与"非理性"、"逻辑"与"直觉"、"意识"与"无意识"等等辩证理解的前提。

以人的历史活动为中介而探索人与世界的关系问题,这是整个现代哲学的共同特征。但是,人的历史活动是以多种多样的中介环节而构成人与世界的对立统一关系的。从语言、科学、艺术、宗教、伦理等中介环节出发,都可以构成某种统一性原理去说明人与世界的统一。然而,正是由于现代西方哲学的各流派分别抓住某一环节并加以片面地夸大,才使之成为现代的唯心主义哲学。马克思的实践辩证法理论,则不仅在于它把人与世界对立统一的诸种关系扬弃为人类实践活动的内在环节,而且在于它揭示了人类最基本的实践活动——物质生产活动——在人与世界关系中的基础地位。它以物质生产活动为基础去说明科学、文化、艺术、宗教和语言的历史,说明由它们的交互作用而构成的人类历史存在的进步性、局限性和正在展开的可能性,从而为人类找到了真正的安身立命之本。

三 人的文化世界与人的历史发展

人的世界,是人的文化的世界;人的文化的世界,是通过人类把握世界的各种基本方式而形成的世界;所以,我们只有从人类把握世界的多种方式出发,才能理解人的世界的文化性,才能了解人的文化世界的历史性和丰富性。

我们在前边讲过,人类把握世界的基本方式,主要是以人的实践活动为基础的神话的、宗教的、艺术的、伦理的、科学的和哲学的方式,所以,我们这里就来谈谈人给自己创造的神话的、宗教的、艺术的、伦理的、科学的和哲学的世界,也就是人的文化的世界。

什么是神话的世界？我把神话的世界叫做"自然世界的超越"。

人类来源于自然界。"自然界起初是作为一种完全异己的、有无限威力的和不可制服的力量与人们对立的,人们同它的关系完全象动物同它的关系一样,人们就象牲畜一样服从它的权力,因而,这是对自然界的一种纯粹动物式的意识(自然宗教)。"[11]人的这种"纯粹畜群的意识",如果有不同于"纯粹动物"的地方,就在于"他的意识代替了本能,或者说他的本能是被意识到了的本能"。[12]

人的代替"本能"的"意识","它不用想象某种真实的东西而能够真实地想象某种东西"。[13]这就是人类意识的超越性:它超越了"意识对象"的限制,而把意识所想象的对象当做真实的"意识对象"。人类意识的这种超越性,最初就表现为人的意识所创造的"神话"对自然世界的超越。

神话的方式是一种"幻化"的方式,也就是把人和世界双重幻化的方式。在神话的幻化方式中,它既以宇宙事件来看待人的行为,又以人的情感和意愿来看待宇宙事件,从而构成了一幅神话意义的世界。比如,风调雨顺或旱涝成灾、风和日丽或电闪雷鸣,在神话的意义世界中,或是神灵的恩赐,或是神灵的惩罚,宇宙事件被拟人化为情感或意愿的表达。在这种神话思维中,自然事件被拟人化了,自然事件被解释为人的事件的形式。通过类比人类的动机、反应、目的、愿望和恐惧,自然事件就被设想为具有某种情感或意志的事件。

在神话的世界图景中,生命的统一性与连续性,是它的鲜明的底色和基调。德国文化哲学家卡西尔提出,"整个神话可以被解释为就是对死亡现象的坚定而顽强的否定"。[14]在人的神话意识中,生命的无所归依的消失,既是无法接受的,也是无法忍受的。于是,在人的意识所创造的神话世界中,自然中的万物都具有生命活动的意义,生命活动也具有宇宙事件的意义,而某个生命的消逝也具有了生命的转移或再生的意义。或许正是由于这种神话式的"思维方式"超越了天与人、人与物的隔断,因而诗人的心灵在本质上总是神话的心灵。

什么是宗教的世界？我把宗教的世界叫做"世俗世界的超越"。

人类意识的超越性,在于"它不用想象某种真实的东西而能够真实地想象某种东西"。人类以宗教的方式所构建的"彼岸世界",就是人类的超越意识的作品。人类在自己的超越意识中创造了宗教,创造了与"此岸"的"世俗世界"相对待的"彼岸"的"神灵世界",也就是宗教的世界。

人在宗教中创造了超人的"神圣形象"。宗教的本质特征,在于对神的信仰。当人们感到对自然界异己的力量不能掌握并因而无法依赖时,便会转向对超自然的宗教世界的信仰和依赖。这正如马克思所说,"宗教是那些还没有获得自己或是再度丧失了自己的人的自我意识和自我感觉"。[15]然而,在对宗教的理解中,我们还必须看到,就宗教的文化价值说,它是人类所创造的"意义世界",表现了人对生命意义的寻求。

人无法忍受自己只是浩渺宇宙中的匆匆过客式的存在,更无法忍受自己只能是无声无息、一了百了地死去。生命的无所归依的毁灭,是无法接受的,也是无法忍受的。于是,在神话的意义世界中,生命活动具有了宇宙事件的意义,生命消逝具有了灵魂转移的再生的意义。宗教,它以"神"的形象使人的存在获得"神圣"的意义。宗教中的神圣形象,把各种各样的力量统一为至高无上的力量,把各种各样的智能统一为洞察一切的智能,把各种各样的情感统一为至大无外的情感,把各种各样的价值统一为至善至美的价值。这样,宗教中的神圣形象,就成为一切力量的源泉,一切智能的根据,一切情感的标准,一切价值的尺度,人从这种异在的神圣形象中获得存在的根本意义。

人创造了宗教,是为了从宗教中获得存在的神圣意义。然而,对人来说,宗教的神圣意义,恰恰表明了人的悖论性存在:生活的意义来源于宗教的神圣意义,这意味着人把自己的本质力量异化给了宗教的神圣形象,是人还没有获得自己或再度丧失了自己的自我感觉和自我意识;消解掉宗教的神圣意义,这意味着生活本身不再具有神圣的意义,生活失落了规范和裁判自己的最高的根据、标准和尺度。如果存在宗教的神圣意义,人的生活就具有宗教赋予的神圣意义;如果不存在宗教的神圣意义,人就是宇宙中的匆匆过客,死亡就是不可再生的永逝。意识到神圣形象的存在,会感受到人的全部思想和行为都被一种洞察一切的力量监视,因此生活变得"不堪忍受之重";意识到神圣形象的消逝,会感受到人的一切思想与行为都只不过是自己在思想和行为,因此生活变得"不能承受之轻"。这就是人在宗教世界中所感受的和承受的不可解脱的"矛盾"。

什么是艺术的世界?我把艺术的世界叫做"无情世界的超越"。

人创造了宗教,是为了从宗教中获得存在的神圣意义;然而,由于人在宗教中把自己的本质异化给了"上帝"(神)的存在,结果人又在宗教中造成了自身存在意义的失落。这就是人的意识所创造的宗教的意义世界的悖论。超越这个陷入悖论的宗教的意义世界,在于人类意识还创造了多样的"文化世界"。艺术,就是人类意识所创造的表现人的情感深度的世界。

不管人们对艺术有多少不同的理解,艺术总是为人类展现了一个审美的世界,一个表现人的感觉深度的世界,一个深化了人的感觉与体验的世界。在艺术世界中,情感体验本身获得了自足的意义。艺术使个人的感受条理化,使个人的体验和谐化,它调整和升华了人的感受与体验。艺术又使人的情感对象化、明朗化,在想象的真实中获得真实的想象。在艺术的世界中,人的生活获得了美的意义与价值。

艺术世界是美的世界,艺术创造是美的创造。艺术直接地、鲜明地、集中地体现着人是按照美的规律来塑造,艺术确证着人类心灵的复杂性、丰富性和创造性,确证着人与世界之间的丰富多彩的矛盾关系。文学家雨果有一名言:科学——这是我们,艺术——是我。

作为"我"的艺术,是以艺术形象的方式而成为人类把握世界的一种特殊方式。理论要通过逻辑论证来"以理服人",艺术则要通过艺术形象来"以情感人"。艺术形象以其所具有的审美意义来激发人们的美感,因而艺术形象必须具有艺术美的典型性、理想性和普遍性,也就是"艺术性"。实际上,艺术并不是离开"我们"的单纯的"我",而是以艺术的方式所实现的"我"与

"我们"的对立统一。在艺术活动中，"我"是"画内音"，而"我们"则是"画外音"，即：艺术以"我"的声音发言，而艺术所表达的"我们"共同的情感与意愿则蕴涵于"我"的艺术表现之中。伟大的科学家爱因斯坦曾经指出，"这个世界可以由乐谱组成，也可以由数学公式组成"。因此，对于艺术中的"我"与"我们"的关系，应予以辩证的理解。

艺术把人带入美的境界，是因为艺术展现了生命的活力与创造，艺术表现了充满活力与创造的生命。艺术是人类超越意识的体现，艺术是生命的形式。

艺术美不仅是人的创造性的结晶，而且它本身就是生命活动的体现。艺术美的根基，在于艺术本身是"生命的形式"。齐白石的"虾"不能在江海中嬉戏，徐悲鸿的"马"不能在草原上奔驰；然而，人们却在这"虾"或"马"中感受到了生命的活动与创造，体验到了强烈的艺术创造的生命之美。艺术，只有显示生命的欢乐与悲哀，生命的渴望与追求，生命的活力与创造，才有艺术之美；欣赏艺术作品，只有体验到生命的广大与深邃，生命的空灵与充实，才能进入艺术的世界，才能以艺术滋润生命，涵盖生命，激发生命的创造，创造美的生活。

人是创造性的存在，人是自己所创造的文化的存在。文化的历史积淀造成人的愈来愈丰富的心灵的世界、情感的世界、精神的世界。人需要以某种方式把内心世界对象化，使生命的活力与创造获得某种特殊的和稳定的文化形式。这种文化形式就是创造美的境界的艺术。

艺术形象，都是把情感对象化和明朗化，又把对象性的存在主观化和情感化，从而使人在艺术形象中观照自己的情感，理解自己的情感，品味自己的情感，使人的精神世界、特别是情感世界获得稳定的文化形式。因此，艺术形象比现实的存在更强烈地显示生命的创造力，更强烈地激发生命的创造力。对于人的生命体验、特别是情感体验来说，艺术世界是比现实存在更为真实的文化存在。

什么是伦理的世界？我把伦理的世界叫做"个体世界的超越"。

　　"社会"是人类生活的前提,"伦理"则是维系人的社会性存在的基础。在汉语中,"伦,犹类也;理,犹分也"。"伦"字有类、条理、顺序、秩序等基本含义,继后有引申义"关系",因而古代思想家强调对人们"教以人伦",认为父子、君臣、夫妇、长幼、朋友之间的亲、义、别、序、信是人们之间的最重要的"人伦"关系;"理"字本义为"治玉",引申为分、条理、道理、规则等词义,而"分"则是指本分、职责。"伦理"二字的含义,就是指人们在各种社会关系中应遵守的规则和应尽到的职责。人类意识的超越性,在人类自己的社会生活中,最为重要的就是体现在超越"小我"的道德意识和伦理观念上。

　　黑格尔在他所著的《精神现象学》中,区分了自我意识发展的三个主要阶段,这就是"单个自我意识"、"承认自我意识"和"全体自我意识"这三个阶段。"单个自我意识",它只意识到自身存在、自己的同一性和同其他客体的区别。"承认自我意识",其前提是人际关系的产生,人意识到自己是为他人存在。"全体自我意识",相互作用的"自我性"掌握"爱情、友谊、勇敢、诚实、荣誉"的共同原则,从而不仅意识到自己的差异,而且意识到自己的深刻共同性以至同一性。这种共同性就构成"道德实体",由此便形成以"小我"与"大我"的关系为内容的个体性与普遍性、独立性与依附性、个人利益与整体利益、价值取向与价值导向、价值认同与价值规范等等的矛盾关系。这些矛盾关系又构成了对人类的生存与发展具有重大意义的伦理道德问题、价值规范问题、政治理想问题、社会制度问题、社会进步问题和人类未来问题。

　　人是社会的、历史的存在,人的个体生命是同社会发展的历史过程密不可分的;反过来看,历史就是追求自己的目的的人的活动过程,历史发展又是同人的创造意义的生命活动密不可分的。正因如此,马克思说:"首先应当避免重新把'社会'当做抽象的东西同个体对立起来。个体是社会存在物。因此,他的生命表现,即使不采取共同的、同其他人一起完成的生命表现这种直接形式,也是社会生活的表现和确证。人的个体生活和类生活并不是各不相同的,尽管个体生活的存在方式必然是类生活的较为特殊的或者较为普遍的方式,而类生活必然是较为特殊的或者较为普遍的个体生活。"[16]

人们以伦理的方式把握世界，就形成了以某种价值观为核心，以相应的伦理原则和伦理规范为基本内容的伦理文化。在任何时代的"时代精神"中，伦理文化都具有显著的重大意义。一个社会的伦理文化和伦理精神的扭曲，都会造成人的生活意义的扭曲、变形和失落。

现在我们再讲科学的世界。我把科学的世界叫做"经验世界的超越"。

科学是一种人类活动，是一种人类把握世界的基本方式，是理性和进步的事业。

科学作为人类的一种活动，它是人类运用理论思维能力和理论思维方法去探索自然、社会和精神的奥秘，获得关于世界的规律性认识，并用以改造世界的活动。

科学作为人类把握世界的一种基本方式，它区别于对世界的宗教的、艺术的、伦理的、常识的和哲学的把握，是人类运用科学的思维方式和科学的概念体系去构筑科学的世界图景的方式。

科学作为理性和进步的事业，它是科学的思维方法和科学的概念系统的形成和确定、扩展和深化、更新和革命的过程。科学发展过程中所编织的科学概念和科学范畴之网，构成了愈来愈深刻的科学世界图景，也构成了人类认识世界的愈来愈坚实的阶梯和支撑点。

人类的科学发展史是科学思维方法和科学概念系统的形成和确定、扩展和深化、更新和革命的历史。科学理论所编织的概念、范畴之网，构成人类认识的"阶梯"和"支撑点"，从而推进人类认识的不断发展。

对于 20 世纪的科学，我国学者曾作过这样的总体性概括："从 19 世纪末至今，现代科学 90 余年的进程大体可分为三个阶段。前 30 年为物理学革命阶段。其主要标志是 X 射线，放射现象和电子等物理学三大新发现，量子假说的提出和爱因斯坦相对论的建立。它不仅把人类科学视野由低速、宏观领域推进到高速、微观领域，而且意味着对所有学科的理论基础、方法论原则进行了一次时代性洗礼，萌动着科学研究模式的变革。本世纪 20

年代末到 50 年代初是现代基础自然科学普遍深入发展时代,其标志是量子力学的确立和核物理学的长足发展。量子力学确立的新的理论秩序和科学思维模式,为整个科学尤其是为原子核物理学、粒子物理学、固体物理学、量子电子学、物理化学、生物学、天文学、宇宙学等基础学科的崛起开拓了广阔的前景。从 50 年代始,现代科学进入了综合发展时期。其主要标志是以生物工程、微电子技术、新材料工艺为三大基干的知识工程部门,和以信息论、控制论及系统论为核心的方法论学科的兴起。物理学革命的冲击。基础自然科学纵横两方面的高速发展,使科学在高度分化的基础上,形成了一个高度综合、浑然一体的网络结构。当代新兴科学的高涨——新的科学技术革命,正是这三个阶段科学运动的直接产物。"[17]

当代科学技术的最显著的特点,是它的发展呈指数增长的趋势。本世纪 60 年代以来人类所取得的科技成果的数量,比过去的两千余年的总和还要多。有人认为,截至 1980 年,人类社会获得的科学知识的 90% 是第二次世界大战 30 余年间获得的。人类的科技知识,19 世纪是每 50 年增加 1 倍,20 世纪中叶是每 10 年增加 1 倍,当前则是每 3 年至 5 年增加 1 倍。当前,超级计算机最快运用速度已达 320 亿次/秒。人们现又开始研制光学计算机。它的信息处理速度将比电子信息处理速度快 1000 倍,甚至有人预测快 1 万倍。[18]

我国有关部门在 1999 年 12 月进行了一次关于"20 世纪影响人类生活的 20 大科技发明"的民众调查,结果是电脑位居"世纪发明"之首,其余各项依次为人造地球卫星、核能、因特网、电视机、激光、飞机、汽车、基因工程、无线电、光导纤维、航天飞机、雷达、克隆、避孕药、胰岛素、机器人、硅片、塑料和超导体。20 世纪的技术发明深刻地改变了人类的生活方式,从而也使科学精神成为本世纪的时代精神。

最后,我们再来简要地谈谈我们正在讨论的哲学世界。我把哲学的世界叫做"有限世界的超越"。

人类意识总是渴求在最深刻的层次上解释世界的一切现象,因而总是指向对确定性、简单性、必然性、规律性和统一性的寻求,也就是对"终极存在"的寻求。大家知道,化学寻求基本元素,物理学寻求基本粒子,生物学寻求遗传基因,这正是对"终极存在"的关怀。自然科学、社会科学、思维科学和数学都要寻求"基本原理",这正是对"终极解释"的关怀。当代美国哲学家瓦托夫斯基指出,"不管是古典形式和现代形式的形而上学思想的推动力都是企图把各种事物综合成一个整体,提供出一种统一的图景或框架,在其中我们经验中的各式各样的事物能够在某些普遍原理的基础上得到解释,或可以被解释为某种普遍本质或过程的各种表现"。[19]这正表明了人类思维对统一性的寻求。

人类思维寻求作为世界统一性的"终极存在"和作为知识统一性的"终极解释",并不是超然于人类历史活动之外的玄思和遐想,而是企图通过对"终极存在"的确认和对"终极解释"的占有,来奠定人类自身在世界中的安身立命之本,即人类存在的最高支撑点。人类对终极存在和终极解释的关怀,植根于对人类自身终极价值的关怀。人类意识对"终极存在"、"终极解释"和"终极价值"的寻求,表现为哲学的"本体论"式的"终极关怀"。

寻求"终极存在"、"终极解释"和"终极价值"的哲学,它的"终极关怀"是以思想的自我反思的方式实现的,所以,我们就以哲学对有限世界的超越来结束"历史与文化"这一讲,又以哲学对思想的"反思"开始我们下面的哲学思考,这就是从"反思"的层面去探索"存在",具体地说,就是从哲学的"反思"去探索"思维与存在"、"思想与反思"、"存在与本体"、"存在与表征"、"理念与境界"的关系问题。

注 释

〔1〕 杜布赞斯基:《遗传学与物种起源》,第288页、289页。

〔2〕 参见陈明远:《语言学和现代科学》,四川人民出版社1984年版,第113页。

〔3〕 《马克思恩格斯全集》第26卷,第545页。

〔4〕 《马克思恩格斯选集》第1卷,第43页。

〔5〕 同上,第 35 页。

〔6〕 卡西尔:《人论》,上海译文出版社 1985 年版,第 143 页。

〔7〕 参见殷鼎:《理解的命运》,三联书店 1988 年版,第 268 页。

〔8〕 参见索绪尔:《普通语言学教程》,商务印书馆 1980 年版,第 128 页。

〔9〕 同上,第 35 页。

〔10〕 参见徐友渔:《评"哲学中的语言转向"》,载《哲学研究》1991 年第 7 期。

〔11〕《马克思恩格斯选集》第 1 卷,第 35 页。

〔12〕 同上,第 36 页。

〔13〕 同上。

〔14〕 卡西尔:《人论》,第 107 页。

〔15〕《马克思恩格斯选集》第 1 卷,第 1 页。

〔16〕《马克思恩格斯全集》第 42 卷,第 122—123 页。

〔17〕 参见李晓明、冯平:《科学的进步与认识论的发展》,《哲学研究》1986 年第 10 期,第 7 页。

〔18〕 参见宋健主编:《现代科学技术基础知识》,科学出版社和中共中央党校出版社 1994 年版,第 40 页。

〔19〕 瓦托夫斯基:《科学思想的概念基础》,求实出版社 1982 年版,第 14 页。

第十一讲

思维与存在

思维和存在的关系问题

思维和存在与精神和物质

思维和存在的关系问题与思维和存在的问题

哲学史与"思维和存在的关系问题"

"思维和存在的关系问题"与哲学的派别冲突

在前面十讲当中,我们从"爱智"的哲学入手,以超越"熟知"而达到"真知"的哲学智慧,分别探讨了"人与世界"、"生活与生存"、"主体与客体"、"感性与理性"、"小我与大我"、"理想与现实"、"标准与选择"和"历史与文化"这八大关系问题。在讨论所有这些"关系"的时候,我都突出地强调了一个问题,这就是,我们必须在哲学的层面上去思考这些"关系"问题! 必须在"反思"的意义上去思考问题! 在哲学的意义上所成立的全部关系问题,在哲学的意义上所探讨的全部问题,都是在哲学的"反思"意义上成立的!

或者反过来说,在"非反思"的意义上,"人与世界"、"主体与客体"、"感性与理性"也好,"小我与大我"、"理想与现实"、"标准与选择"也好,就不成其为"问题"了。为什么？在"非反思"的意义上，"人"是一种有思想的存在，"世界"是一个外在于人的无思想的存在，"人"看到的"世界"是什么样，人同世界是什么关系，都是一清二楚、明明白白的，这还有什么"人与世界"的"关系问题"呢？"我"是"主体"，"世界"是"客体"，"我"作为主体，"认识"和"改造"作为"客体"的"世界"，这个"主体与客体"的"关系"不是一清二楚吗？这还有什么"问题"呢？"我"有"感觉、知觉、表象"，"我"还有"概念、判断、推理"，所以，"我"既能形成关于"世界"的"感性认识"，又能形成关于"世界"的"理性认识"，"感性与理性"的"关系"还是什么"问题"呢？可是，你一"反思"所谓的"感性与理性"的"关系"，"问题"就出来了！"感性"只能"看到""现象"，"理性"只能"想到""本质"，对"感性"来说的"存在"，对"理性"是"非存在"，对"理性"来说的"存在"，对"感性"来说又是"非存在"，那么，究竟是感性所看到的存在是真正的"存在"，还是理性所想到的存在是真正的"存在"？这不才是"感性与理性"的"关系问题"吗？再进一步"反思"，离开人的"感性与理性"的矛盾，事物不就是如其所是的存在吗？不就是自然而然的存在吗？所谓的"现象与本质"、"个别与一般"、"偶然与必然"等等的矛盾关系，不都是同人自己的"感性与理性"的矛盾密不可分吗？我经常引证马克思的一段话，大家还记得不？马克思在《德意志意识形态》中说，"凡是有某种关系存在的地方，这种关系都是为我而存在的；动物不对什么东西发生'关系'，而且根本没有'关系'；对于动物说来，它对他物的关系不是作为关系存在的"。[1]所以，我们不仅要从"人"出发去思考"人与世界"的关系，还必须从"反思"的哲学智慧出发去思考全部哲学问题。

从"反思"的哲学智慧出发，我们就会重新思考全部的哲学问题，也就是真正地在哲学的意义上思考全部哲学问题。首当其冲的，我们就会重新思考大家所"熟知"的"哲学基本问题"，也就是"思维和存在的关系问题"。当大家真的在哲学的意义上思考"思维和存在的关系问题"了，我们在前十讲中所探讨的各种关系，就真正地升华为哲学问题了。

一　思维和存在的关系问题

大家都知道,恩格斯有一部著名的著作,叫做《路德维希·费尔巴哈和德国古典哲学的终结》。在这篇文章的第二部分一开头,恩格斯就提出一个论断:"全部哲学,特别是近代哲学的重大的基本问题,是思维和存在的关系问题。"[2]我们通常所说的"哲学基本问题",都是根据恩格斯做出的这个论断提出来的。正因如此,你只有回去读读恩格斯的论断,想想恩格斯讲的道理,你才有可能比较深入地理解我下边要阐释的内容。

怎么来理解"思维和存在的关系问题"是哲学的"基本问题"呢?我想提出的第一个问题就是,"思维与存在"和"人与世界",这两对范畴是什么关系?我作了这样一个概括:思维和存在的关系问题,是对人与世界关系问题的哲学自觉。最好大家能记下来这句话,回去理解。哲学要研究的全部问题,都可以叫做人与世界的关系问题,那为什么你又说,哲学的基本问题是思维和存在的关系问题呢?那么这个思存关系问题,同人和世界的关系问题,是什么关系?我给大家作了这样一种解释,思维和存在的关系问题,是对人和世界关系问题的哲学自觉。

马克思在阐述他写《资本论》的方法论的时候,曾经提出过这样一个问题,他说,《资本论》为什么不从"人口"入手呢?为什么从商品入手呢?马克思说,如果从"人口"入手的话,那么人们形成的只是一个"混沌的整体的表象",而如果从商品入手,就会以胚芽的形态表现整个资本主义生产的全部矛盾。对于哲学来说,人和世界的关系,仍然是一个"混沌的整体的表象"。人和世界的关系,你既可以在常识的层面上去说它,又可以在科学的层面上去说它,当然,你也可以在哲学的层面上去说它。然而,一旦你把人和世界的关系抽象为一个思维和存在的关系的时候,它表现了你的哲学的理论自觉。正因为许多人不理解这种自觉,所以才把思维和存在的关系问题简单化、庸俗化、实证化,把一个反思意义上的哲学问题,变成了一个非反思的经验问题、常识问题或科学问题。这是理解"哲学基本问题"的最为根本的问题。

大家都知道哲学的基本问题是思维和存在的关系问题,但是这是一个最难理解的问题,也可以说是"熟知而非真知"的问题。

通常解释哲学基本问题的时候是这样说的,说哲学的基本问题是思维和存在的关系问题,也就是精神和物质的关系问题,或者说是意识和物质的关系问题。在这个基础上,又提出思维和存在、精神和物质的关系问题包括两个方面,第一方面是精神和物质谁为第一性的问题。由于对此有两种截然相反的回答,所以构成了唯物主义同唯心主义的对立。凡是承认物质是第一性的,而精神是第二性的哲学学说,都是哲学的唯物主义;与此相反,凡是认为精神是第一性的,而物质是第二性的哲学学说,都属于哲学的唯心主义。那么同时还有一种认为精神和物质是世界的两个本源的哲学学说,把它叫做二元论,但是二元论最终总是滑向唯心主义。这是第一方面。那么哲学的基本问题的第二方面,是思维和存在有无同一性的问题,也就是人类的意识能否认识物质的问题。对于这个问题的不同回答,构成了哲学的可知论和不可知论。由于唯物主义认为物质是第一性的,意识是第二性的,意识是对于物质的反映,因此全部的唯物论都是可知论。同时,由于唯心论认为意识是第一性的,物质是第二性的,是由精神派生出来的,所以彻底的唯心论也是可知论。只有极少数的哲学家,才是不可知论。所有的教科书关于哲学的基本问题所讲的就是这些。

那么,能不能这么简单化地来理解哲学的基本问题呢? 思维和存在到底是一种怎样的关系? 为什么它构成了哲学的基本问题? 这是最"较劲"的地方。我希望你们和我一起思考。我分解为五个问题。第一个问题,思维和存在的关系问题,它同人和世界的关系问题,究竟是一种怎样的关系呢? 前面我说过,在"事实"的意义上,"人和世界"的关系是一个简单的常识问题,非常清楚。但是,人同世界的关系问题,在理论的意义上,在逻辑的意义上,却是一个"混沌的整体的表象"的问题,是难以从理论上、逻辑上讲清楚的。而思维和存在的关系问题，却是一个逻辑上存在的哲学的基本问题，它是对于人与世界关系的一种哲学的自觉。所以这里边就必须区分开一个问题，那就是逻辑问题与事实问题。这个问题非常难于理解，而这个问题又是不容回避的。

我们说可以把哲学的全部问题归结为"人和世界"的关系问题。那么合乎逻辑的说法应该是人同世界的关系问题，就是哲学的基本问题了，你看现在出了很多的书，要改变哲学基本问题，它也是说，哲学基本问题就应该是"人和世界"的关系问题，而不应当还像原来那么说，是"思维和存在"的关系问题。我不同意这种看法，为什么呢？因为思维和存在的关系问题，是以逻辑的方式表达了作为事实存在的人和世界的关系问题。哲学基本问题的难以理解之处就在这里。

人和世界的关系问题，在一个素朴实在论的意义上，是一个经验事实的问题。我们看看吧，我们的世界到底是怎么回事？都啥关系？这在素朴实在论上就变成了一个经验事实了。如果你在一个素朴实在论的经验事实上，去追问人同世界的关系，你就构成了一种直观的反映论了：没有世界能有人吗？没有人能有人的意识吗？你这样来想问题，从一个经验事实的角度去考虑问题，人同世界的关系的确是一清二楚的。而当我们把哲学的基本问题抽象为、概括为、升华为思维和存在的关系问题的时候，我们就把一个经验事实的问题提升为一个哲学层面的逻辑的问题了，思维同存在的关系。思维和存在的关系，在逻辑的意义上，穷尽了人同世界的全部关系。我们往往把人同世界的关系看成它的那种感性的丰富性，而很难去把握到思存关系的逻辑的丰富性。所以人们很难学哲学就在这了。通常都是以经验常识去理解哲学，所以比较容易接受的是人与世界的关系，但是很难升华为思维对存在的关系。我现在就说到这，强调一点，思维和存在的关系，是对人同世界关系的一种理论的自觉、哲学的自觉。

二 思维和存在与精神和物质

我讲第二点,"思维与存在"的关系同"精神与物质"的关系。我们通常总是说,思维和存在的关系问题,也就是精神和物质的关系问题。这个"也就是",出来一个重大的问题,把哲学的问题经验化了! 人们很难理解哲学就在这了。人们往往是在经验的意义上去理解哲学的,所以总是把哲学混同为常识或科学,总是从常识或科学的立场去解释哲学,而哲学是一种超验的形上之学。

为什么把哲学叫做形而上学呢? 这个"形而上学",不是我们平常说的那种"形而上学"。我在这里边说个笑话,有人到书店买书去了,他一看,嗯,这本书叫《形而上学》? 不是坚持辩证法反对形而上学么?! 怎么还卖《形而上学》呢? 他不知道,"形而上学"就是哲学。亚里士多德的这本《形而上学》原意是"物理学之后",就是专门讲哲学的书。我们中国人按照自己的说法,形而上谓之道,形而下谓之气,所以我们把哲学就叫做"形而上学"。哲学不是"形下"的经验之学,而是"形上"的超验之学。这个最难区分了。哲学之难学就在这。它不是一个形下的经验之学,而是一个形上的超验之学。形而上学,通常我们是把它解释成与辩证法相对立的一种错误的思维方式,但这并不是原意的形而上学,以后我再讲这个问题。形而上学的本义,就是哲学的意思。作为"形而上学"的哲学,它把"人和世界"的关系抽象为"思维和存在"的关系问题。

思维与存在的关系和精神与物质的关系,究竟是一种怎样的关系呢? 大家回去读《马克思恩格斯选集》第4卷的第219页,再看一下220页。恩格斯一开始先说,哲学的基本问题是什么呢? "全部哲学,特别是近代哲学的重大的基本问题,是思维和存在的关系问题。"恩格斯并没有接着说,这个问题也就是精神和物质的关系问题。接着他就说,这个思维和存在的关系问题,在原始人那里是一个灵魂同肉体的关系问题。翻过来到220页,恩格斯说了,思维和存在的关系问题,只是在近代哲学,"才被十分清楚地提了出来","才获得了它的完全的意义"。所以要真正理解哲学的基本问题,就必须了解近代哲学的认识论转向。

什么是思维和存在的关系问题呀? 思维和存在的关系问题,蕴含了全部的哲学问题。那么仅就西方近代哲学说,以思存关系为核心,都探讨了什么问题呢? 我作了一个初步的概括,起码探讨了以下的问题,才构成哲学基本问题的完全的意义:第一个,人的意识与客观世界的关系问题;第二个,对象与对象意识的关系问题;第三个,对象意识与自我意识的关系问题;第四个,意识的内容与意识形式的关系问题;第五个,思维规律与存在规律的关系问题;第六个,事实判断与价值判断的关系问题;第七个,分析命题与综合命题的关系问题;第八个,理论理性与实践理性的关系问题;第九个,知情意与真善美的关系问题。当然了,你还可以作进一步的概括,比如说,外延逻辑与内涵逻辑的关系问题,如此等等。所以我说,哲学就是哲学史! 不了解哲学史,只背一些教条,就不能理解哲学。近代哲学,像恩格斯说的那样,"十分明确"地提出了哲学的基本问题,并且使它获得了"完全的意义"。什么叫思存关系问题呀? 思存关系问题蕴含着无限丰富的哲学的理论内容。它在一种逻辑的层面表达了作为事实层面的人与世界的全部的丰富的矛盾关系,所以它就构成了哲学的基本的问题。

恩格斯在论述近代哲学与哲学基本问题的关系的基础上,在 220 页,恩格斯还提出一个问题。他说,这个问题,中世纪经院哲学是以"自然界"与"人的精神"关系问题提出来的。然后恩格斯说,凡是认为"自然界"是本原的,而人的精神是派生的,就构成了哲学的唯物主义,与此相反,则构成了哲学的唯心主义。为了避免误解,恩格斯紧接着追加了一句话,他说:唯物主义和唯心主义这两个概念,只能在这种意义上被使用,超出了这种意义,就会造成思想的混乱。

精神和物质的关系问题,对于我们合理地回答思维和存在的关系问题,提供了一个科学的前提和基础。我们不否认精神和物质的关系问题的重要意义,但是不能把它等同为思维和存在的关系问题。或者反过来说,我们不能把思维和存在的关系问题归结为精神和物质的关系问题。这是很难理解的问题,这可是"引起头痛的最好的办法"。但是,越是引起头痛,越能进入哲学思考,否则就进不去了。

思维和存在的关系,并不等于精神和物质的关系。我现在从一种直观的角度、浅近的角度来说一下,可以帮助大家理解。与"思维"相对待的"存在",起码包含着英国科学哲学家卡尔·波普所说的"三个世界"。波普把世界分解为1、2、3,世界1,物理自然世界,世界2,人的精神世界,而世界3,这是波普的突出的贡献了,语言文化世界。思维和存在的关系,思维所面对的存在,或者说和思维相对待的存在,是全部的存在,是包括思维自身在内的存在。思维不以思维为对象哪能有思维科学? 思维所面对的存在,不仅仅是作为世界1的物理自然的存在,它同样面对着作为人的精神世界的存在,它还面对着作为人的文明的结果的文化世界的存在。人的世界是一个文化的世界,是一个意义的世界,这就是语言文化的世界,这就是世界3。

现在来看一看,能不能把思维和存在的关系问题简单地归结为精神和物质的关系了? 不能! 思存关系是对人和世界的关系的一种逻辑的抽象。人同世界,这个世界包括什么? 人的世界是三个世界。那么把它升华变成思存关系,在思维对存在的关系中,思维就具有一种逻辑的先在性,在逻辑上,我以我的思维去把握全部的存在。主客关系是思存关系的表现形式,主客关系必须是以我的自我意识为前提,才能够构成我和世界的关系。没有我的自我意识,就没有我同世界的关系。所以思存关系是一种逻辑的先在性,是一种逻辑的关系。离开了逻辑关系,你说先有思维还是先有存在?

与思存关系不同,精神和物质的关系问题,首先是一个时间的先在性问题,或者说,是一个经验事实的何者为先的问题。就时间说,究竟是先有精神还是先有物质? 所以你看,我们大家学的这个问题都是这么论证的,在自然界的演化过程当中出现了人,有了人才有人的意识,有了人的精神,那么你怎么能够说,先有了人的精神和意识而后有了人的世界呢? 你这个不是不符合事实吗？对，一点都不假！没有地球没有人，哪里来的人的意识呢？所以书上从多方面来论证，从地球演进的历史，人类形成的历史，方方面面来说明。然后讲意识，意识那段讲了两个方面，一方面是意识的内容从哪来的？没有客观事物的存在哪里有意识内容呀？另一方面是讲意识的载体，没有大脑这个物质器官，怎么能形成意识活动呀？这是从两个方面来说明一个问题，物质是第一性的，意识是第二性的。这个结论是天经地义的，没有任何疑问的。正因为是这样，我们必须坚持唯物论，反对唯心论。

精神和物质，或者说意识和物质的关系问题，对于哲学来说，意义是非常重大的！因为它为我们理解人类的精神与人类所生存的世界的关系奠定了一个最基本的、最重要的前提和基础。所以我们要理解精神和物质的这样一种基本关系。但是我说了，我们只有把一个经验的问题升华为一个逻辑层面的形上的问题，它才是一个哲学的问题。我说的是什么意思呢？精神和物质的关系问题是极为重大的，但是作为一种哲学探讨说，还必须把它升华为思维和存在的关系问题。只有"思维和存在的关系问题"才蕴含了全部丰富的哲学问题。

在理解作为哲学基本问题的思维和存在的关系问题的时候，还必须讨论"思维与存在"和"主体与客体"的关系问题。我说了，思维和存在的关系问题，并不等同于精神和物质的关系问题。同样，它也不同于主体和客体的关系问题。但是，思维和存在的关系问题，又与精神和物质、主体和客体的关系问题有千丝万缕的密不可分的关系。思存关系作为哲学的基本问题，主客关系是它的一种表现形式，或者说，主客关系表现的是思存关系。只有把主客关系升华为思存关系，才能够在哲学的层面上去理解主客关系。

三　思维和存在的关系问题与思维
和存在的问题

"思维与存在的关系问题"和"思维与存在的问题"，这是两个不同性质的问题。这个问题对于理解哲学基本问题是同样重要的,甚至是更难理解,也是更容易造成误解的。

你看我们大家都说,哲学的基本问题是思维和存在的关系问题。既然哲学的基本问题是思维和存在的关系问题,那你为什么又说,哲学是关于整个世界的学问呢?怎么"关系"变成"整个"了呢?想过没有?什么叫做哲学的基本问题是思维和存在的关系问题?哲学把"思维和存在的关系"当成了"问题",这才成为哲学的"基本问题"。如果把"思维和存在"当成"问题",不就是把"思维和存在"当成研究对象了吗?所以我提出来一个问题,思维和存在的"关系"问题,不是思维和存在的问题。这是两个问题。思维和存在的问题是科学问题;思维和存在的关系问题是哲学问题,而且是哲学的重大的基本问题。

什么叫思维和存在的问题呢?思维和存在的问题就是把思维和存在全部当做认识的对象。如果把思维和存在作为对象,就把世界1、世界2、世界3合在一起,成为"整个世界"了,所以,思维和存在的问题,就是整个世界的问题,而整个世界的问题是科学的问题。与此不同,思维和存在的关系问题,是思维把"思维和存在的关系"当做"问题"反过来而思之。反思!这是哲学问题。而只有在"反思"活动中,思维和存在的关系才会成为"问题"。

这可不是概念游戏!哲学是什么?哲学就是反思。它反思什么?概念!对于概念的思辨,就是哲学的任务。这不就是锻炼理论思维能力么?合乎逻辑地去想问题么。没有这个训练,哪能合乎逻辑呀。恩格斯说,我们每个人都天生地具有理论思维能力,但是这种思维能力是需要锻炼和培养的,可是迄今为止,除了学习以往的哲学之外,再没有别的办法了。什么叫一个人的能力高不高呀?一个人的能力高不高,就是人的理论思维能力高不高。而理论思维能力高不高取决于什么?取决于你能否进行哲学意义的反思!在这个意义上,大家都得学哲学。不学习哲学就不能自觉地提高理论思维能力。这里有一个自觉和不自觉的区别。确实是这样。哲学把看似简单的东西显示其复杂了,所以学习哲学就能锻炼和提高自己的理论思维能力。

思维和存在的问题,是把思维和存在当做了认识的对象来获得科学的解释;而思维和存在的关系问题是思维把思维和存在的关系当做了问题。人们在自己的日常生活当中并不"哲学地"提出问题。有谁在生活当中,拿着粉笔说,我的思维同这个粉笔是什么关系呢? 我的思维能不能正确地反映这个存在呢? 这个存在的规律和我思维的规律是不是服从于同一个规律呢? 一会下课到餐厅吃饭,买个馒头说,这个馒头同我的思维是什么关系呢? 我这个思维所把握的这个馒头真就是这个馒头的存在吗? 那旁边的同学看你会怎么样? 会说你这个人肯定有毛病。所以我最后还要讲,讲哲学智慧的时候还要讲,异常思、平常心! 千万别学了哲学,学来学去变成异常心,平常思! 糟了,人要这样就成了半疯状态了。确实不排除这个危险性呀。确实有一些人他学习哲学,进去了,就出不来了。他"异常心"了,但是他还没有"异常思",这就糟了。那哲学学来学去,最后要有平常心、异常思这两者的统一,这才叫做哲学的智慧! 所以用我们中国哲学的话说就是极高明而道中庸! 用科学哲学家库恩的话说,保持必要的张力。我追加一句,达到微妙的平衡! 这才叫哲学智慧呢。这就要求我们真正地辨析,思维和存在,是我们全部认识的对象,对思维和存在的认识,使我们获得科学的解释。而思维和存在的关系,只有在哲学反思的时候,才会成为问题。在这个意义上,哲学不是面对着自然、社会和思维,不是面对着整个的世界,而是把思维和存在的关系当做对象,是思想以自身为对象,反过来而思之,也就是"反思"。这就是我和大家说的第三点,思维与存在的关系问题,它不是思维和存在的问题。

如果我们能理解上面三点的话,我们就会懂得,思维和存在的关系,它包括两个方面,一个是思维和存在的统一问题,另一个是思维把思维和存在的关系作为问题而进行的反思。大家想一想,我们每个人,一生就做两件事,一个是想,一个是做。什么叫想? 想就是在观念当中把握思维和存在的统一;什么叫做? 就是在行为当中达到思维和存在的统一。对吧? 想就是让我的思想和存在达到统一,做就是让我把这思想诉诸现实,在实际行动当中达到思维和存在的统一。这不就是思维和存在的统一问题么?科学它就解决思维和存在的统一!什么叫科学?科学就是定理呀、定义呀、公式呀、原理呀,符合存在的规律。用思维的规律表现存在的规律。那为什么不说科学的基本问题是思维和存在的关系问题呢?为什么特殊地说思维和存在的关系问题是哲学的基本问题呢?那是因为,除了哲学以外,人类把握世界的所有其他方式,都是实现思维和存在的统一,而不是把思维和存在的关系当做"问题"!与此相反,只有哲学,它把思维和存在的"关系"当做了"问题",反过来而思之。恩格斯说:"我们的主观的思维和客观的世界服从于同样的规律,因而两者在自己的结果中不能互相矛盾,而必须彼此一致。这个事实绝对地统治着我们的整个理论思维。它是我们的理论思维的不自觉的和无条件的前提。"[3]哲学是把科学"不自觉"地承诺的"前提"当做自己的"反思"的对象,这才构成作为哲学基本问题的"思维和存在的关系问题"。

反思,是思想以自身为对象反过来而思之,是把构成思想的前提作为再思想的对象。所以哲学追问的是思想的前提。它是把思维和存在相统一的那个结果或者思想本身,作为批判的、反思的对象。所以我说哲学智慧是一种什么智慧?哲学智慧是一种批判的智慧,是一种反思的智慧,是一种创新的智慧。在哲学的基本问题上,在思维和存在的关系问题上,充分地体现了作为爱智的哲学在本质上是批判的、反思的、创新的。

四 哲学史与"思维和存在的关系问题"

恩格斯说,辩证哲学是"一种建立在通晓思维的历史和成就的基础上的理论思维"。只有诉诸哲学史,我们才能比较深刻地理解作为"哲学基本问题"的"思维和存在的关系问题"。反过来说,我们只有理解哲学发展过程中的"思维和存在的关系问题",才能比较深刻地理解"哲学"和它的"基本问题"。

哲学的历史演进,是同哲学基本问题——思维和存在的关系问题——的历史性变化密不可分的。恩格斯在提出"全部哲学,特别是近代哲学的重大的基本问题,是思维和存在的关系问题"[4]之后,紧接着就分别地论述了"思维和存在的关系问题"在"远古时代"、"中世纪"和"近代"的不同状况。结合恩格斯关于哲学基本问题历史演化的论述去反思"思维和存在的关系问题",我们才能真正理解哲学的"基本问题"。

恩格斯提出,在"远古时代",人们已经"不得不思考这种灵魂对外部世界的关系",并产生了"灵魂不死的观念",因此,"思维对存在、精神对自然界的关系问题,全部哲学的最高问题,象一切宗教一样,其根源在于蒙昧时代的狭隘而愚昧的观念"。[5]而在"中世纪"的"经院哲学"中,哲学的基本问题则是以这种形式提出来的,即:"世界是神创造的呢,还是从来就有的?"[6]

在概述了哲学基本问题在"远古时代"和"中世纪"的状况之后,恩格斯集中地论述了近代哲学与哲学基本问题的关系。恩格斯指出,思维和存在的关系问题,"只是在欧洲人从基督教中世纪的长期冬眠中觉醒以后,才被十分清楚地提了出来,才获得了它的完全的意义"。[7]

一般认为,在西方哲学的发展史上,出现了两次大的转向,第一次是从古代哲学到近代哲学的"认识论转向",第二次是从近代哲学到现代哲学的"实践转向"和"语言转向"。这两次"转向",就其理论内涵而言,都是转换了对"思维和存在的关系"的理解。

前面我们讲过,当代科学哲学家卡尔·波普曾提出"世界3"理论,他把物理自然世界称为"世界1",把人的精神世界称为"世界2",而把语言文化所构成的世界称为"世界3"。借用波普的这种划分方式,我们可以比较简洁地说明哲学的"古代"、"近代"和"现代"三种基本形态的本质特征。这就是:所谓"古代"哲学,其实质是离开"世界2"对"世界1"的关系,也就是离开"思维"对"存在"的关系,而单纯地追问和直接地断言"世界1"(存在);所谓"近代"哲学,其实质是从"世界2"对"世界1"的关系,也就是从"思维"对"存在"的关系出发,去追究二者的"关系问题";所谓"现代"哲学,其实质则是从

"世界 3"出发去探寻"世界 2"与"世界 1"的关系,也就是从"语言文化"出发去探寻"思维"与"存在"的关系。这样说,大家是否清楚?

古代哲学,它离开对人类意识及其与世界相互关系的认识论反省,单纯地从对象世界本身去寻求世界的统一性,并直接地断言世界本身,而没有自觉到在这种断言中所蕴含的"思维与存在的关系问题"。因此,哲学的"古代"涵义,是指尚未自觉地提出哲学基本问题而直接地寻求和断言世界本身的哲学理论形态。

近代哲学,它之所以被称为"认识论转向",是因为它以反省人类意识及其与世界的相互关系为出发点,在"思维和存在的关系"中寻求二者的统一性。在这种认识论反省中,"思维和存在的关系问题"被"明确地提了出来",并使之获得了"完全的意义"。18 世纪末到 19 世纪初的德国古典哲学,又把这种"认识论转向"发展为对"思维和存在的关系问题"的逻辑学反思,即以概念辩证运动的形式去描述思维和存在的规律层面上的统一。因此,哲学的"近代"涵义,是指自觉地提出哲学基本问题并从而寻求思维规律与存在规律统一的哲学理论形态。

现代哲学,它之所以被称为"实践转向"和"语言转向",是因为它超越了近代认识论转向的主观与客观的二元对立,从思维与存在统一的现实基础(实践)或文化中介(语言)出发,去回答和解决思维和存在的关系问题。马克思的"实践转向",以人的现实的存在方式——实践活动及其历史发展——为基础去解决思维与存在、人与世界之间的关系问题;现代西方哲学的"语言转向",则是以人类历史文化的"水库"——语言——为出发点去反省思维与存在、人与世界之间的关系问题。因此,哲学的"现代"涵义,是指以人的历史性存在为中介去回答和解决哲学基本问题的哲学理论形态。它与传统哲学(包括古代哲学和近代哲学)的根本区别,在于传统哲学总是以"超历史"的方式去解决哲学问题,而现代哲学则是以"历史的"方式去提出和回答哲学问题。

如果具体一些说,近代哲学的"认识论转向",从根本上说,就是自觉到了"思维与存在"之间的矛盾,把"思维与存在的关系"当做最重要、最基本的哲学"问题"来进行研究,从而使研究思维与存在、主观与客观、主体与客体矛盾关系的"认识论"问题成为哲学的根本问题。在这种"认识论转向"中,近代哲学以探寻思想的客观性为聚焦点,不仅研究了外在的世界与人的观念之间的关系,而且特别深入地考察了人的观念内部的诸种关系问题。对此,恩格斯曾作过这样的评论:"我们的主观的思维和客观的世界服从于同样的规律,因而两者在自己的结果中不能互相矛盾,而必须彼此一致。这个事实绝对地统治着我们的整个理论思维。它是我们的理论思维的不自觉的和无条件的前提。18 世纪的唯物主义,由于它在本质上是形而上学的性质,只就这个前提的内容去研究这个前提。它只限于证明一切思维和知识的内容都应当起源于感性的经验,而且又提出了下面的这个命题:凡是感觉中未曾有过的东西,即不存在于理智中。只有现代唯心主义的而同时也是辩证的哲学,特别是黑格尔,还从形式方面去研究了这个前提。"[8]在这里,恩格斯在提出理论思维的"前提"问题的基础上,指出 18 世纪的旧唯物主义和辩证的唯心主义分别地研究了这个"前提"的"内容"与"形式"。恩格斯的这个论断对于我们理解哲学的基本问题及其"完全的意义"是十分重要的。

首先,近代哲学明确地区分了"意识外的存在"与"意识界的存在",也就是明确地区分了"客观世界"与"意识内容",从而清楚地提出了"对象与表象"或"对象与映象"的关系问题,也就是清楚地提出了"思维和存在"的关系问题。这就是恩格斯所说的从"内容"上去考察思维和存在的关系问题。与此同时,近代哲学还特别地从"形式"上去研究思维和存在的关系问题。这突出地表现在,近代哲学比较自觉地考察了"意识内容"与"意识形式"的关系问题、"对象意识"与"自我意识"的关系问题、"理论理性"与"实践理性"的关系问题等一系列"思维和存在"的"关系问题"。通过探索这些"关系问题",近代哲学揭示出对象与经验、经验与知觉、知觉与表象、表象与观念、观念与思维、思维与想象、想象与情感、情感与意志、意志与自我、小我与大我、理论与实践等极为错综复杂的矛盾关系,从而使"思维和存在的关系问题"

获得了"完全的意义"。

整个近代哲学始终在思维与存在、主观与客观、主体与客体的二元对立中去寻求思想的客观性,因而始终是在"认识论"的意义上去回答作为哲学基本问题的思维和存在的关系问题。这表明,近代哲学对哲学基本问题的理解存在着一个根本性的缺陷,这就是离开人的实践活动及其历史发展去回答"思维和存在的关系问题"。正是针对这种状况,马克思尖锐地指出:"哲学家们只是用不同的方式解释世界,而问题在于改变世界。"[9]

在揭露近代哲学的主—客二元对立模式的内在矛盾的过程中,始于19世纪中叶的现代哲学,出现新的革命性的"哲学转向"。这就是马克思主义哲学的"实践转向"以及现代西方哲学的"语言转向"。

马克思主义哲学认为,人的思维的最本质最切近的基础是人类自己的实践活动,"思维和存在的关系问题"所蕴含的全部矛盾关系都植根于人类的实践活动之中,"思维和存在的关系问题"的历史演化和历史发展都展开在人类实践的历史过程之中。因此,只有从现实的人及其历史发展出发,达到对哲学基本问题的实践论理解,才能正确地理解和解释"思维和存在的关系问题"。这就是马克思主义哲学所实现的"实践转向"。

在这种"实践转向"中,马克思主义哲学所理解的"思维和存在的关系问题",既不是黑格尔的"无人身的理性"与其"逻辑规定"的关系,也不是费尔巴哈的"抽象的个人"与其"感性的直观"的关系,而是"现实的人"以"感性的活动"为基础的与"现实的世界"的关系。

马克思主义实践论所理解的"现实的人"就是从事实践活动的人,"感性的活动"就是人的社会实践,"现实的世界"就是人类实践活动的对象。这样,作为哲学基本问题的"思维和存在的关系问题",在马克思主义哲学中,就是以实践为基础的人与世界之间的、现实的和历史地发展着的关系。以"实践转向"的观点去看待"思维和存在的关系问题",我们就会形成动态的而不是静止的、发展的而不是凝固的关于哲学基本问题的认识。

现代西方哲学的"语言转向",它所批判的是,离开对人类"语言"的考察而直接断言"思维和存在的关系";它所要求的是,哲学家在建立关于人类意识和世界及其相互关系的理论之前,必须先有关于"语言"的理论;这种要求的实质是,哲学家必须把作为"文化的水库"的"语言"作为研究"思维和存在的关系问题"的出发点。

在寻求思维与存在、人与世界的"中介环节"的意义上,在实现思维与存在、人与世界的文化层面上的统一的意义上,"语言转向"具有不容忽视的积极意义。我们应当以马克思主义哲学的实践论的观点,批判地汲取现代西方哲学"语言转向"的积极成果,在当代的水平上深化对思维与存在关系问题的理解,并丰富哲学基本问题的理论内容。

五 "思维和存在的关系问题"
与哲学的派别冲突

思维和存在的关系问题,它在理论的层面上,深刻地显示了人与世界、主体与客体的矛盾,因而也集中地体现了哲学的派别冲突。

哲学的派别冲突,是与人类存在的矛盾性和历史性密不可分的。哲学作为理论形态的人类自我意识,它必然是以理论的方式表征人类存在的矛盾性。这其中主要是表现在下述几个方面:一是表征人对自然的依赖性与人对自然的超越性的唯物主义与唯心主义的理论冲突;二是表征人类存在的确定性与非确定性的辩证法与形而上学的理论冲突;三是表征人的感性与理性的矛盾的经验论与唯理论的理论冲突;四是表征人类存在的逻辑性与人文性的矛盾的科学主义与人本主义的理论冲突。

在理解哲学的派别冲突时,我们还必须看到,植根于人类的矛盾性存在的哲学派别冲突,又是在人类文明的历史发展中展开的,因此哲学的派别冲突又必然表现为不同时代水平的哲学论争。离开特定时代水平的哲学论争,就会把哲学的派别冲突简单化、抽象化以至于漫画化,从而也就会把哲学本身庸俗化。这是在谈论哲学派别冲突时经常出现的问题。因此,我们应当从人类性与历史性、派别性与时代性的统一中去探索哲学的派别冲突。

首先,我们讨论唯物主义与唯心主义的派别冲突。哲学的唯物主义与唯心主义,是贯穿于整个哲学史的最基本的哲学派别。在哲学的层面上认识唯物主义与唯心主义的派别冲突,是学习哲学的重要目的,也是深化哲学的自我理解的重要途径。

关于哲学的唯物主义与唯心主义,通常做出如下解释:"人们以总体方式把握世界,首先遇到的就是世界的本质问题,即精神和物质何者为第一性,何者为第二性,二者归根到底谁先谁后、谁依赖谁、谁决定谁的问题。""对于精神和物质何者为第一性问题的回答,凡是主张物质自然界是本原、物质第一性、意识或精神是第二性的,都属于唯物主义阵营;凡是断言精神对自然界来说是本原,意识或精神是第一性的,而物质是第二性,从而归根结底承认某种创世说的,都属于唯心主义阵营。"[10]在此基础上,我们需要以马克思主义哲学的实践观进行深入的探讨。

人类作为物质世界链条上的特定环节,作为物质世界长期发展的产物,人类统一于物质世界,物质世界是人类生存和发展的根据;人类作为认识和改造世界的主体,作为超越纯粹自然性的人的存在,人类自己的创造活动是人类生存和发展的根据。人类对自然的依赖性与人类对自然的超越性,构成了哲学在"本原"或"本体"问题上的矛盾冲突。

传统的唯物主义哲学和唯心主义哲学,分别从对立的两极去思考自然界与精神的关系问题,因而始终僵持于"本源"问题的自然本体与精神本体的抽象对立,并以还原论的思维方式去说明二者的统一。由于旧唯物论以自然为本体,只是从被动的观点去理解人与世界的关系,取消了人的能动性,因此它所坚持的是一种单纯的、自在的客体性原则;由于唯心论以精神为本体,只是从能动的观点去理解人与世界的关系,抽象地发展了人的能动性,因此它所坚持的是一种单纯的、自为的主体性原则。这样,旧唯物论和唯心论就不仅固执于"本原"问题上的自然本体与精神本体的抽象对立,而且造成了思维方式上的客体性原则与主体性原则的互不相容。

传统的唯物主义哲学和唯心主义哲学把这种本原问题上的抽象对立和思维方式上的互不相容扩展到全部哲学问题，就使它们自身成为片面夸大两极的哲学理论。马克思在《关于费尔巴哈的提纲》中对全部旧哲学的批评，精辟地揭露了这种两极对立的哲学的根本缺陷，指出了在其原有的思维方式内无法解决的内在矛盾。

马克思说："从前的一切唯物主义——包括费尔巴哈的唯物主义——的主要缺点是：对事物、现实、感性，只是从客体的或者直观的形式去理解，而不是把它们当做人的感性活动，当做实践去理解，不是从主观方面去理解。所以，结果竟是这样，和唯物主义相反，唯心主义却发展了能动的方面，但只是抽象地发展了，因为唯心主义当然是不知道真正现实的、感性的活动本身的。"[11]在这段简洁精辟的文字中，马克思既尖锐地指出了旧唯物主义的"主要缺点"，又深刻地揭露了唯心主义"抽象地发展了"能动的方面的本质。而这二者的共同之处，则在于它们都不懂得"革命的"、"实践批判的"意义。

对于旧唯物主义的批判，马克思突出强调的是它"只是"从客体的或者直观的形式去理解事物、现实、感性，而"不是"把它们当做人的感性活动，当做实践去理解，不是从主观方面去理解。

很明显，在马克思对旧唯物主义的总体评价中，包含着两个方面或两个层次的意思。第一方面或第一层次，马克思并不否认旧唯物主义从客体的或者直观的形式去理解事物的积极意义，恰好相反，马克思在他的全部著作中都首先是坚定不移地承认外部自然界对人及其思维的"优先地位"，承认唯物主义的基本原则及其思想路线，并一再声明他自己是"唯物主义者"。第二方面或第二层次，马克思则批评旧唯物主义"只是"从客体的或者直观的形式去理解事物、现实、感性，而"没有"从实践的方面去理解。正是在这第二方面或第二层次，马克思展开了对旧唯物主义的批评，并在这种批评中提出了新的理论思维方式。

对于唯心主义的批判，马克思突出强调的是它"抽象地"发展了能动的方面，并且进一步指出，它"当然"是不知道真正现实的、感性的活动本身的。

在马克思对唯心主义的总体评价中,也包含着两个方面或两个层次的意思。第一方面或第一层次,在与旧唯物主义"只是"从客体的或者直观的形式去理解事物、现实、感性相对比的意义上,马克思指出,唯心主义"发展了能动的方面",即从人的感觉(如贝克莱)或思维(如黑格尔)出发去看待思维对存在的关系。第二方面或第二层次,马克思尖锐地指出,唯心主义不仅是"抽象地"发展了能动的方面,而且它只能是"抽象地"发展能动的方面,因为它作为唯心主义哲学"当然"不知道真正现实的、感性的活动本身。正是在这第二方面或第二层次,马克思展开了对唯心主义的批判,并在这种批判(以及对旧唯物主义的批判)中,提出了新的理论思维方式,即以实践论的思维方式回答了人对自然的依赖性与人对自然的超越性的辩证关系。

在所有的哲学问题当中,人们经常感到最为大惑不解的问题,就是哲学唯心主义何以能够长期存在,一些"聪明"的哲学家何以会成为唯心主义者的问题。这是因为,任何一个正常的普通人都知道这样一个基本事实(科学事实):先有地球,后有人类及其意识;物质世界是"本原"性的存在,而精神世界是"派生"性的存在;先有事物的存在,后有关于事物的观念。那么,为什么会有"意识第一性、物质第二性"的唯心主义哲学呢? 为什么会有"聪明"的哲学家倡导唯心主义呢?

对此,列宁在他所著的《哲学笔记》一书中做出了精彩的回答。列宁说,从"粗陋的、简单的、形而上学的唯物主义"的观点看,哲学唯心主义只能是"胡说";与此相反,从"辩证唯物主义的观点"看来,哲学唯心主义是"把认识的某一个特征、方面、部分片面地、夸大地……发展(膨胀、扩大)为脱离了物质、脱离了自然的、神化了的绝对"。[12]列宁的这段论述,是需要深思的。

人的认识不是直线,而人们在理解人的认识的时候,却往往是从认识的某个环节出发,把它作为解释人的认识的出发点。由此便造成了认识中的"直线性和片面性,死板和僵化,主观主义和主观盲目性",而这些却恰恰是哲学唯心主义的"认识论根源"。这里的最为重要也是最为困难的理论问题,就是"时间先在性"和"逻辑先在性"及其相互关系问题。我在这里不得不更为具体地讲讲这个最令人头痛的问题。

"时间先在性"是易于理解的:它是对经验事实(包括科学事实)的陈述,即表述经验对象之间在时间序列中的先后顺序。具体地说,一事物先于他事物而存在,这一事物较之他事物就具有时间上的"先在性"。自然界先于人类意识而存在,因而"物质"是"意识"的"本原";客观世界先于人的意识内容而存在,因而"客观世界"是"意识内容"的"本原"。这不仅符合人类的经验常识,而且不断地被科学所证实。正因如此,旧唯物主义才对哲学唯心主义感到大惑不解:把意识说成是物质的本原,这不是纯粹的"胡说"吗?

为了超越旧唯物主义的这种简单的认识,并从而认清哲学唯心主义的认识论根源,就必须引进"逻辑先在性"问题。"逻辑先在性"是相对于"时间先在性"而言的。它所陈述的并不是事物之间在时间序列中的先后顺序,而是事物之间在"逻辑"上的"优先地位"。显而易见,相对于"时间先在性"问题,"逻辑先在性"问题是难于理解的,它需要辩证的思维方式。正因如此,人们往往是从旧唯物主义的观点(而不是辩证唯物主义的观点)去看待哲学唯心主义,并简单地将其指斥为"胡说"。

从总体上看,事物之间在"逻辑"上的"优先地位"问题,可以分为"自在"与"自为"两种情况。哲学唯心主义的产生与演化,特别是近代以来的哲学唯心主义的演化,是同片面地夸大以至歪曲这两种情况的"逻辑先在性"密不可分的。

"自在"意义的逻辑先在问题,是指事物的本质对事物的现象在"逻辑"上具有优先地位,即事物的本质决定事物的存在,如俗话所说的"种瓜得瓜,种豆得豆"。这里所说的逻辑优先地位,并不是说先有事物的本质、后有事物的现象,而是说事物的本质决定事物自身的产生、演化和灭亡。人们在认识事物时,之所以要"透过现象发现本质",之所以要"从感性认识上升到理性认识",正是因为事物的本质较之事物的现象具有逻辑上的优先地位。

需要认真思考的是,这种自在意义上的本质对现象的逻辑上的优先地位,只能是成立于人类关于世界的认识的"逻辑"之中,是人们在自己的认识活动中以"逻辑"关系去把握事物的本质与现象的产物。就事物自身说,现象是本质的现象,本质是现象的本质,两者之间并不存在孰先孰后的问题。而人们在认识事物的过程中,却必须肯定本质对现象的逻辑先在性,从而以普遍性、必然性、规律性去把握和说明纷繁复杂的现象。一旦人们把这种认识的"逻辑"对象化给事物本身,并把这种认识中的"本质"与"现象"以逻辑的形式对立起来,就会歪曲这种自在意义的"逻辑先在性",把"本质"看成是独立于"现象"之外,并且决定事物存在的某种"本原"的东西。古希腊著名的哲学家柏拉图之所以像列宁所指出的,"野蛮地"把"理念"与"事物"割裂开来,认为"理念"是"事物"的"原型",而"事物"不过是"理念"的"摹写",其根源就在于柏拉图歪曲地"夸大"了本质对现象的"逻辑先在性"。

如果说古代的哲学唯心主义主要是"野蛮"地"夸大"自在意义的"逻辑先在性",那么,近代以来的哲学唯心主义则主要是"夸大"了自为意义的"逻辑先在性"。所谓自为意义上的"逻辑先在性",是指人的认识活动中的主—客体关系。马克思所说的"为我而存在的""关系",就是人与世界的主—客体关系。在这种主—客体关系中,主体对客体具有"逻辑"上的"优先地位",即:从"逻辑"上看,客体作为主体认识和改造的对象,客体之所以是客体,是以主体存在为前提的;没有成为主体对象的存在,只是某种"自在之物",而不是主—客体关系中的客体。这说明,在人的认识活动和实践活动中的主—客体关系,是以"我"(主体)的"逻辑先在"为前提的。进一步说,主体在何种程度上把握到客体,客体在何种程度上成为主体的对象,又是以主体的实践水平和认识水平为前提的。

毫无疑问,主体对客体的"优先地位",只能是一种"逻辑"上的先在性,而绝不是主体的情感、意志、思维等等在"时间"上先于客体而存在。但是,近代以来的唯心主义哲学,在"认识论转向"的过程中,却歪曲地"夸大"了主体对客体的"逻辑先在性",把主体的感觉(如贝克莱)、思维(如黑格尔)、意志(如叔本华)视为本原性的存在,把客观世界视为派生性的存在,也就是列宁所说的"把认识的某一个特征、方面、部分片面地、夸大地……发展(膨胀、扩大)为脱离了物质、脱离了自然的、神化了的绝对"。正是由于"粗陋的、简单的、形而上学的唯物主义"还不懂得"时间先在性"与"逻辑先在性"的区别,因而也就不懂得列宁所说的"哲学唯心主义是经过人的无限复杂的(辩证的)认识的一个成分而通向僧侣主义的道路",所以只能是简单地把哲学唯心主义指斥为"胡说"。要想超越形而上学的唯物主义而达到辩证唯物主义对唯心主义的理解,就必须从"逻辑先在性"的视角深入研究哲学唯心主义的认识论根源。

正如人们常常对"唯心主义"这个概念感到困惑并由此产生误解一样,人们也经常对"唯物主义"这个概念产生种种误解。在《路德维希·费尔巴哈和德国古典哲学的终结》一书中,恩格斯针对当时人们对"唯物主义"的误解与偏见,十分愤慨地指出:"庸人把唯物主义理解为贪吃、酗酒、娱目、肉欲、虚荣、爱财、吝啬、贪婪、牟利、投机,简言之,即他本人暗中迷恋着的一切龌龊行为;而把唯心主义理解为对美德、普遍的人类爱的信仰,总之,对'美好世界'的信仰。"[13] 与这种侮辱和咒骂哲学唯物主义的误解和偏见相反,在一个时期内,人们又简单地以政治上的革命与反动、进步与保守、正确与错误等等去划分哲学的唯物主义与唯心主义,似乎凡是"唯物主义"便是革命、进步与正确,凡是"唯心主义"则是反动、保守与错误。其结果,就不仅仅是使哲学唯心主义抽象化和漫画化,而且也把哲学唯物主义简单化和凝固化了。尤为严重的是,人们往往从这种贴标签式的简单划分中,以最一般的、最抽象的唯物主义去看待和解释马克思主义哲学,把马克思主义哲学与旧唯物主义哲学混为一谈。为此,我们不仅需要了解哲学唯物主义的基本历史形态,而且需要理解这些历史形态之间的变革,特别是马克思的唯物主义哲学所实现的革命性变革。这就需要我们从哲学的系统学习中来深化对马克思哲学的理解,特别是在哲学"反思"的意义上深化对马克思哲学的理解。

上面,我们主要是从思维和存在的关系问题去理解唯物主义与唯心主义的派别冲突。大家可以根据这样的理解,再讨论辩证法与形而上学、经验论与唯理论、科学主义与人本主义的派别冲突。这种讨论会使我们更为深切地理解作为哲学基本问题的思维和存在的关系问题。

注 释

〔1〕 《马克思恩格斯选集》第 1 卷,第 35 页。

〔2〕 《马克思恩格斯选集》第 4 卷,219 页。

〔3〕 《马克思恩格斯选集》第 3 卷,第 564 页。

〔4〕 《马克思恩格斯选集》第 4 卷,第 219 页。

〔5〕 同上,第 220 页。

〔6〕 同上。

〔7〕 同上。

〔8〕 《马克思恩格斯选集》第 3 卷,第 564 页。

〔9〕 《马克思恩格斯选集》第 1 卷,第 19 页。

〔10〕 李秀林等主编:《辩证唯物主义和历史唯物主义原理》,中国人民大学出版社 1990 年版,第 7 页。

〔11〕 《马克思恩格斯选集》第 1 卷,第 16 页。

〔12〕 参见《列宁全集》第 38 卷,第 411 页。

〔13〕 《马克思恩格斯选集》第 4 卷,第 228 页。

第十二讲

思想与反思

构成思想与反思思想
思想的反思与反思的思维
反思思想与思想的前提批判

在前几讲中,我们从人与世界的关系入手,和大家讨论了关于生存与生活、主体与客体、感性与理性、小我与大我、理想与现实、标准与选择以及历史与文化的关系问题。最后,又讨论了作为哲学基本问题的"思维和存在"的关系问题。

在讨论所有这些关系问题的时候,我曾经向大家作了一个重要的提示,那就是,在哲学的意义上所成立的这些关系,这些问题,或者扩而大之,我们在哲学的意义上所探讨的全部的哲学问题,都是在哲学的"反思"的意义上成立的。

或者反过来说,如果我们是在一个非反思的意义上,那么人和世界的关系就不成其为问题了。因为在一个非反思的经验常识的意义上,人是一种感性的存在,人之外的世界又是一种感性的存在。人与世界的关系还有什么问题可言呢？所以大家在学哲学的时候，面对着的一个最大的问题就是我们往往把哲学的世界观理论变成了一种经验常识的或者是一种科学层面的"观世界"的理论。只有当着我们在一个反思的意义上，把人同世界的关系当做了问题，我们才能形成哲学的世界观理论。

我们为什么能够把人和世界的关系当做一个问题进行研究呢？那是因为，在我们思考人同世界的关系的时候，我们发现了一个重大的问题，那就是，在经验的层面上，人和世界是互相独立的存在；但是，在哲学的反思活动中，"人和世界的关系"就成了"问题"，这就是以人作为主体所构成的主客体关系。大家想一想这个道理。就是说，哲学之所以能够把人和世界的关系、主体和客体的关系、感性和理性的关系、小我和大我的关系、理想和现实的关系当做问题，它的基本前提是什么？在人和世界关系当中，人作为认识和改造世界的主体，它具有关于"我"的自我意识，在"我"的自我意识当中，我把人和世界看做了一种关系。而这种关系在它的现实性上，是一种主体和客体的关系。我们一旦意识到了主体自身的矛盾，我们从主体的感性和理性的矛盾去把握经验对象的时候，这个经验对象就被我们把握成了现象与本质呀，个别与一般呀，必然与偶然呀，相对与绝对呀，有限与无限呀，确定与不确定呀，等等一系列的矛盾的存在。那就是说，我们关于经验世界的全部矛盾的把握，是以我们在哲学的反思的层面上来看问题为前提的。

我经常引证马克思的那段话，凡是有某种关系存在的地方，这种关系都是为我而存在的，动物不对什么东西发生关系，它同他物的关系不是作为关系而存在的。而我之所以能够意识到"我"，从而构成"我同世界"的关系，这里边正好隐含着哲学的反思的思维方式。所以，我们从现在开始，来讲哲学思维的问题，也就是"思想与反思"的关系问题。

一　构成思想与反思思想

哲学思维是什么呢？可以用两个字来概括，就是反思。怎么样来理解哲学的反思？怎么样来理解反思这种思维方式？它是我们学习哲学的一个最重要的问题。如果我们给反思下一个定义或者作一种解释的话，那很容易。什么叫反思？反思就是思想以自身为对象反过来而思之。如果按照字面这就很清楚了。但是，我们虽然可以做出这样一种简单的解释或者说界定，但是，这种反思的思维方式蕴含着的深刻的理论内容，却是很不容易把握的。下面我分解开来，分作四个方面，探讨一下究竟什么是哲学的反思。

首先我们探讨第一点，反思的维度。为什么要从反思的维度入手呢？我们每个人平时思考"思维和存在"的"关系"问题的时候，我们认为思维和存在的关系，只有一个思想的维度，什么维度呢？就是思维同存在达到统一的维度。大家想一想，平时我们说思维和存在的关系问题，不就是思维与存在如何统一的问题吗？所以，我们一说哲学，不就是认为哲学可以帮助我们更好地实现思维与存在的统一吗？就是说，我们把思维和存在的统一，不是当做思维的"一个"维度，而是把它当做思维的"惟一"的维度。

那么，什么是哲学的"反思"？所谓的哲学反思，它表明了思想的另一个维度，一种特殊的维度。在人们的思想活动当中，有两个基本的思想的维度，一个是"构成思想"的思想维度，另一个则是"反思思想"的思想维度。所谓构成思想的思想维度，也就是我们要在自己的思想活动当中，实现思维和存在的观念形态的统一。这就是人类思想的构成思想的维度。这是非常容易理解的。我们的全部思想活动在这个意义上都是在构成思想。我们构成关于物理自然世界的思想，构成关于我们自身的精神意识世界的思想，构成关于我们的文化世界的思想，总而言之，我们是在构成思想。我们把人的全部思想都当做构成思想。然而，问题就出在这了。在非反思的意义上，我们不是把"构成思想"当成思想的"一个"维度，而是把构成思想当做了思想的"惟一"的维度，问题就出在这了。你得把自己逼到这个份上，回过头再想，什么是哲学。

什么是哲学呢？哲学就是思想的另一个维度。大家注意呀，这个地方它是最关键的。你看，我们说哲学思维是一种"反思"，怎么理解这种反思呢？我们必须从思维和存在的关系问题入手。那么在思维和存在的关系问题里边，它显示出了人类思维的两个最基本的维度。一个是我们充分地自觉到的"构成思想"的维度。人类的任何思想，都是在不同的意义、不同的层面、不同的层次来实现思维和存在的统一，从而构成了人的思想当中的那个经验的世界。这好理解吧？

我们是以人类把握世界的各种各样的基本方式去把握那个自在的世界。人是通过把握世界的各种方式，把自在的世界构成了自己的观念性的世界图景。这种观念性的世界图景，就是人的思想。我们通常能够理解的思存关系，只是一个"构成思想"的维度，而很少地自觉到思维的另一个维度，这就是"反思思想"的维度了。

什么是反思呀？它是人类思想的另一个基本的维度。那么怎么样来区分开这两个基本的维度呢？为了能够说清什么是"反思"，我把思存关系分解为两个基本的维度：一个就是说，我们通过自己的现实的认识活动，在我们的思想的过程当中，来实现思维和存在的统一，从而形成关于世界的各种各样的思想。人类关于世界的任何科学思想，都是构成思想。大家想一想，数理化天地生，自然科学、人文科学、社会科学、思维科学、军事科学、管理科学，不管你叫什么科学，只要你称之为科学的东西，它都是人类以自己的思维去把握某种特定的对象，从而构成关于某种对象的思想。在这个意义上，全部的科学，都表现的是人类思想的构成思想的维度！而哲学作为人类把握世界的一种基本的独特的方式，它区别于其他的方式，区别于科学的方式，就在于，不管是哪门科学，都是构成关于经验世界的思想。各门科学都有自己的特定的对象、性质，但是，不管它有多大的区别，在构成思想的意义上，不管你是哪个学科的，都在构成关于世界的思想。对不对？哲学则是人类思想的另外一种特殊的维度，反思的维度。反思思想的维度是思想以自身为对象，反过来而思之，它不是构成思想，它不构成关于世界的任何思想。反过来，它却把关于世界的全部的思想作为自己的对象。

大家知道，通常我们并不是这样看待哲学与科学的关系的。我们通常是说,科学是以世界的各个不同的领域为对象,然后哲学以整个世界为对象,它是以这种方式来区分科学和哲学的。我们原来不都是这样来理解的么? 这是一个整个世界,科学和哲学都要研究它,那怎么区别开哲学和科学呢? 好了,说科学研究世界的各个领域和各个侧面、各个层次、各种问题,但是有一个东西科学不研究,整个世界它不研究,给哲学留下了。

是这样么? 恩格斯写了三部哲学名著,《反杜林论》、《自然辩证法》、《路德维希·费尔巴哈和德国古典哲学的终结》。恩格斯在这三部哲学名著当中,得出一个共同的哲学结论,恩格斯说,随着自然科学的发展,哲学已经被"驱逐"出了自然领域,而随着历史唯物主义的建立,哲学又被"驱逐"出了社会历史领域,那么哲学只剩下一个纯粹的思维的领域了。可是我们知道到了 20 世纪,思维科学兴旺发达,哲学合乎逻辑地又被"撵出"了思维领域。对不对呀? 你说哲学怎么研究思维呀? 人家逻辑学干什么? 人家脑科学干什么? 人家认知科学干什么? 心理学干什么? 语言学干什么? 信息论干什么? 控制论干什么? 系统论干什么? 不都在那研究思维么? 你哲学怎么研究思维? 我们按照恩格斯讲的逻辑一看,非常清楚,哲学被"驱逐"出了整个的世界。在这个意义上,哲学"无家可归"了。可是我说了,只有当着哲学无家可归的时候,哲学才"四海为家",才把关于"世界"的全部"思想"作为自己的"反思"对象! "反思"才使哲学"四海为家"!

科学以整个世界为对象,从而形成关于世界的思想,也就是实现思维与存在的统一,这就是"构成思想"的维度。与此相反,哲学是把科学所构成的关于世界的全部思想为对象,对思想本身进行批判性追究,这就是思想以自身为对象的反思的维度,也就是我所说的"反思思想"的维度。

所以,在理解哲学的反思的时候,非常重要的是,我们要理解它的这样一种所谓反思的维度。那么怎么提出反思的维度呢? 就是思维和存在的关系,当着我们在一个哲学的层面上去思考它的时候,我们会自觉到,实际上它有两个最基本的维度。第一个,就是人类以它把握世界的各种各样的方式去构成关于世界的各种各样的思想,在人的观念当中达到思维和存在的统一。我们把这个维度叫做"构成思想"的维度。那么接着我要强调,我们在学习和研究哲学的过程当中,碰到的最大的问题是,我们往往是把"构成思想"的维度当做了思维的惟一的维度,全部的维度! 这样就没有哲学了。只有当着我们自觉到人类的思维,除了有"构成思想"的维度之外,还有另一个维度,那就是思想以自身为对象反过来而思之的反思的维度,我们才会知道真正的哲学。

为了能够理解这个问题,我特别地给大家用哲学和科学的关系来说明这个问题,那就是,究竟谁以世界为对象? 经过"反思"我们会理解,人类关于世界的全部思想,在科学的意义上,它全是科学把握世界的结果。或者反过来说,在这个意义上,科学是以整个世界为对象,从而构成关于世界的全部的思想,而不仅仅是关于世界的某一个领域,某一个方面,某一个侧面,某一种问题的思想。但是,由于人类文明的发展史,在某种意义上是哲学与科学分化的历史,在科学不发达的情况下,哲学总是代替科学去研究"世界",所以人们总是习惯于为哲学"找地盘"。只有当着哲学被驱逐出了自然领域,被驱逐出了社会领域,又被驱逐出了最后一个思维领域的时候,哲学才不以世界的任何一个领域为对象,也不以世界本身为对象,相反,它以科学所构成的关于世界的全部思想为对象并且反过来而思之。这就是反思。

黑格尔说得真好,人们经常挂在嘴边的名词往往是人们最无知的东西。我们天天都说反思、反思,怎么反思呀? 反思是以思想自身为对象,反过来而思之。所以我们只有理解了哲学反思的维度,才有可能进入真实的哲学思考。这是一个入口处。仅仅理解了这一点,还不能够保证你在哲学反思的层面上进行哲学思考。你还必须在理解哲学的反思的维度的基础上,自觉地去掌握哲学的思维方式,也就是反思的思维。

二 思想的反思与反思的思维

现在我再跟大家谈第二个问题,关于反思的思维。

哲学反思不仅仅是人类思想的一种特殊的维度,而且这种特殊的维度只能是诉诸一种特殊的思维。这就值得我们深入思考,就是说,我们一般笼统地说我们进行哲学反思,你还不足以真实地进行这种哲学层面的反思。只有当你掌握了并且能自如地运用哲学反思的思维的时候,你才有可能真正地实现哲学的反思。

哲学反思并不是一般意义的“反复思考”,而是以一种特殊的思维——思辨思维——进行的“对思想的思想”。如何理解和评价“思辨”,是理解哲学思维方式的不可或缺和不容回避的关键问题。

“思辨”,在其直接的意义上,就是“思想辨析”或“辨析思想”。对于这种辨析思想的哲学“思辨”,人们常常发出这样的责难:其一,把哲学反思的对象限定为“思想”,只对“思想”进行“辨析”,岂不是放弃哲学对世界、对现实的关注,而仅仅把哲学限定在“思想”之中吗? 其二,离开哲学对世界、对现实的研究,所谓的“哲学思辨”,岂不是一种主观任意的“概念游戏”吗? 正因如此,人们通常是在否定的意义上或讽刺、嘲笑的意义上使用“思辨”这个概念,并特别地以“思辨”特性诟病黑格尔哲学,以“非思辨”性去解说马克思对德国古典哲学的变革。对于这些责难“思辨”的“思想”,是必须予以“辨析”的。

首先,对“思想”进行“辨析”的“思辨”,是否放弃了对世界、对现实的关注? 进一步说,哲学究竟是以怎样的方式面对世界、面对现实的?

当我们把“反思”界说为“思想以自身为对象反过来而思之”的时候,我们实际上已经把“反思”即哲学的对象确认为“思想”。就此而言,以“辨析思想”的“思辨”来表征哲学的思维方式,只不过是一个合乎逻辑的结论而已。然而,当我们明确地把哲学的“反思”对象确认为“思想”的时候,就非常需要对作为“反思”、“思辨”对象的“思想”做出应有的解释。

“思想”,总是关于某种思想对象的思想;没有思想的对象,就不会有“思想”。这正如马克思所说,“意识在任何时候都只能是被意识到了的存在”,[1]“观念的东西不外是移入人的头脑并在人的头脑中改造过的物质的东西而已"。[2]这表明,虽然哲学"反思"的是"思想",但"思想"本身却只能是关于"世界"的"思想"。在我们所说的"构成思想"的思想维度中,"思维和存在的关系"中的"存在",如果借用科学哲学家波普尔的"三个世界"的说法,就应当包括三个方面的"存在":其一,所谓"物理自然世界"即客观物质世界的存在;其二,所谓"人的意识世界"即精神世界的存在;其三,所谓"客观知识世界"即语言文化世界的存在。由此我们可以看到,作为"思想"对象的"存在",就是构成思想对象的全部的"存在"。把"反思"、"思辨"同"思想"和"思想对象"联系起来,我们就会发现:当哲学把自己当做关于"世界"的"思想",直接地面对"世界",企图把"自然"、"社会"和"思维"作为自己的对象的时候,它越来越陷入"无能为力"和"无家可归"的窘境;反之,当哲学被"驱逐"出它的全部"世袭领地"(自然、社会和思维),由科学去"构成"关于"世界"(自然、社会和思维)的"思想"的时候,"无家可归"的哲学却真正地实现了"四海为家"——关于"世界"的全部"思想"都是哲学"反思"、"思辨"的对象。毛泽东说,哲学是对自然知识和社会知识的"概括"和"总结",这不正是表明哲学是"对思想的思想"、"对认识的认识",也就是以关于世界的全部知识为对象吗?

其次,以"思想"为对象的哲学"反思"、"思辨",是否是一种主观任意的"概念游戏"? 进一步说,对"概念"的"思辨"在哲学研究中究竟占有怎样的地位?

关于哲学的"思辨的思维",黑格尔曾作过这样的解释:它"以思想的本身为内容,力求思想自觉其为思想"[3]。这就是说,哲学的"思辨",并不是脱离思想"内容"的"概念游戏",而恰恰是为了使思想"自觉"到它的"内容"。为了澄清"思辨思维"作为哲学思维的这个本质,黑格尔集中地考察和对比了"表象思维"、"形式思维"和"思辨思维",并在对前两种非哲学思维的批判中进一步阐述了哲学的"思辨思维"。认真想一想黑格尔的相关论述,是十分重要和必要的。

黑格尔提出,所谓的"表象思维","可以称为一种物质的思维,一种偶然的意识,它完全沉浸在材料里,因而很难从物质里将它自身摆脱出来的同时还能独立存在";与此相反,所谓的"形式推理","乃以脱离内容为自由,并以超出内容而骄傲"。[4]与上述的"表象思维"和"形式推理"不同,"思辨思维"既不是以经验材料为对象而形成关于经验世界的各种知识的"表象思维",也不是以思维的形式推理为对象而形成的关于思维的结构和规则的知识的"形式思维",而是努力地把思想的"自由沉入于内容,让内容按照它自己的本性,即按照它自己的自身而自行运动,并从而考察这种运动"。[5]

　　黑格尔对哲学思维方式的探讨,表明了他"以最宏伟的形式概括了以往哲学全部发展"的高度的哲学自觉。黑格尔曾经颇有感触地指出,"一般人所说的哲学的难懂性",一部分是由于他们"不惯于作抽象的思维",另一部分是由于他们"亟欲将意识中的思想和概念用表象的方式表达出来"。[6]这就是说,人们之所以责难或拒斥"思辨思维",主要是因为人们习惯于以关于世界的"表象"或某些流行的"观念"来理解世界,而难以自发地形成对哲学"反思"的体悟。对此,海德格尔同样深有感触地说,"就其本质而言,哲学决不会使事情变得浅易,而只会使之愈加艰深",正因如此,"不熟悉哲学的表述方式"的"日常理性"就会认为哲学的反思"近乎痴呓"。[7]

　　区别于"表象思维"和"形式推理"的"思辨思维",是以思想的"内容"即"概念"为对象的。对此,列宁曾摘录黑格尔这样一段论述:"凡是没有思维和概念的对象,就是一个表象或者甚至只是一个名称;只有在思维和概念的规定中,对象才是它本来的那样。"[8]列宁还以黑格尔对古希腊哲学家芝诺的分析为例,深刻地阐发了哲学思维的特征。人们通常认为,芝诺提出的"飞矢不动"是典型的"形而上学"命题,即"否认事物运动"的命题。而黑格尔则认为,芝诺从来没有想到要否认作为"感觉确实性"的运动,问题仅仅在于"运动的真实性",也就是如何以"概念"的方式来说明"运动"的问题。正因如此,列宁提出:"问题不在于有没有运动,而在于如何在概念的逻辑中表达它。"[9]这正是"哲学思维"与"表象思维"和"形式思维"的原则区别。

　　怎样理解和对待哲学思辨,首先是与人们怎样理解作为思辨对象的概念、范畴密切相关的。概念、范畴,是人类认识的积淀和结晶,是历史文化的"水库",是人类用以掌握世界的"阶梯"和"支撑点";对概念、范畴的"思辨",既是对"思维的历史和成就"的"反思",又是对"思维和存在的关系"的内在矛盾的"辨析"。正因如此,列宁曾经尖锐地提出:"如果一切都发展着,那么这点是否也同思维的最一般的概念和范畴有关?如果无关,那就是说,思维和存在不相联系。如果有关,那就是说,存在着具有客观意义的概念的辩证法和认识的辩证法。"[10]而在"辩证法是什么"的标题下,列宁又提出,辩证法就是"概念的相互依赖","一切概念的毫无例外的相互依赖","一个概念向另一个概念的转化","一切概念的毫无例外的转化","概念之间对立的相对性","概念之间对立面的同一"。[11]这表明,只有升华为"概念性的认识",才能达到哲学思维;只有达到对概念的反思,才能构成哲学意义上的思想。

人们经常引用黑格尔关于哲学是"思想中所把握到的时代"的论述,马克思关于任何真正的哲学都是"自己时代精神的精华"的论述,那么,哲学究竟如何构成"思想中的时代",怎样成为"时代精神的精华"?这集中地表现在不同的时代所形成的不同的哲学理念。例如,马克思在评论黑格尔的"绝对理念"即"无人身的理性"时,就极为深刻地揭示了黑格尔的"思辨"哲学与"现实"的关系,即:黑格尔是以最抽象的形式表达了最现实的人类状况:"个人现在受抽象统治,而他们以前是互相依赖的。但是,抽象或观念,无非是那些统治个人的物质关系的理论表现。"[12]这就是说,黑格尔的"抽象",既不是他个人的"偏爱",也不是他个人的"编造",而是根源于理论所表达的现实——现实被"抽象"所统治。在这个意义上,黑格尔哲学就不是远离了现实,恰恰相反,它是以"抽象"的理论形式而真实地表达了受"抽象"统治的现实。

哲学作为"思想中的时代",它是以"理论"的方式所把握到的"时代",而不是关于时代的种种"表象"。对"思想"的"思辨",似乎使哲学与现实拉开了"间距",然而,正是由于这种"间距",哲学才能够超越感觉的杂多性、表象的流变性、情感的狭隘性和意愿的主观性,从而全面地反映现实、深层地透视现实、理性地解释现实、理智地反观现实、理想地引导现实。哲学所实现的时代精神主题化和基本理念的概念化，是以哲学所实现的现实存在的间距化为前提的，又是以哲学所实现的流行观念的陌生化为内容的。

哲学作为人类思想的反思活动，从其产生开始，就具有反思的特性；但是，哲学的反思性，却是在哲学的发展进程中不断成熟和深化的。以"实践转向"和"语言转向"为标志的现代哲学，非但没有"拒斥"哲学反思，反而扩展和深化了哲学反思。

在现代西方哲学中，"拒斥形而上学"、"本体论承诺"、"观察渗透理论"、"合法的偏见"以及"存在的遗忘"等命题，可以说是整个 20 世纪的"世纪性命题"，它们以时代性的哲学理念表征了刚刚过去的那个世纪。有意思的是，当我们思考这些"世纪性命题"时就会发现，它们的哲学内涵正是成立于对某些重要"概念"的"哲学思辨"和"前提批判"。

先谈"拒斥形而上学"。在被怀特称为"分析的时代"的 20 世纪，是以对"形而上学"的"分析"为前提的。作为逻辑实证主义重要代表人物之一的卡尔纳普，通过对"语言职能"的分析，尖锐地向"形而上学"发问：如果作为"形而上学"的哲学既不是充当语言的"表述"职能而像"科学"那样"表述"世界，又不是充当语言的"表达"职能而像"艺术"那样"表达"情感，这样的"形而上学"不是应当"拒斥"吗？

我们并不赞同卡尔纳普的结论，是因为在他的理论"前提"中就蕴含着深刻的矛盾：是否存在一种纯客观的"表述"经验事实的"科学"？现代科学哲学在它的发展过程中，以"观察渗透理论"这个"命题"否定了实证主义的幻想。"观察"总是作为历史文化存在的人的观察，人总是以自己的历史文化为背景而进行观察，因此，"没有中性的观察"，"观察总是负载理论"，"观察总是被理论'污染'"。对"观察"的"思辨"，变革了我们对"观察"及其所蕴含的主客关系、思存关系的理解。

对于人们争论不休的"本体论"问题，逻辑实用主义创始人蒯因则从对概念的分析即"思辨"入手，简洁明快地提出，所谓"本体论"问题就是"何物存在"的问题,而人们在讨论这个问题的时候,则必须区别两种不同的问题:一是何物实际存在的问题,一是我们"说"何物存在的问题;前者是"本体论的事实"问题,后者则是"本体论的承诺"问题。蒯因在这里表达的对本体论问题的现代理解,触及了传统哲学本体论的症结所在,这就是把"本体论的承诺"当做了"本体论的事实"。我们同样并不完全赞同蒯因的观点,但是,我们不能不称赞蒯因对"本体论"问题的"思辨"。

在现代的哲学反思中,存在主义大师海德格尔对"存在"的"思辨",也许是更为激动人心的。在《形而上学导论》中,他劈头就问:"究竟为什么在者在而无反倒不在?"在非反思的日常思维中,这问题似乎并不存在:在者在,而无就是不在。对此,海德格尔以早就料到的口吻说,"绝大部分人根本就不会遇上这个问题",因为要"对此问题提问",首先就要"迫使自己进入这一发问状态中"。而"不提这个问题,星球照样按照它的轨道运行","万物照样生机勃勃成长"。既然如此,为何非提这个问题不可呢? 海德格尔说,因为这个问题是"首要问题":其一,它是"最广泛"的问题,"不仅涵括最广义的,现在的现成存在者,而且涵括以往的曾在者和未来的将在者";其二,它是"最深刻"的问题,是问"在者由何根据而来? 在者处于何根据之上? 在者照何根据行事?"其三,它是"最原始"的问题,"惟有一种在者,即提出这一问题的人,总是不断在这一追问中引人注目"。通过海德格尔对他称之为"首要问题"的"思辨",我们是否可以感受到"哲学活动就是对超乎寻常的东西作超乎寻常的发问"?

海德格尔的"思辨",最重要的是启发我们重新理解"哲学"。海德格尔十分自觉地指出,追问"无"的哲学必定是"不合时宜"的,因为"哲学或者远远超出它的当下现今,或者反过头来把这一现今与其先前以及起初的曾在联结起来",从而"把时代置于自己的准绳之下"。但是,"这种不承认日常生活中的直接反响的东西,却能与民族历史的本真历程生发最内在的共振谐响。它甚至可能是这种共振谐响的先声"。因此,海德格尔提出,"哲学的真正功用恰恰就在于加重历史性此在以及从根本上说是加重绝对的在。艰深使得万事万物,使得存在者重新获得凝重(在)",而"沉重艰深是一切伟大事物出现的基本条件之一",正因如此,海德格尔颇为激动地提出,"所有的伟大事物都只能从伟大开端,甚至可以说其开端总是最伟大的"。我们是否能够在对"无"的"思辨"中,获得某种"凝重"和"伟大"呢?

在传统哲学的两极对立、非此即彼的思维方式中,"思想"只有"正确"与"错误"之分;但在伽达默尔的解释学"反思"中,却构成了一个振聋发聩的命题:"合法的偏见"。把"偏见"视为"合法",这确实是对"偏见"的现代理解。在哲学解释学看来,人所创造的"语言"并不是一种工具,而是人自己的存在方式,由"语言"构成的历史与现实之间、"历史视野"与"个人视野"之间,时时存在一种"张力";人既在历史中接受,也在历史中更新"理解"的方式;历史文化对个人的占有与个人主体意识活动的统一,既构成理解方式的更新即历史的发展,也构成历史发展中的"合法的偏见"。正因为人类的实践活动总是以某种"合法的偏见"为前提,因此,伽达默尔提出,"一切实践的最终含义,就是超越实践本身",而"理论就是实践的反义词","对理论的赞美构成了对实践的反驳"。[13]在这里,正是由"合法的偏见"而引申出对"理论"和"实践"及其相互关系的理解。这种理解对于我们反思"理论"和"实践"是富有启发性的。

"反思"和"思辨",并不是黑格尔的"专利",而是哲学的"天命"。反思思想的哲学必须诉诸辨析思想和追究前提的"思辨",而"拒斥思辨"则只能是陷入作为"表象思维"的"常识"。深入地思考和体会这个问题,我们才能理解哲学的思维方式。

三 反思思想与思想的前提批判

与"构成思想"的思想维度不同,哲学反思的直接对象是"思想",而不是思想的对象。如果反思的对象仍然是作为思想对象的"存在",那么,这仍然是"构成思想"的思想维度,它所形成的也仍然是关于世界的思想。正因为

"反思"的对象是"思想",而不是思想的对象,因此,"反思"才把"思维和存在的关系"作为"问题"来思考。就是说,在人类思想的反思维度中,不是具体地实现思维与存在之间的统一,从而构成关于"存在"的某种"思想";恰恰相反,人类思想的反思维度,是揭露思维与存在之间的矛盾,对各种关于"存在"的"思想"进行反省和批判。正因为"思想"的"对象"是构成思想的全部"存在","思想"本身是无限丰富、复杂的,所以,反思的对象是无限开阔的,古往今来的各种哲学从未停息对"思想"的"反思",当代哲学则愈来愈强烈地感受到"反思"的任重道远。

哲学的批判性反思,总是对反思对象的批判;没有作为反思对象的"思想",也就没有作为反思活动的批判。然而,值得我们深思的是:反思的对象不只是作为思想内容的思想,而且包括构成思想的根据。这种构成思想的根据,是思想得以形成的前提。它是哲学反思的真实对象,因而哲学的反思具有"前提批判的性质"。我们现在就来讨论反思思想与思想的前提批判。

在哲学的意义上,思想的前提是构成思想的根据,推演思想的支点,评价思想的尺度和检验思想的标准。对思想的前提批判,也就是对构成思想的根据、支点、尺度和标准的批判。这种"前提批判"的出发点和归宿,是实现思想的逻辑层次的跃迁。这表明,哲学的反思是反思的特定层次——前提批判的反思活动。

思想的自我反思有两个基本层次:一是思想对自己的思想内容的反思,二是思想对构成自己的根据和原则的反思。前者是普遍地存在于各种思想活动之中的思想自我反思,后者则是属于哲学层面的哲学反思。

人们在各种各样的思想活动中,不仅仅要"构成思想",实现思维与存在的具体的统一,而且总要反省、追究已经构成的思想是否实现了思维与存在的统一。所谓"反复思考","三思而后行"等等,都是指这种对思想内容的反思。由此可见,这种思想内容的自我反思,是普遍地存在于人类的全部思想活动之中的。这种层次的反思,还不是专属于哲学的反思。这里,我们以人们对科学的反思为例,来说明两个不同层次的反思,并从而理解哲学层次的反思。

在科学的发展史上,人们总是通过对科学思想的反思与批判,来推进科学思想的进一步发展。在一定的意义上,科学的发展史,就是科学思想的自我批判史。但是,这种科学思想的自我批判,并不直接就构成哲学层面的反思。

科学思想自我反思和自我批判的第一个层次,是在遵循既定的逻辑前提的基础上,扩展和深化已有的科学思想;科学思想自我反思和自我批判的第二个层次,则是对科学思想的逻辑前提的批判与变革。这种对科学思想的逻辑前提的批判与变革,从根本上说,就是对人们普遍认同的、占有统治地位的"公理"的挑战。在科学的发展史上,"日心说"之于"地心说","进化论"之于"创生论","非欧几何"之于"欧氏几何","相对论"和"量子力学"之于"经典物理学","剩余价值学说"之于"古典政治经济学","科学社会主义"之于"空想社会主义",都可以说是对"公理"的挑战,并且以新的"公理"去取代了旧的"公理",其中包括把旧的"公理"作为新"公理"的特例而容涵于新"公理"之中。

显而易见,科学思想的自我反思和自我批判所实现的对科学理论的逻辑前提的变革,以及由此而实现的世所公认的权威性的"公理"的转换,是科学的划时代的重大发现。它深刻地改变了人们的世界图景、思维方式和价值观念,以至变革了人们整个的生活方式。这种指向思想并从而改变了思想的逻辑前提的科学思想的自我反思,已经不再仅仅是思想内容的自我反思,而是一种关于思想的逻辑前提、思想的逻辑基础的反思,因而它属于对构成思想的根据和原则的反思,即哲学层面的思想自我反思。

以思想构成自己的根据和原则为对象的哲学反思,当然不止于科学研究中的哲学层面的反思,而且包括一切思想活动中对构成思想的根据和原则的反思。任何思想,不管是常识思想还是宗教思想,不管是艺术思想还是科学思想,都隐含着构成其具体内容、从而也是超越其具体内容的根据和原则。这些根据和原则,是思想构成其自身的一只"看不见的手"。它以文化传统、思维模式、价值尺度、审美标准、行为准则、终极关怀等形式而构成思想的立足点和出发点。

这种思想的立足点和出发点,作为思想构成自己的逻辑前提而隐含在思想构成自己的过程和结果中,并对思想构成其自身的进程与结果发挥逻辑的强制性力量——由既定的思想逻辑支点出发而形成特定的思想。因此,要变革思想,就必须变革构成思想的逻辑支点。这就要求人们必须从思想自我反思的第一个层次——思想内容的反思,跃迁到思想自我反思的第二个层次——对思想构成自己的根据和原则的反思,也就是对思想前提的反思。这就是哲学的前提批判。

思想的前提,就是思想构成自己的根据和原则,也就是思想构成自己的逻辑支点。人的任何思想,都蕴含着构成自己的前提;对思想的前提批判,就是思想的逻辑层次的跃迁。

应当看到,对思想的前提批判,既是哲学反思的实质性内容,又是哲学的艰巨使命。哲学反思的艰巨性,就在于思想前提所具有的"隐匿性"、"强制性";而哲学反思的现实性,则在于思想前提所具有的"可选择性"和"可批判性"。作为思想前提批判的必要性与可能性的统一,则在于思想前提的"普遍性"。下面,我们就分别讨论思想前提的这几个基本特性。

首先讨论思想前提的"隐匿性"和"强制性"。思想前提,它作为构成思想的根据和原则,是思想中的一只"看不见的手",也是思想构成自己的"幕后的操纵者"。比如,在一般的思维过程中,我们总是按照形式逻辑的三段论的方式去思考问题,并不自觉地遵守着形式推理的各种规则。这些形式推理的规则,在我们构成思想的进程和结果中,只是"默默地奉献",深深地隐匿在思想活动之中。还应看到的是,在我们的思想活动中,并不仅仅是不自觉地遵循着思维运动的规律与规则,而且"隐匿"着更多的"幕后操纵者"。比如文化传统,文化传统无条件地烙印在人们的思想之中,并以不自觉的方式规范着人们的所思所想和所作所为。同样,人们的思维模式、价值观念、审美意识、终极关怀等等,都以不自觉的和无条件的方式而规范着人们的思想内容和行为内容。

思想构成自己的根据和原则虽然深深地"隐匿"在思想的过程与结果之中,但它作为思想中的"看不见的手"和"幕后的操纵者",却直接地规范着人们想什么和不想什么、怎么想和不怎么想、做什么和不做什么、怎么做和不怎么做。这就是思想前提对构成思想的"强制性"。比如,在"常识"范围内,我们必须遵循"经验"的方式去构成思想,任何"超验"的思考,都是对"常识"的"挑战"。同样,在各种特定的理论框架中,我们必须以这些理论框架提供的基本原则为思想的前提,并依据这些思想前提去形成思想。这就是思想前提对构成思想的逻辑强制性。

思想前提的"隐匿性"和"强制性",构成了哲学反思的必要性。这就是,只有通过哲学反思,才能超越对思想内容的反思,而达到对构成思想的前提的反思;也只有通过对构成思想的前提的哲学反思,才能揭示出"隐匿"在思想的过程和结果中的"前提",并以哲学批判的方式去解除这些思想前提的"逻辑强制性",从而使人们解放思想,创立新的思想。

哲学对思想前提的反思,不仅由于人类思想的发展需要不断地揭示隐匿于思想之中的前提,并不断地"解除"这些思想前提的"逻辑强制性",而且还因为,思想前提自身所具有的"可选择性"和"可批判性",为哲学的前提批判提供了现实的可能性。

哲学对思想的前提批判,首先是因为任何思想的前提或思想的任何前提都具有"可选择性"。这就是说,思想的前提具有二重性:一方面,它在构成思想的特定过程和特定结果中是确定的、不可变易的,因而它的逻辑强制性是合理的;另一方面,它在思想的历史发展过程中,在纷繁复杂和多种多样的思想领域中,又是不确定的,可以变易的,因而它的逻辑强制性又是应当和可以解除的。

哲学对思想的前提批判,还因为任何思想的前提或思想的任何前提都具有"可批判性"。这就是说,我们在对任何思想的反思中,都不仅可以反思思想的内容,而且能够反思思想的前提。思想的前提在思想的过程和结果中是"隐匿"的,但人们却可以通过哲学的反思去揭示这些隐匿的前提,对这些前提进行"分析"或"解释",使它们以文化传统、思维模式、价值尺度、审美标准和终极关怀等方式而成为哲学批判的对象。

哲学对思想的前提批判,其必要性与可能性的统一,在于思想前提的"普遍性"。这就是说,在人的思想的过程和结果中,思想前提是"无处不在"和"无时不有"的。以"思想"为对象的哲学之所以能够"四海为家",从根本上说,就在于思想的"前提"具有普遍性。下面,我们着重探讨思想前提的普遍性。

思想前提的普遍性,首先表现在任何思想都有构成其自身的根据。具体地说,任何思想的自我构成,都是以某种"世界观"、"认识论"和"方法论"为前提的。这就是说,人们在构成具体的思想之前,总有某种关于世界的整体图景,有某些构成思想的方法,有某些对思想进行解释和评价的解释原则和评价标准。

思想前提的普遍性,又表现在思想的过程总要遵循思维的规则和运用思维的方法。这些思维的规则和方法正是思想构成自己的重要前提。学习形式逻辑,是要求人们自觉地掌握和运用思维的规则去构成思想和交流思想。思想的前提批判则是要求对构成思想的思维规则和思想方法进行哲学反思。在论述辩证法时,列宁指出:"辩证法是活生生的、多方面的(方面的数目永远增加着的)认识,其中包含着无数的各式各样观察现实、接近现实的成分。"[14]以社会实践为基础的人类认识具有生理的、心理的、语言的、逻辑的、经验的、情感的、意志的、文化的多质性及其错综复杂的矛盾关系。人类在其前进的发展过程中,又不断地生成多方面的、方面的数目永远增加着的各式各样的认识成分,从而构成思维与存在之间的日益丰富的矛盾关系,并实现思维与存在的辩证的、历史的、具体的统一。揭示和批判地考察这些认识成分、认识环节和认识方法等等,是哲学的前提批判的重要内容。

思想前提的普遍性,还表现在思想的构成总要以人类把握世界的基本方式为前提。这就是说,任何思想的构成,都是通过常识的、神话的、宗教的、伦理的、艺术的、科学的或哲学的方式构成的；没有把握世界的某种特定方式，也就没有某种特定的关于世界的思想。问题在于，人类把握世界的各种基本方式，都不是凝固的和僵死的，而是在人类的前进的发展中历史地变化的。哲学的前提批判，就是揭示思想在自我构成中，究竟是以怎样的方式为前提。通过这样的哲学前提批判，就会变革和更新人类把握世界的基本方式，从而实现思想的逻辑层次的跃迁。

　　思想前提的普遍性，最深层地表现为"理论思维的前提"。恩格斯曾经强调地指出，在人的全部思想中，隐含着一个最普遍的、"不自觉的"和"无条件的"前提，这就是思维与存在的统一性。恩格斯说："我们的主观的思维和客观的世界服从于同样的规律，因而两者在自己的结果中不能互相矛盾，而必须彼此一致，这个事实绝对地统治着我们的整个理论思维。它是我们的理论思维的不自觉的和无条件的前提。"[15]人类思想的哲学维度，就在于它不像各门具体科学和人类把握世界的其他方式那样，把理论思维的"前提"当做毋庸置疑的出发点，去实现思维和存在的某种形式的统一，而是把理论思维的这个"不自觉的和无条件的前提"作为考察的对象，去反思"思维和存在的关系问题"。因此，只有理解哲学对理论思维的前提批判，才能理解哲学基本问题的真实意义，才能把握哲学的反思的思维方式。

　　哲学反思的根本特点，决定人类思想的哲学维度在本质上是批判的。对此，哲学大师们有明确的论断。例如，德国古典哲学的奠基人康德，把哲学视为一种"清理地基"的工作，认为"哲学家的事业"就是对"自明性的东西"进行分析。现象学大师胡塞尔提出，在所谓的"自然的思维态度"中，认识是深不可测的，而认识的可能性却是"自明"的；但在反思的哲学思维中，认识的可能性却成为理性批判的对象[16]。他们都把哲学批判的锋芒指向了人类认识何以可能的"前提"，并迫使这个前提由"幕后"走上"前台"，由"看不见的手"变成"看得见的手"，从而遭到哲学反思的无情的批判。就此而言，康德的先验方法和胡塞尔的现象学还原的方法，都可以称之为哲学的前提批判的方式。

以"语言转向"为标志的现代哲学,充分利用"语言"自身所具有的客观性、公共性、多样性、历史性、可分析性和可解释性,以一种前所未有的广阔视野展开了对各种各样的文化形式的思想前提批判。构成人的神话世界、常识世界、宗教世界、艺术世界、伦理世界和科学世界的神话语言、常识语言、宗教语言、艺术语言、伦理语言和科学语言,在这种追问"思想前提"的哲学反思中,不得不一一走上思想自我反思和自我批判的"前台",暴露自己得以存在的"前提",申诉自身继续存在的"根据",变革自身发展的方式。

哲学对思想的前提批判,是以人类生活的历史发展为坚实基础的。哲学前提批判的自觉与强化,其现实基础正如马克思所说,"彼岸世界的真理消逝以后,历史的任务就是确立此岸世界的真理。人的自我异化的神圣形象被揭穿以后,揭露非神圣形象中的自我异化,就成了为历史服务的哲学的迫切任务。于是对天国的批判就变成对尘世的批判,对宗教的批判就变成对法的批判,对神学的批判就变成对政治的批判"。[17]近代哲学的前提批判,主要是对"上帝本体论"的批判,即对"神圣形象"的批判;现代哲学的前提批判,则主要是对"非神圣形象"的批判,也就是对"尘世"中的各种文化样式的批判。

马克思正是以哲学的前提批判,深刻地揭示了"隐匿"在德国古典哲学、英国古典政治经济学和英法空想社会主义中的诸种"前提",空前深刻地揭露和批判了人在各种"非神圣形象中的自我异化",才创立了马克思主义学说,实现了人类思想史上的伟大变革。而现代哲学所进行的"形而上学"批判、"意识形态"批判、"科学技术"批判、"意义世界"批判、"话语方式"批判等等,从根本上说,都是对现代社会中的各种"非神圣形象"的思想前提的批判。

在这里,重新思考我国学者王国维所说的读书三境界,对于理解思想的前提批判是非常有帮助的。"昨夜西风凋碧树,独上高楼,望尽天涯路"的第一境界,虽然是登高望远,博览群书,但却只能是"获得思想";"衣带渐宽终不悔,为伊消得人憔悴"的第二境界,虽然是呕心沥血,废寝忘食,但却不一定找到"思想的前提";只有"众里寻它千百度,蓦然回首,那人却在灯火阑珊处"的第三境界,在那人所未见的地方,才有可能找到"隐匿"的"思想前提"。在这个意义上,所谓"读书三境界",既生动地体现了"前提批判"的艰难,也深刻地显示了"前提批判"的意义。

注　释

〔1〕《马克思恩格斯选集》第 1 卷,第 30 页。

〔2〕《马克思恩格斯选集》第 2 卷,第 217 页。

〔3〕《小逻辑》,商务印书馆 1980 年版,第 39 页。

〔4〕《精神现象学》上卷,商务印书馆 1997 年第 2 版,第 40 页。

〔5〕同上。

〔6〕参见黑格尔:《小逻辑》,商务印书馆 1980 年版,第 40—41 页。

〔7〕海德格尔:《形而上学导论》,商务印书馆 1996 年版,第 13 页。

〔8〕《列宁全集》第 38 卷,第 242 页。

〔9〕同上,第 281 页。

〔10〕同上,第 280 页。

〔11〕同上,第 210 页。

〔12〕《马克思恩格斯全集》第 46 卷(上),第 111 页。

〔13〕伽达默尔:《赞美理论》,三联书店 1998 年版,第 21、46 页。

〔14〕《列宁全集》第 38 卷,第 411 页。

〔15〕《马克思恩格斯选集》第 3 卷,第 564 页。

〔16〕参见胡塞尔:《现象学的观念》,上海译文出版社 1986 年版,第 19—23 页。

〔17〕《马克思恩格斯选集》第 1 卷,第 2 页。

第十三讲

存在与本体

对"本体"和"本体论"的概念解析

本体论的三重内涵

本体论与人的安身立命之本

本体论的现代革命

上一次我们讲"思想与反思",提出哲学的反思是对思想的前提批判。思想的前提作为思想的根据,它具有一种重要的哲学意义,这就是"本体"的意义。所以,我们从今天开始,一起讨论本体论问题。

一说"本体"这个概念,不仅仅对它的内涵不好把握,而且对这两个字组合在一起所构成的这个词,也感到不好把握。如果我们不说本体,而是说本人、本土、本部、本身……我们可以在"本"字后面加上许许多多的词,我们都觉得非常容易理解。但是把这两个都非常熟悉的字——"本"和"体"放在一起,要想理解它的哲学内涵,就非常艰难了。正因为是这样,本体论问题可能是我给大家讲的最难的一个部分。

哲学从其产生开始,就试图为人类提供某种关于人自身的存在和发展的最后的根据、尺度和标准,也就是为人类提供某种"安身立命之本"或"最高的支撑点"。这就是哲学的"终极关怀",也就是哲学的"本体论追求"。然而,哲学作为"思想中的时代",它又只能是以时代性的哲学理论去充当这种"安身立命之本"或"最高的支撑点",由此便构成了哲学的追求目标与理论内容的矛盾,并因而深层地决定了哲学自我批判的本性。考察哲学的本体论追求,会使我们更为深切地理解哲学在人类文明中的特殊价值,也会使我们更为深切地理解哲学的批判本性。

一 对"本体"和"本体论"的概念解析

"本体"和"本体论",是哲学理论中使用最广泛而又歧义性最大的范畴。大家在学习或研究哲学的过程中,总是不可避免地被"本体"和"本体论"困扰着。

阅读哲学理论著作和哲学史著作,大家会发现一个引人注目和发人深省的重大问题:在各种不同的哲学理论体系中,"本体"都有其特殊的理论内涵和历史的规定性;或者反过来说,有多少种关于"本体"的观念,也标志着有多少种不同的哲学理论体系。因此,从一定的意义上说,对"哲学究竟是什么"的追问与回答,也就是对"本体究竟是什么"的追问与回答;如何回答"本体究竟是什么",也就是在回答"哲学究竟是什么"。这表明,关于"本体"和"本体论"的概念解析,对于哲学的自我理解是至关重要的。

在探析作为哲学概念的"本体"和"本体论"之前,先来简要地分析一下作为日常用语的"本"这个概念,是会引发某些哲学思考的。

"本"是与"末"相对待的。"物有本末,事有始终"。"本"为事物的根源或根基,因此,人们在思想和行为中总是喜欢"溯本穷源",反对"本末倒置"或"舍本求末"。这表明,不管古今中外的哲学家在多少种不同的含义上使用"本体"这个概念,"本体"概念总是具有寻求最根本的东西的意义,总是具有以"本"释"末"的意义,总是具有为自己的思想和行为寻找最终根据的含义。

通常认为,哲学本体论是关于一般存在或存在本身的哲学学说,关于脱离具体存在的超验存在的学说。在这种解释中,下述几点是值得深入探讨的:第一,本体论作为"关于一般存在或存在本身的哲学学说","本体"与"存在"是何关系? 第二,本体论作为"关于脱离具体存在的超验存在的学说","具体存在"与"超验存在"是何关系? 怎样理解"本体"是"超验存在"? 第三,马克思主义哲学与本体论是何关系? 究竟应当如何对"本体论"做出马克思主义的哲学解释?

首先,我们分析"本体"与"存在"的关系。

"存在",这是一个外延最广大、无所不包的概念,又是一个内涵最稀薄、毫无内容的概念。黑格尔说,存在,这是"无规定性的直接性,先于一切规定性的无规定性,最原始的无规定性"[1]。黑格尔还具体地解释说:"如果我们试观察全世界,我们说在这个世界中一切皆有,外此无物,这样我们便抹煞了所有的特定的东西,于是我们所得的,便只是绝对的空无,而不是绝对的富有了。"[2]这就是说,"存在"是一个"最抽象也最空疏"的概念。

世界上的一切事物,包括物质和精神,都不仅仅是"存在"着,而且是具有某种"规定性"的存在,也就是具有某种特定的内容与形式的存在。黑格尔说,"规定性中已包含有'其一'与'其他'",[3]"一个具体事物总是不同于一个抽象规定本身的。当我们说'存在'时,我们并没有说到具体事物,因为'存在'只是一个纯全抽象的东西"。[4]而任一事物作为有规定性的存在,它就是黑格尔所说的"定在"即特定的、特殊的存在。

如果我们把抽象的或纯粹的"存在"称做"在",那么,我们就可以把具有规定性的所有事物都称做"在者"。显然,世界上只存在具有规定性的"在者",而不存在没有任何规定性的纯粹的"在"。然而,人类的思维却不仅仅是抽象事物的各种规定性,将事物把握为各种具有规定性的"在者",而且还舍掉事物的各种各样的规定性,寻求一切"在者"的"在"。由此大家可以初步理解,对"在"的反思性的寻求,就是哲学的本体论;而哲学所寻求的"在",

就是所谓的"本体"。

大家必须特别注意，"本体"作为抽象的"在"，并不是某种现实的存在物，而只是一种人类思维的**指向性**。哲学反思的现实基础是人类自己的社会生活。因此，对哲学所寻求的"本体"，对寻求"本体"的哲学本体论，都需要从人类自己的社会生活出发去予以解释；或者反过来说，只有从人类自己的社会生活出发，才能合理地解释哲学的"本体"观念和哲学的"本体论"。

哲学的"本体"观念和哲学的"本体论"的产生与发展，首先是与人类独特的生存方式联系在一起的。人类作为改造世界的实践—认识主体，其全部活动——无论是实践活动还是认识活动——的指向与价值，都在于使世界满足人类自身的需要，把世界变成**对人类来说**是真善美相统一的世界。具有历史展开性的实践活动是人类全部思维的最本质最切近的基础，当然也是人类的哲学反思的最本质最切近的基础。

人类的实践活动不仅具有现实性，而且具有理想性，不仅具有有限性，而且具有无限的指向性。基于人类实践本性的理论思维，总是渴求在**最深刻**的层次上或**最彻底**的意义上把握世界、解释世界和确认人在世界中的地位与价值。理论思维的这种渴求，是一种指向终极性的渴求，或者说，是一种终极性的关怀。理论思维的这种终极性的渴求或关怀，构成了贯穿古今的哲学本体论。

哲学的"本体"观念，是一种对终极性的存在的渴求或关怀；哲学的"本体论"，是一种追本溯源式的意向性追求，是一种理论思维的无穷无尽的指向性，是一种指向无限性的终极关怀。哲学的"本体"观念和哲学的"本体论"，最为深刻地显示了人类存在的现实性与理想性、有限性与无限性、确定性与超越性、历史的规定性与终极的指向性之间的矛盾。在这个意义上，关于"在"或"本体"的哲学本体论，是表现人类自身存在的矛盾性或悖论性的理论。

其次，我们分析"本体"与"超验存在"的关系。

作为"本体"的"在"，是"超验的存在"，而不是"经验的存在"。任何经验的存在,都是"定在",即有规定性的存在,也就是"在者"。所有经验的存在即"在者",都可以成为科学研究的对象。而作为"本体"的"在",则是纯粹思维抽象的产物,因而是超越经验的存在。理解这个问题,是理解"本体论"的根本问题,因而也是理解"哲学"的根本问题。反过来说,正是由于这个问题的不易理解,因而人们经常曲解"本体论"和"哲学"。

人作为现实的存在,却要寻求超验的存在,这是因为人对世界的认识总是处于感性与理性的矛盾之中,认为我们感官所把握到的事物并不是存在本身,而只有隐藏在经验后面,作为它的基础的那个超感官的对象,才是真正的存在。这就是所说的"本体"。把存在的事实和存在的本体分离开来、对立起来,是本体论思维的基本前提。本体论表现的是人从人的观点理解和把握世界的一种方式,这就是抛开可见的现存世界,去追求一个不可见的本体世界。人是一种追求未来理想存在的一种存在,这就是人的"形而上学"本性。本体论就是以"本体"这种方式,来表达人的"形而上学"追求。

由此我们可以看到,把研究"在"或"本体"作为哲学的立足点和出发点的本体论哲学,有三个根本性的思想前提:其一,就其思想本质来说,是把存在本身同存在的现象割裂开来、对立起来,认为经验观察到的现象并非存在本身,存在本身是那种隐藏在经验现象背后的超验的存在;其二,就其思想原则来说,是把主观和客观、主体和客体对立起来,把哲学所追求和承诺的"本体"视为某种超出人类或高于人类的本质、与人类的历史状况无关的自我存在的实体,力图剥除全部主观性,归还存在的本来面目;其三,就其追求目标来说,是把绝对与相对分割开来,企图从支配宇宙的最普遍的原则或原理出发,使人类经验中的各种各样的事物得到最彻底的统一性解释,从而为人类提供一种终极的永恒真理。

从这种思想前提可以看到,以本体论为解释原则或理论硬核的哲学模式,是由于把本质与现象分离开来、主观与客观割裂开来、相对与绝对对立起来而产生的。它的实质,是要求哲学为人类揭示出宇宙的绝对之真、至上之善和最高之美。正因如此,传统哲学的本体论才被现代哲学扬弃了。

再次,我们分析马克思主义哲学与"本体论"的关系。

本体论的哲学模式既把哲学追求永恒真理、探寻终极原因、表述世界本体的渴望推向了高峰,同时也就使本体论哲学走向了自我否定。离开存在的现象,人们如何认识存在本身?存在作为人类认识的对象,它能否排斥认识的主观性?人类关于存在本身的认识,能否具有绝对的、至上的、终极的真理性质?当哲学家从对"本体"的追究而转向对人类认识的反省时,哲学研究的理论硬核便发生了变革。"没有认识论的本体论为无效"。这就是近代认识论哲学的立足点和出发点。

由于认识论哲学的发展,以探寻存在本身为理论硬核的本体论哲学模式,就被以反省人类认识为理论硬核的认识论哲学模式所取代;以追求纯粹客观性为目标、并把主观性与客观性绝对对立起来的形而上学的思维方式,就被探索思维与存在、主观与客观如何统一的辩证法理论所扬弃。独立存在的本体论哲学及其所代表的形而上学的思维方式,已经被德国古典哲学及其所代表的辩证法的思维方式所否定。这表明:本体论哲学作为一种世界观和理论思维方式,它本身只是人类思维在一定历史发展阶段上的产物,没有任何理由或根据把它当做永恒的解释原则或理论硬核去建构当代的哲学模式。

马克思主义哲学认为,人类的社会实践活动,以及实践基础上的人类认识活动,是一个不断发展的历史过程。在这个历史过程中,人类所获得的全部认识成果,包括哲学层面的本体论追求,总是具有相对的性质;但同时,人类的实践和认识又永远不会停留在一个水平上,总是向着全体自由性的目标迈进。因此,马克思主义哲学否定传统本体论占有绝对真理的幻想,但并不拒绝基于人类实践本性和人类思维本性的本体论追求。这应当是大家深入思考的重大的理论问题。

在对哲学本体论的当代理解中,我们应当达到这样一种认识:本体论作为一种追本溯源式的意向性追求,作为一种对人和世界及其相互关系的终极关怀,它可能达到的目标,并不是它所追求的"本"或"源";它的真实意义,也不在于它是否能够达到它所指向的终极存在、终极解释和终极价值;本体论追求的合理性在于,人类总是悬设某种基于现实而又超越现实的理性目标,否定自己的现实存在,把现实变成更加理想的现实;本体论追求的真实意义就在于,它启发人类在理想与现实、终极的指向性与历史的确定性之间,既永远保持一种"必要的张力",又不断打破这种"微妙的平衡",从而使人类在自己的全部活动中保持生机勃勃的求真意识、向善意识和审美意识,永远敞开自我批判和自我超越的空间。

二 本体论的三重内涵

本体论作为一种追本溯源式的意向性追求,一种理论思维的无穷无尽的指向性,一种指向无限性的终极关怀,它所寻求的"在"或"本体",既是无规定性的纯粹的存在,又是解释一切有规定性的"在者"的"在",还是规范人的全部思想与行为的"在",因此,哲学本体论具有三重基本内涵,即:追寻作为"世界统一性"的终极存在(存在论或狭义的本体论);反思作为"知识统一性"的终极解释(知识论或认识论);体认作为"意义统一性"的终极价值(价值论或意义论)。本体论的这三重基本内涵,需要大家认真思考。

首先,我们讨论本体论对终极存在的寻求,也就是对世界统一性的寻求。

把本体论界说为"存在论"即关于"存在"的理论,这是一种有哲学史根据的通行看法。但是,作这种解释时必须注意,存在于哲学史上的本体论,它所指向和寻求的"存在",并非各种具体事物或经验对象的存在,即不是"在者",而是总体性的存在或存在的总体性,即"在"本身。这种总体性的"在"或存在的总体性,对于把握"存在"的思维主体来说,是一种统一性的抽象或抽象的统一性。思维主体寻求这种抽象的统一性,是企图以此为根据去说明全部"在者"的生成、演化和复归。因此,这种"存在"对于思维主体所把握的世界来说,具有"终极存在"的意义。

古希腊哲学家亚里士多德提出，哲学的探索始于对大自然的惊异。人类思维面对千差万别、千变万化的世界，试图寻求一种"万物都由它构成，最初从它产生、消灭后又复归于它"的存在物，把它作为"实是之所以为实是"的最终原因，这就是哲学思维在其童年时代所指向的"终极存在"。

这种哲学思维所关注和指向的终极存在，是经验世界的多样统一性，是万物所由来和万物所复归的某种感性存在物。但在哲学思维的这种追求中，已经蕴含着自我否定和自我超越。古希腊哲学家赫拉克利特以"火"为万物的本原，并提出宇宙是燃烧的活火，并不只是把某种确定的存在物（火）作为万物所由来和万物所复归的"始基"和"基质"，而且是把过程的必然性（逻各斯）视为万物流变中的不变的"本体"。在赫拉克利特这里，作为万物本原或世界统一性的"火"，既是某种可感的现实存在物，又是一种象征意义的"逻各斯"。它启发哲学家沿着另一种思路——对"逻各斯"的逻辑把握——去寻求世界的统一性即终极存在。

这种哲学思路就是探寻对象世界的现象与本质的逻辑关系，把"本体"或"终极存在"视为超越经验而为思维所把握的理性存在物即"共相"的存在。古希腊的又一位哲学家柏拉图认为：现实存在的任何事物或现象，总是以其特殊性的存在或存在的特殊性而表现出诸种不完善性；从经验对象所获得的任何观念或知识，总是以其特殊性的内容或内容的特殊性而丧失其解释的统一性；因此，应该而且必须存在一个高于物理事物并且规范物理事物的"理念世界"；这个作为共相的"理念世界"给予并且显现"物理世界"的意义，因而也构成对"物理世界"的统一性理解和解释。这样，在柏拉图关于终极存在的探索中，已经显示出本体论的另一重基本内涵——关于世界的知识性的终极解释。

现在我们讨论本体论作为终极解释的内涵。

哲学家们对"世界本原"或"终极存在"的追寻和确认，不能把自己所承诺的"本原"或"本体"只作为一种抽象的观念，而必须对其进行逻辑论证，使之具体化，获得知识形态。本体观念的具体化和知识化就是对本体的解释。

本体观念指向的是世界的终极存在,本体观念的展开和论证,具有对世界进行"终极解释"的意义。值得注意的是,作为终极解释的本体论,它是以知识论的形态为中介而指向世界的终极存在,或者说,在其直接的理论形态上,不是表现为关于世界统一性的存在论,而是表现为关于知识统一性的认识论。

亚里士多德在总结古希腊哲学的基础上提出,哲学本体论所寻求的是关于"最高原因的基本原理"。[5]这种"基本原理",可以使人类经验中的各种各样的事物得到统一性的解释,或者可以被解释为某种普遍本质的各种具体表现,从而达到思维把握和解释世界的全体自由性。黑格尔完全赞同亚里士多德所规定的寻求"最高原因的基本原理"的哲学目标,并指出整个哲学史所指向的正是这个目标。但他认为:第一,亚里士多德及其后来的哲学家们把各式各样的现象提高到概念里面之后,却又使概念本身分解为一系列彼此外在的特定的概念,而没有给出作为"终极解释"的"统一性原理";第二,作为终极解释的统一性原理,只能是形成于对人类所创建的全部知识和整个人类认识史的"反思",而不是直接地形成于对各种各样经验对象的认识。

正是从这种理解出发,黑格尔提出:一是"要这样来理解那个理念,使得多种多样的现实,能被引导到这个作为共相的理念上面,并且通过它而被规定,在这个统一性里面被认识";[6]二是要把哲学理解为"对认识的认识,对思想的思想"即"反思",并通过反思而使哲学的"统一性原理"获得系统化的逻辑规定。

在黑格尔看来,本体论所追求的"统一性原理"之所以具有对世界进行终极解释的意义,并不是因为它对世界做出最深层次的知识性解释,而是因为它能够把全部知识和整个认识史扬弃为思维把握存在的逻辑,即人类思想运动的逻辑。由于这个逻辑具有充实任何真理性内容的功能,因而是人类的全部知识得以生成和得以解释的统一性根据。

黑格尔的这种理解和追求,是对整个传统哲学本体论的深刻总结。他以本体论、认识论和逻辑学相统一的哲学形式,唯心主义地实现了本体论所指向的终极存在与终极解释的统一。

最后,我们再讨论本体论作为终极价值的内涵。

本体论寻求作为世界统一性的终极存在和作为知识统一性的终极解释,并不是超然于人类历史活动之外的玄思和遐想,而是企图通过对终极存在的确认和对终极解释的占有,来奠定人类自身在世界中的安身立命之本,即人类存在的最高支撑点。人类对终极存在和终极解释的关怀,植根于对人类自身终极价值的关怀。

"自然是人的法则","人是万物的尺度","上帝是最高的裁判者","理性是宇宙的立法者","科学是推动宇宙的支点","人的根本就是人本身",这些表达特定时代精神的根本性的哲学命题,就是哲学本体论历史地提供给人类的安身立命之本或最高的支撑点。它们历史地构成人类用以判断、说明、评价和规范自己的全部思想和行为的根据、标准和尺度,即作为意义统一性的终极价值。

在西方哲学史上,从被黑格尔称之为"具有世界史意义的人物"苏格拉底开始,就试图引导人们离开各种特殊的事例而去思索普遍的原则,追究人们用以衡度自身言行的真善美到底是什么。这种苏格拉底式的追究,就是对人的终极价值的寻求,它贯穿于自柏拉图、亚里士多德至康德、黑格尔和费尔巴哈的整个西方传统哲学。

寻求生命意义的根基,也就是寻求对人类具有普遍适用性或普遍约束性的终极价值。这种终极价值是衡度人类全部思想和行为的最高标准,而人类所追求的一切较小的目标都只是达到这种终极价值的途径或手段。对终极价值的关怀,构成本体论的最激动人心的终极关怀。

在探索西方哲学本体论的同时,我们还应当看到,"究天人之际,通古今之变","判天地之美,析万物之理","为天地立心,为生民立命"的中国传统哲学,它所表达的对终极存在、终极解释和终极价值的渴求与关怀,正是中国古典式的、博大精深的本体论追求。从求寻"终极价值"的意义上去重新理解"本体论"和中外哲学史,既会深化对"本体论"的理解,也会深化对哲学史的认识。

但是,在对本体论的追求当中,整个哲学史迄今为止一个最大的问题,就是把本体论所寻求的终极存在、终极解释和终极价值这三者割裂开来了,一个是把本体经验化了,一个是把本体科学化了,还有一个是把本体艺术化了,并由此构成了不同形态的本体论,这就是实体论的本体论,知识论的本体论和诗化的本体论。而这样的三种本体论,它造成了一个巨大的弊端,这就是存在论、真理论和价值论的分裂。

正因为本体论不好理解,所以不仅仅是当代中国的哲学界,而且整个当代世界哲学在对本体论的理解当中,出现了这样一种基本的状况,那就是,把本体论所寻求的那种终极存在、终极解释和终极价值割裂开来,并列起来,从而构成了现代所流行的三种本体论形态。一种是把本体经验化了。他从经验常识出发,他最能理解和接受的是什么?你想本体最容易被理解成什么?嗯?经验化!经验是人类存在的最基本的方式么,你就在经验当中生活,你就用经验来应付生活,所以只要你考虑问题都是从经验出发的。所以当我一说"本体",你马上就想是一个"东西"。按照这种经验的思维考虑,考虑来考虑去,都把本体经验化了。那么什么叫经验化的本体论?经验化的本体论就是把本体看成一种经验性的存在。人们通常认为本体是什么?基本粒子?DNA?统一场?数学公式?它总是按照那种基本的经验化的思维方式,追究那种最深层的根本性的存在是什么。其实这还是古代水平的万物所由来、万物所复归的那个"始基"和"基质"。你总是按照一种始基、基质,那个宇宙之砖来理解这个本体论。这是本体论的经验化或经验化的本体论。

近代哲学的本体论,是一个理性的本体论,理性取代上帝成了本体,它认为本体应当是一个统一性原理。理性本体论实质上表现的是一种什么要求?是一种哲学科学化的要求。因为它要求哲学像科学一样,作为统一性原理来解释世界。它蕴含着的就是,哲学提供的是一种知识论的本体论,为一切知识提供一个深层的统一性原理。这又是本体的科学化或科学化的本体论。当代哲学的突出特征,就是反思和批判这种本体的科学化或科学化的本体论,也就是批判地反思现代哲学中的科学主义思潮。

19世纪中叶之后,是传统哲学转向现代哲学的一个过程。在这个过程当中,形成了当代哲学的三大思潮,这就是科学主义思潮、人本主义思潮和马克思主义哲学。科学主义思潮认为,黑格尔的哲学是一种狂妄的理性。因为黑格尔哲学认为哲学的理性无所不至,所以费尔巴哈说,黑格尔的哲学是一个精致的宗教,不外乎让那个理性代替那个上帝了。恩格斯说,当着黑格尔用理性去求证上帝而不能获得上帝,干脆就把理性宣布为上帝。这就是黑格尔。科学主义思潮就意识到黑格尔的这个根本性的弊病了,你狂妄呀,人类理性不能狂妄,应该谦虚。那么人类理性应该谦虚成什么样子呢?科学这个样子。超越了科学的限度就是理性的放荡了。从19世纪中叶以来,又兴起了一种人本主义哲学。在人本主义哲学的兴起的过程当中,逐渐地形成了一种所谓的诗化的本体论。它认为,本体论的经验化,以及近代以来的科学化,都是走不通的。因此,哲学的本体,就其本性而言,是一个诗化的本体,是一个纯粹价值化的本体,经验化的本体和科学化的本体,都是与哲学风马牛不相及的。这样,就形成了当代哲学中的经验化的本体论、科学化的本体论和价值化的本体论,而它们的相互割裂,又造成了哲学的存在论、认识论和价值论的割裂。这就需要我们重新思考本体论三重内涵的内在关系。

三　本体论与人的安身立命之本

本体,是在追问是之所是的那样一种存在。这样的一种存在,就是世界、人类以及人的思想、观念何以可能的存在,是一种根据性的存在。这种作为根据性的存在,是基于人性的一种追求。这种基于人性的、历史性的追究,在哲学史上,为我们展现了三个方面的含义:直接地,它为我们展现的是一种对于世界统一性的寻求,也就是对终极存在的追求。这是直接性的。如果我们进一步去思考就会发现,这种对于世界统一性的终极存在的追求,本质上是对于作为知识统一性的终极解释的寻求。而在进一步的反思当中,我们就会发现,人类对于这种终极存在的追求,对于这种终极解释的追求,根源于人类对于自身的终极价值的追求,也就是对人自身的意义的统一性的寻求。

我一直不赞成把中西哲学看得那样对立,似乎西方哲学本质上是一种知识论,而中国哲学本质上是一种伦理学;西方哲学以一种逻辑的、认知的方式去展开,而中国哲学以一种体悟的、直觉的方式去展开。好像它们完全是两个东西,甚至还由此怀疑说,中国哲学还叫不叫哲学?中国哲学到底有没有本体论?

面对这些问题,我非常欣赏胡塞尔的这个说法,面向事情本身!如果我们面向事情本身,就是面向人自身的存在的本身的话,一切问题便会迎刃而解!只要它是哲学,都是源于对人与世界关系的反省,并通过这种反省为人自身提供一种安身立命之本。柏拉图、亚里士多德、苏格拉底,究竟他们都想什么东西?他们都在想给人自身提供一个安身立命之本,都是要寻求这种终极的价值或者这种意义的统一性。是为了能够获得对于人的终极价值的一种合乎逻辑的前提和论证,才诉诸对终极存在和终极解释的寻求。西方哲学也好,中国哲学也好,印度哲学也好,只要它们是作为哲学,作为人类关于自身存在的自我意识的理论,都是对于所谓终极价值的一种寻求。但是这种终极价值,为了能够获得哲学家们所希求的那种客观性、普遍性,必然诉诸对于终极存在和终极解释的寻求。因此在哲学的本体论当中,必然地内涵着终极存在、终极解释和终极价值三重内涵。而一旦我们理解了这三重内涵,回过头再去看所谓的本体,就更加清楚了。什么是本体?本体是人类用来规范自己的全部思想和行为的根据、标准和尺度。

本体论,对于人来说,具有三重意义。它是回答人类何以可能的根据,又是确认人之为人的一个标准,同时还是反观人是否为人的尺度。本体论是为人类自身的存在、为规范人自己的思想和行为提供的一种根据、标准和尺度。什么叫上帝呀？作为本体的上帝是什么呢？就是用来规范我们每个人的思想和行为的那个根据、标准和尺度。西方人所信仰的上帝是什么？这就是那个根据、标准和尺度！正是在这个意义上，尼采才说，上帝被杀死了，一切都是可能的。所以这个本体论，它不是一个超然于世界之外的玄思和遐想，而是一个人类最深层的东西。所以存在主义哲学家们自己就说，存在主义就是一个悖论！因为存在主义是要求人们在没有标准的前提下进行选择，这不就是存在主义的悖论么？所以我把它叫做没有标准的选择的存在主义的焦虑。

哲学的本体论在它的深层上，不是像我们想的一个抽象的东西，而是规范我们每个人的思想和行为的那个根据、标准和尺度。所以从哲学史上看，从人类文明史上看，人类总是在这二者之间保持着一种张力，就是在这样一种标准和选择之间的张力，所以我常愿意说我那一段很长的话，如果是一种没有选择的标准，那是一种本质主义的肆虐；如果是一种没有标准的选择，那是一种存在主义的焦虑。每个时代的人都是在这样一种标准和选择之间，寻求和保持一种必要的张力。这就是哲学的辩证智慧！

为了从最深层上理解本体论，我们必须把这个问题诉诸对人性的理解。本体论的人性根基，一个是实践活动的理想性，一个是人类思维的至上性，还有一个是自我意识的根基性。

实践是人自身的存在方式。我们首先从实践作为人的存在方式出发，来反思哲学的本体论追求。人对世界是一种否定性的关系，人总是否定世界的现实性，而把原有的非现实性变成现实性。实践既是使世界分裂的基础，同时又是使世界统一的基础。所以人的实践活动才造成了自然世界和属人世界的分裂。但是这种造成世界分裂的实践活动又恰好是自然世界和属人世界得到统一的一个基础。

什么是实践活动？实践活动就是把不现实的变成现实的过程，是一个把目的性变为现实性的过程，也就是把理想性变为现实性的过程。因此人类的全部的把握世界的各种方式,都是基于人类的实践的本性。人是一种历史性的存在,而历史是一种无限的展开性。正因为这种实践的理想性所造成的这样一种历史的无限的展开性,所以在人类的精神当中就有一种本体的观念、本体的寻求。

什么是本体论? 本体论是一个无限的指向性,是一个无限的终极的关怀。它不是一个实实在在存在的东西,而是一种人类的指向性,一种基于人类实践活动的理想性的指向性,所以它是"无"。我为什么使用了这样的一些词,意向性、指向性、终极关怀? 那是因为,你意向的、指向的、关怀的"有"就是"无"! 怎么是个"无"呢? 它就是这样一种无尽的追求! 这种无限的指向性,它是基于人性的。因为实践活动就是这样一个东西,它才给人一个安身立命之本,一个逻辑的支撑点。它支撑的是什么? 人是一种理想性的存在,这就是本体观念了。哲学给你提供的是什么? 哲学给你提供的是人是一种理想性的存在! 这不比别的都根本么? 对一个人的生活来说,最重要的是什么? 最重要的是觉解到、自觉到你是个理想性的存在。你自觉到、觉解到自己的实践的本性么。所以本体论的人性根基,它最深层的是人类自身的存在的方式,人类的实践活动。

正是基于这种实践活动,它直接地表现为人类思维的追究,这里边正好是表现了人类的思维的本性。恩格斯说,人类的思维,按其每次的实现和个别的现实,都是有限的、非至上的;而按照人类思维的本性、使命、可能和历史的终极目标来说,它是无限的、至上的。这多漂亮呀! 就这一句话,本体论就可理解了;否则就不可理解。什么叫本体论? 你要按照科学思维来讲,那都是思维的每次的现实和个别的实现。哲学不是了,哲学是基于那个思维的本性、那个使命、那个可能、那个历史的终极目标。所以我说人类的思维有两个维度,"构成思想"和"反思思想",这是科学与哲学的区别。

为什么会有本体论的追究? 这是基于人类的实践的本性。但是这种实践的本性,表现在人的思维当中,人类的思维从不满足于每次个别的现实的实现。恩格斯说,人类思维按其本性来说,是个矛盾,所以我们很多人否定本体论就是总强调那个思维的有限性，那个非至上性。人类思维的每次的现实都是非至上的。为什么科学家嘲弄哲学家呀？就因为科学家看到了思维的每次的现实都是有限的，而你哲学家总想超越这个有限。但是，哲学的追求是基于人类实践活动的理想性，基于人类思维的至上性。你想一想，有谁能够让自己的思维的至上性的要求窒息呢?! 所以康德说，天上的星空，心中的道德律。这是哲学的两个基本指向。你只要一看星空，你马上就会求索。一种思维的无限的指向性。你只要反省自己的良心，你又是一个无限的指向性。那么这样一种双重的无限的指向性构成了哲学。康德说怎么就有哲学了？对这二者都表现出惊奇！哲学基于人类本性，哲学是人类关于自身存在的自我意识的理论，只有在理论当中，人类才能够强烈地感受到这个东西。所以我非常欣赏毛泽东在延安文艺座谈会上的讲话里说的，什么是文学艺术呀，文学艺术不过是最强烈地、最集中地去表现了那个生活。所以我非常欣赏一位文艺批评家关于《红楼梦》的论述，他说，什么是《红楼梦》?《红楼梦》是把生活的大山推倒了，重新地艺术地又构建起来了。艺术强烈地感染了我们，理论强烈地震撼了我们。人类的实践活动蕴含着理想性和现实性的矛盾，所以它总蕴含着一种无限的理想的指向性。那么这种理想的指向性是什么？是人类自身的安身立命之本，是一种境界性的寻求。而这种基于理想性的寻求，它必然表现为人类思维的这样一种渴求，那就是人类思维的至上性的无限性的要求。但是我们总把这种至上性的和无限性的要求当做是思维给我们提供的某种知识，这就糟了。我们对于本体论的误解，就在于总是把思维的意向性和指向性当做了一种思维认识的结果。这是对于本体论最大的误解。所以我们总问，你说终极存在到底是哪个存在？你说终极解释究竟是哪个普遍原理？你说终极价值给我们提供了一种什么样的价值？总是把思维的这样一种无限的指向性、意向性当做思维认识的某种特殊的结果。大家好好去理解一下，为什么我一再强调，本体论是一种理论思维的无穷无尽的指向性，是一种人类思维的追本溯源的意向性，是一种人类本身的终极的关怀？本体就是这样一种承诺，对于实践活动的理想性,对于人类思维的至上性,对于自我意识的根基性的一种承诺! 这就是人的本体观念。哲学的本体论又总是把人类文明的活的灵魂,凝聚为自己时代精神的精华。所以哲学的本体又是一种相对的绝对。它在我们自己时代的水平上,给我们提供了一套本体的理论、观念和方法。

在整个理解哲学的过程当中,本体论是最不容易理解的。而正是这个本体论,它显示了哲学在人类把握世界的各种方式中的特殊性质和独特功能。也就是说,你要真正理解哲学,你就必须理解本体论。反过来说,你只有理解了本体论,你才有可能理解哲学。为什么一般人认为哲学很难理解呢? 原因很简单,就在于它不理解本体论。为什么很多人说哲学抽象呀,晦涩呀,玄虚呀,无用呀,就是因为它不理解,什么叫做在者之在呢? 什么叫做是其所是呢? 什么叫做何以可能的根据呢? 虽然他不可能提出这类问题,但实际上困扰着他的,是这些问题。而一旦你能自觉到这样一些问题了,就意味着你已经进入哲学了。所以黑格尔说哲学是一种思维的自觉,而冯友兰先生说哲学是你的觉解。你要能向自己提出一个在者之在,是其所是,何以可能的根据问题,意味着你真正在哲学的层面上,用个时髦的词,“运思”了。不理解这个,你只有两个可能,要么你在一个经验常识的层面上想问题,要么你在一个科学的层面上想问题,而不可能是在一个哲学的层面上想问题。要想超越常识和科学,就必须达到我们现在讲的,寻求本体。

哲学之所以同宗教、艺术、科学、常识、伦理都不一样,就在于哲学本质上是本体论。人类把握世界的其他方式都隐含、承诺了本体论,而不是一种本体论的自觉或者说觉解。自觉到、觉解到本体的存在,是哲学思考的前提。就像马克思说的政治经济学的那个枢纽点一样,你能不能够理解马克思的政治经济学,在于你能不能理解劳动的二重性;你能不能够理解哲学,在于你能不能够理解哲学的本体论追求。

哲学的这种本体论追求,显示了人类的一种特殊的思维方式。本来按正常说,人们要实现的是恩格斯所说的思维的每次的现实和个别的实现。可是哲学思维不是这样,哲学思维要达到黑格尔所说的全体的自由性。黑格尔为什么是传统哲学的集大成者呢？那是因为，他把几千年来的人类的哲学思考，以他的哲学理论的方式，最集中、最凝炼、最深刻、最睿智地表现出来了。哲学是一个全体的自由性，所以它才要寻求在者之在，是其所是，何以可能的根据。

哲学的本体论追求不是空洞的，按照我个人的理解，就是寻求作为世界统一性的终极存在、寻求作为知识统一性的终极解释、寻求作为意义统一性的终极价值，所以我们才把哲学的本体论，按照我们中国人的习惯用法叫做终极关怀。千万别搞错了，别叫成"临终关怀"。但是，这个临终关怀和终极关怀，又有非常深刻的共同性，因为它们二者都是向死而思生！向死而思生，面向着死亡来思考生活本身。这是它二者的一致性。然而，临终关怀是在自然生命的意义上所给予的一种终极性的关怀。而哲学的终极关怀是在人的精神、价值这个意义上所提供的一种终极关怀。这二者是不一样的。但二者又都是向死而思生。为什么说哲学是对于死亡的练习呢？没有面对死亡的这种思考，不会有真实的哲学的思考。哲学是一种终极性的关怀，要为人提供安身立命之本。人必须是能够自觉到、觉解到，人是面向死亡的一种存在，才能够燃烧起熊熊的生命之火。

哲学，它不是我们一般所理解的那个哲理，这是有区别的。我们看一部小说，这部小说写得好，为什么好？具有深刻的哲理！那是说它冒了一点思想的火花。而哲学是什么？用冯先生的话说，对人生的有系统的反思！这就不一样了。

人类的全部生活建立在这种本体论的追究之上。他要追究终极的解释，追问思想的客观性何以可能？它要追究终极的价值，追问人类为什么能够有一种共同认同的价值、伦理、道德，从而能够保证人类共同地生存下去？我们今天面对的全球化，最大的问题不就是怎么样理解或者说有没有一种普适的伦理呢？这不就是哲学界现在最关注的问题么？如果你否认了这一点，那么人类还怎么能够共同生存下去呢？今天人类面对的最大问题究竟是什么？如果是一种没有选择的标准，就会造成一种本质主义的肆虐；那么反过来,如果是一种没有标准的选择,你就会陷入一种存在主义的焦虑。人类面临的生存和发展的问题说到底就是本体论问题。

本体论是关于"在者之在"、"是其所是"和"何以可能"的学问。这样一种学问它有三重内涵,它寻求终极存在、终极解释和终极价值。但是当着人们去理解它的时候,往往把这三者割裂开来了,造成哲学的存在论、真理论和价值论的割裂。由此产生了现代哲学的真理观的相对主义,价值观的多元主义和历史观的非决定主义。而且它的一种主要趋向就是哲学的相对主义和虚无主义。这正表现了当代人类的困惑和焦虑。

四 本体论的现代革命

本体论之所以离我们大家远了,一个很重要的原因,是因为本体论在自身发展过程当中,在追求方式上,具有非常大的历史局限性,所以才有现代哲学的本体论革命,首先是马克思的本体论革命。

本体论的发展是一个历史的过程。从总体上看,我感到可以把它区分为传统本体论和现代本体论。我们首先来讨论一下,什么是传统的本体论?

哲学总是以时代性的内容去求索人类性的问题。本体论的传统方式,可以概括为三个方面。第一个是思想方式,第二个是思想原则,第三个是思想指向。从思想方式上看,它主要是把在和在者,或者说把纯粹的存在和存在的现象绝对地割裂开来,它要寻求一种超越于"在者"之上的那样一种纯粹之"在"。它把"在者"和"在"绝对地割裂开来,是服从于它的思想原则的。什么原则呢?它要在思想的原则上,把主观和客观绝对地割裂开来,它是要寻求一种没有任何主观因素的纯粹的客观的存在。本体论是一种思维的指向性,思维的一种意向性,那么作为这样一种传统的本体论,它的思维的指向性、思维的意向性,是一种什么东西呢?它是把相对与绝对割裂开来,把"在"和"在者"割裂开来了,为了寻求绝对之"在",而把这种绝对之在视为一种绝对的客观之在。寻求纯粹的客观性和彻底的绝对性,这就是传统本体论的思维方式。这是一种非此即彼、两极对立的思维方式。

哲学的本体论寻求，最初它诉诸的最基本的范畴是万物与始基，或者万物与基质。当哲学家进行本体论追究的时候，他要寻求的是一个万物所由来和万物所复归的那样的一种实体性的存在。在哲学史上，当万物同始基或者万物同基质的范畴演变为变体与本体这对范畴的时候，哲学就变化了。因为那个本体，是流变的现象当中的不变的永恒的存在，本体首先是同变体相对待的。它构成了一种传统哲学的本体论的思维方式，还原论的思维方式，要把一切变体的存在，还原为本体的存在，用本体的存在来解释和说明一切变体的存在。在这个意义上，从思维方式上说，这是一种还原论的思维方式。也就是，所有的变体都是变幻不定的，因而也是虚幻的存在。而只有本体才是一种我们今天的哲学家叫做永恒在场的存在。那么这种抽象再进一步发展，变成了一个个体同一般，或者说个别同共相之间的关系了。所谓的本体变成了一种共相的、一般的、普遍的存在了。

这样的一种思维方式发展到中世纪哲学，发生了变化，那就是，作为世界上的一切存在物，当然包括人自身的存在，都是一个被创造的结果，只有上帝，才是创造物本身。所以到了中世纪的本体论，它变成上帝本体论，上帝是世界的根据。传统的本体论哲学，它必然地会归结为作为一神教的上帝本体论。上帝作为我们心中的那个根据、标准和尺度，规范我们每个人的全部的思想和行为。上帝变成人和世界何以可能的根据，变成人的思想和行为的"没有选择的标准"了。

到了西方的近代哲学，作为一个上帝人本化的过程，又把作为本体的上帝人化了。这个人化是个过程，首先是上帝自然化了，上帝物质化了，上帝精神化了，最后是上帝人本化了。与此相对应，在哲学史上形成了自然本体论，物质本体论，理性本体论，或者说广义的精神本体论和人本学本体论。但是在西方近代哲学的既有形态上，取代上帝的本体论，从根本上说是理性本体论。它合乎逻辑地到黑格尔这里就变成了无人身的理性的自我运动了，也就是"绝对理念"的自我运动了。

重新思考传统哲学的本体论追求,我们会理解一个极其重要的问题,这就是,由于本体论指向终极存在、终极解释和终极价值,是一种"终极性"的关怀,特别是由于传统哲学在其本体论的追求中,往往把"本体论"变成某种不可变易的存在,因而人们往往把本体论视为一种阉割掉内在的否定性、僵死凝固的哲学理论。这其实是一种误解。本体论所追求和承诺的终极存在、终极解释和终极价值,既是理论思维指向的永恒目标,又是理论思维公开反思和自我批判的对象,因而具有自我否定的内在根据。本体论的自我批判,或者说本体论与辩证法的统一,应当是我们重新理解本体论问题的出发点。

作为理论思维指向的永恒目标,本体论在哲学层面上表达了人类思维及其所建构的全部科学对确定性、必然性、简单性和统一性的寻求。大家知道,化学寻求基本元素,物理学寻求基本粒子,生物学寻求遗传基因,这不正是对"终极存在"的关怀吗? 自然科学、社会科学、思维科学和数学都要寻求"基本原理",这不正是对"终极解释"的关怀吗? 就全部科学的直接指向性而言,不都是企图以某种终极存在为基础而对自己的研究对象做出统一性的终极解释吗? 有谁否认科学对"终极存在"和"终极解释"的这种"关怀"或"追求"呢? 恩格斯说,人的思维是"至上"与"非至上"的辩证统一,"按它的本性、使命、可能和历史的终极目的来说,是至上的和无限的;按它的个别实现和每次的现实来说,又是不至上的和有限的"[7]。哲学的本体论追求正是植根于人类思维的"本性、使命、可能和历史的终极目的",即植根于人类思维的"至上"性。对此,当代美国哲学家瓦托夫斯基说,这种本体论的形而上学渴望之所以是不可"拒绝"的,是因为人类"存在一种系统感和对于我们思维的明晰性和统一性的要求——它们进入我们思维活动的根基,并完全可能进入到更深处——它们导源于我们所属的这个物种和我们赖以生存的这个世界"[8]。在这个意义上,哲学的本体论追求既是不可回避的,也是无法取消的。但是,我们在今天理解本体论,又必须着重思考本体论的内在矛盾。

在对本体论的理解中,有两个特别值得思考的问题。前面我们谈到,在哲学的意义上,本体论的三重内涵既不是相互割裂的,也不是相互并列的。如果把本体论的三重内涵割裂开来、并列起来,就会导致三种不同的哲学立场:其一,孤立地把哲学的本体论追求归结为对"终极存在"的寻求,就会把哲学所寻求的本体"经验化",以至造成实体论的本体论,即把哲学所寻求的"本体"当做某种"始基"、"基质"或"原子"、"基因"式的"实体"性的存在;其二,孤立地把哲学的本体论追求归结为对"终极解释"的寻求,就会把哲学所寻求的本体"科学化",以至造成知识论的本体论,即把哲学所寻求的"本体"当做具有最大的普遍性和最大的普适性的"普遍理性"或"普遍原理";其三,孤立地把哲学的本体论追求归结为对"终极价值"的寻求,就会把哲学所寻求的本体"艺术化",以至造成诗化的本体论,即把哲学所寻求的"本体"当做某种主观意愿的表达。这三种哲学立场所导致的共同后果,就是在哲学寻求"本体"的根基上造成存在论、真理论和价值论的分裂。

哲学对终极存在、终极解释和终极价值的寻求,它所关注的不是何者为真、何者为善、何者为美,而是把"真"、"善"、"美"作为主词而予以探寻和追究,这集中地体现了哲学本体论的真实意义:为人类的思想和行为提供判断、解释和评价真、善、美的"根据"、"标准"和"尺度"。哲学意义的"本体",既不是某种实体性的"终极存在",也不是某种知识性的"终极解释",更不是某种主观化的"终极价值",而是以寻求"终极存在"、"终极解释"和"终极价值"的方式,为人类的全部思想和行为追寻"根据"、"标准"和"尺度"。哲学本体论所具有的这种真实意义,使其在人类把握世界的各种方式中,在人类创建的全部知识体系中,扮演了一种独特的角色,这就是以其所承诺的"本体"作为最高的或最终的根据、标准和尺度,批判地反思人类一切活动和全部知识的各种前提,为人类的存在和发展提供自己时代水平的"安身立命之本"或"最高的支撑点"。在这个意义上,本体论就是哲学世界观。

在对哲学本体论的理解中,另一个值得深思的问题是,"本体"的寻求即是矛盾。哲学作为思想中的时代,它所承诺的"本体"及其对"本体"的理解和解释,都只能是自己时代的产物,而哲学本体论却总是要求最高的权威性和最终的确定性,把自己所承诺的"本体"视为毋庸置疑和不可变易的"绝对"。这样一来,哲学本体论从其产生开始,就蕴涵着两个基本矛盾:其一,它指向对人及其思维与世界内在统一的"基本原理"的终极占有和终极解释,力图以这种"基本原理"为人类的存在和发展提供永恒的"最高支撑点";而人类的历史发展却总是不断地向这种终极解释提出挑战,动摇它所提供的"最高支撑点"的权威性和有效性。这就是哲学本体论与人类历史发展的矛盾。其二,哲学本体论以自己所承诺的"本体"或"基本原理"作为判断、解释和评价一切的根据、标准和尺度,也就是以自身为根据,从而造成自身无法解脱的解释循环。因此,哲学家们总是在相互批判中揭露对方的本体论的内在矛盾,使本体论的解释循环跃迁到高一级层次。这又是哲学本体论的自我矛盾。

如何对待哲学本体论的内在矛盾,使哲学从原则上区分为"传统哲学"与"现代哲学"。"传统哲学"之所以"传统",就在于全部的传统哲学都力图获得一种绝对的、确定的、终极"本体"。它向自己提出的问题是:什么是绝对的真?什么是至上的善?什么是最高的美?这样,它就把世界分裂为真与假、善与恶、美与丑的非此即彼、抽象对立、永恒不变的存在。这是一种统治人类几千年的非历史的、超历史的、僵化的本体论的思维方式。与此相反,"现代哲学"之所以"现代",就在于现代哲学从思维方式上实现了"从两极到中介"的变革,从人类的历史发展出发去理解哲学的本体论追求。

讨论现代哲学的本体论批判,我在这里主要想分析一下蒯因、赖欣巴哈和萨特的看法。

关于"本体论问题",当代美国哲学家蒯因认为,在讨论本体论问题时,必须注意区别两种不同的问题:一是何物实际存在的问题,一是我们说何物存在的问题;前者是关于"本体论的事实"问题,后者则是在语言中对"本体论的许诺"问题。蒯因的这种区分,表达了对本体论问题的现代理解,触及了传统哲学本体论的症结所在。总结哲学本体论的发展史,我们会发现,虽然传统哲学家们一直是在"说何物存在"，即在语言中承诺自己所确认的终极存在、终极解释和终极价值，但他们却总是把"说何物存在"的问题视为"何物实际存在"的问题，也就是把自己的"承诺"当做毋庸置疑和不可变易的绝对。正因如此，传统哲学家总是把自我批判的本体论变成非批判的本体论信仰。

一旦自觉到本体论是一种"承诺"，便会提出如下的问题：本体论承诺了什么？这种承诺的根据和意义何在？对此，德国哲学家赖欣巴哈在20世纪50年代初提出："思辨哲学努力想获致一种关于普遍性的、关于支配宇宙的最普遍原则的知识。"他还具体地指出："思辨哲学要的是绝对的确定性。如果说预言个别事件是不可能的，那末，支配着一切事件的普遍规律至少应被视为是知识所能知道的；这些规律应该可以用理性的力量推导出来。理性，宇宙的立法者，把一切事物的内在性质显示给人的思维——这种论纲就是一切思辨哲学的基础。"[9]赖欣巴哈的观点代表了现代西方分析哲学和科学哲学的基本看法，即：都把本体论所承诺的实质内容归结为关于世界的绝对确定性的终极解释；又把本体论追求的根源归结为错误地夸大了人类理性的力量——把理性视为"宇宙的立法者"。现代西方的科学主义思潮，正是以否认对理性至上性的承诺为出发点，进而否认本体论式的意向性追求——"拒斥形而上学"。

与科学主义思潮不同，以存在主义为代表的现代西方人本主义思潮，一方面是把整个传统哲学归结为与存在主义相对立的"本质主义"，拒绝本体论对终极存在和终极解释的追求；另一方面又把本体论式的意向性追求聚焦于反思人自身的存在。法国哲学家保罗·萨特明确地从本体论上把全部的存在区分为"自在的存在"和"自为的存在"，凸现"自为的存在"的特殊性——"存在先于本质"，并把考察"自为的存在"——人的生存结构——置于哲学的核心地位。

剖析西方哲学对本体论的现代理解，可以使我们比较清楚地看到，尽管现代西方哲学的各流派对本体论持有各异其是甚至恰相反对的态度（诘难或辩护,拒斥或重建),但都把传统本体论的目标理解为对绝对确定性的终极解释的寻求,都把传统本体论的根基归结为对理性至上性的承诺。在这个意义上,整个现代西方哲学——无论是科学主义思潮还是人本主义思潮——都是反本体论的:拒斥传统本体论的绝对主义和理性主义,张扬相对主义和非理性主义。而二者的区别则在于:科学主义思潮从反对绝对主义和理性主义出发,把本体论追求视为"无意义"的"假问题"而予以"拒斥";人本主义思潮则从关注人自身的存在出发,剔除本体论对世界统一性(终极存在)和知识统一性(终极解释)的追求,而把本体论归结为对人的生存状态的关怀。

应当承认,现代西方哲学对传统本体论的解析与批判不乏深刻之处,对本体论的现代重建也不乏睿智之见。但是,我们更应清醒地看到,现代西方哲学所张扬的相对主义和非理性主义,表明它从近代哲学对人类未来满怀激情的憧憬变成了对人类未来惴惴不安的恐惧,从近代哲学对人类理性力量鲸吞宇宙的幻想变成了对理性力量深感忧虑的怀疑。消解、拒斥、烦恼、焦虑,代替了大一、统一、和谐、全体。许多现代西方哲学家都认为,生活是根据下一步必须要解决的具体问题来考虑的,而不是根据人们会被要求为之献身的终极价值来考虑的,并把当今的时代概括为"相对主义时代"。[10]这种本体论追求的拒斥与丧失,从对人类理性的理解角度看,是从传统哲学片面夸大人类思维的至上性,走向了片面地夸大人类思维的非至上性;而从理论与现实关系的角度看,则是理论地折射出现代发达工业社会的文化危机和精神危机。

作为对本体论问题的初步总结,我想作这样一种提示:我们把终极存在、终极解释和终极价值称做本体论终极关怀的"三重内涵",而不是称做终极关怀的"三种历史形态",这就意味着,它们之间的关系并不是此消彼长、依次更迭的,而是互为前提,始终并存的。具体地说,我们可以对哲学本体论所追寻的"终极存在"、"终极解释"和"终极价值"做出如下的总体说明:追寻作为世界统一性的终极存在,这是人类实践和人类思维作为对象化活动所无法逃避的终极指向性,这种终极指向性促使人类百折不挠地求索世界的奥秘,不断地更新人类的世界图景和思维方式;追寻作为知识统一性的终极解释,这是人类思维在对终极存在的反思性思考中所构成的终极指向性,对终极解释的关怀就是对思维规律能否与存在规律相统一的关怀,也就是对人类理性的关怀,这种关怀促使人类不断地反思"思维和存在的关系问题",引导人类进入更深层次的哲学思考;追寻作为意义统一性的终极价值,这是人类思维反观人自身的存在所构成的终极指向性,对终极价值的关怀就是对人与世界、人与人、人与自我的关怀,这种关怀促使人类不断地反思自己的全部思想与行为,并寻求评价和规范自己的标准和尺度。显而易见,无论是对世界统一性和知识统一性的关怀,还是对意义统一性的关怀,对于作为实践主体和认识主体的人类来说,都不是一个是否"应当"的问题,而只能是一个"如何"关怀的问题。哲学在对"在者之在"、"是其所是"、"何以可能"的追究中,以本体论的方式表现了人类存在的理想性、人类思维的至上性和人类追求的无限性,这正是哲学把握世界的特殊方式,正是哲学存在的生活基础,也正是哲学独具的社会功能。

注 释

〔1〕 黑格尔:《小逻辑》,商务印书馆 1980 年版,第 190 页。

〔2〕 同上,第 194 页。

〔3〕 同上,第 190 页。

〔4〕 同上,第 199 页。

〔5〕 亚里士多德:《形而上学》,商务印书馆 1959 年版,第 56 页。

〔6〕 黑格尔:《哲学史讲演录》第 2 卷,商务印书馆 1960 年版,第 385 页。

〔7〕 《马克思恩格斯选集》第 3 卷,第 126 页。

〔8〕 瓦托夫斯基:《科学思想的概念基础》,求实出版社 1982 年版,第 13 页。

〔9〕 赖欣巴哈:《科学哲学的兴起》,商务印书馆 1983 年版,第 234、235 页。

〔10〕 参见宾克莱:《理想的冲突》,商务印书馆 1986 年版,第 19 页。

第十四讲

存在与表征

表述、表达与表征

表征存在意义的哲学

本体的追求与崇高的表征

上一讲我们讨论本体论问题，我提出，本体论是一种人类理论思维的无穷无尽的指向性，是一种追本溯源式的意向性追求，是一种指向无限性的终极关怀，它表现的是人类存在的现实性与理想性、有限性与无限性、确定性与超越性、历史的规定性与终极的指向性的矛盾，一句话，本体论表现的是人类存在的矛盾本性。那么，由此就提出一个意义重大的问题：人类存在的矛盾性或矛盾性的人类存在，怎样成为哲学叙述的内容？或者说，哲学作为人类的故事，这个故事应该怎样讲？这就是哲学的存在方式问题。

一　表述、表达与表征

这里，我想从大家经常谈论的"语言转向"谈起。在语言备受青睐的现代哲学的"语言转向"中,语言不仅是哲学"分析"或"解释"的对象,而且首先是哲学自我理解的出发点。逻辑实证主义的重要代表人物鲁道夫·卡尔纳普,以区分语言的两种职能,就是"表述"职能和"表达"职能,展开了他的哲学批判。这种批判集中地表现了现代哲学中的"科学主义思潮"。耐人寻味的是,在回应逻辑实证主义对哲学的批判的过程中,现代哲学却往往或者是就范于对卡尔纳普所说的语言的"表述"职能的自我申辩,或者是屈就于对卡尔纳普所说的语言的"表达"职能的自我承诺,也就是寻求"哲学科学化"或者转向"哲学文学化"。在我看来,这两种哲学态度,从相反的方向肯定了共同的哲学立场,这就是哲学的知识论立场。从分析语言职能入手,讨论哲学的知识论立场,会促使我们反思哲学的存在方式。

卡尔纳普提出,语言的"表述"职能构成关于经验事实的命题,这种命题能够通过经验本身,比如科学实验及其技术应用,来判定其真伪,因而是"有意义"的"真问题";语言的"表达"职能所构成的则不是关于经验事实的命题,而是关于人的情感或意愿的种种看法,它们既不可验证也无所谓真伪,因而是"无意义"的"假问题"。这就是卡尔纳普所区分的语言的"表述"职能和"表达"职能,以及他由此区分的"真问题"和"假问题"。正是在这两种区分的基础上,卡尔纳普系统地批判了传统哲学的三个组成部分,"形而上学"、"认识论"和"逻辑学",并得出这样的结论:全部传统哲学的实质,就在于它总是以语言的"表达"职能去充任语言的"表述"职能,也就是以种种的"朴素类比法"或"图解语言"去充任对世界的"普遍性解释",其结果是哲学"给予知识的幻相而实际上不给予任何知识",因此,对全部传统哲学,只能而且必须是予以"拒斥"。

仔细想一想卡尔纳普的论断,就会承认,在哲学知识论的立场上,或者说对哲学科学化的要求中,卡尔纳普对传统哲学的批判,并非是给传统哲学"妄加罪名"的"无稽之谈",而恰恰是对传统哲学的"切中要害"的"澄清问题"。

那么,什么是我所说的哲学的知识论立场?哲学的知识论立场,从根本上说,就是把哲学视为具有最高的概括性和最高的解释性的"知识",也就是具有最大的普适性和最大的普遍性的"知识",并以知识分类表的层次性来区分哲学与科学,从而把哲学归结为"全部知识的基础"。这种知识论立场在西方传统哲学中是根深蒂固的。从亚里士多德"寻取最高原因的基本原理",到黑格尔构建"一切科学的逻辑",始终以"科学的科学"的姿态君临天下。在现代科学迅猛发展并不断地把哲学"驱逐"出其"世袭领地"的过程中,这种知识论立场的直接后果,就是科学主义思潮的兴起及其对传统哲学的讨伐与批判:如果哲学是知识或科学,就应当而且必须以知识或科学的标准——表述经验事实并被经验事实证实或证伪——来要求哲学和评判哲学;如果哲学不符合知识或科学的标准——不是表述经验事实也不能被经验事实所证实或证伪,哲学就只不过是"理性的狂妄"和"语言的误用",因此应当而且必须"治疗"哲学或"消解"哲学。

不可否认,这种思路是完全合乎逻辑的。你想一想,如果你说哲学是科学,那么,你就应当像科学那样陈述经验事实,形成具有客观性的知识;如果你无法像科学那样陈述经验事实,而你又说哲学是科学,这样的哲学不是应当"消解"吗?正是从这种合乎逻辑的思路出发,卡尔纳普不仅立足于区分语言的"表述"职能和"表达"职能去批判传统哲学,而且进一步双重化地封闭了"哲学科学化"的通道:如果哲学固守自己的"形而上学"而又坚持充任语言的"表述"职能,即把自己视为具有最大普遍性和最大普适性的知识,它就只能而且必须作为"无意义"的"假问题"而予以"拒斥";如果哲学企图继续存在并且试图使自己跻身于"科学",它就必须彻底放弃凌驾于科学之上或与科学并驾齐驱的任何"妄想",而仅仅把自己变成"科学的副产品",即对科学命题进行"澄清"与"分析"的"科学的逻辑"。显然,卡尔纳普所提示的后一种选择,并不是传统哲学所期待的"哲学科学化",而是以作为"科学的副产品"的"科学哲学"去取代全部以往所理解的"哲学"。

在现代哲学的演变过程中,卡尔纳普所代表的这种"强硬"的科学主义立场,遭到了来自不同方向的哲学批判。但是,透视这些对批判的批判,我们会非常惊讶地发现,这种反批判在总体上是沿着卡尔纳普区分语言的两种职能的思路去申辩哲学的现代生存权力和寻求哲学的现代出路,而不是针对卡尔纳普作为立论出发点的思路去反思哲学的真实意义和探索哲学的现代使命。大家看一看现代哲学,或者是沿着卡尔纳普所说的语言"表述"职能的思路,固守和强化哲学的知识论立场,坚持寻求哲学的"科学化";或者是沿着卡尔纳普所说的语言"表达"职能的思路,弱化和放弃哲学与世界的现实关系,把哲学变成某种"拟文学"的活动。这两种哲学态度,前者可以说是以卡尔纳普之是为是,就是继续强迫哲学履行语言的"表述"职能,后者则可以说是以卡尔纳普之非为是,就是试图让哲学履行语言"表达"职能,而使哲学具有某种非科学的"意义"。在我看来,这两种倾向都是对追问存在意义的哲学的遗忘。

我们先来分析固守和强化哲学知识论立场的哲学倾向。从总体上看,这种倾向是从两个相反的方向去"破解"对哲学的科学主义批判和"寻求"哲学的科学化道路。这两个方向,一个是"弱化"科学本身的"科学性"的方式,另一个是"强化"哲学本身的"科学性"的方式。

所谓"弱化"科学本身的"科学性"的方式,就是通过揭露科学与非科学的常识的无法割断的联系,科学自身的假设与猜测的性质,以及科学所蕴含的"本体论承诺"等"形上"基础,来"缓和"对"形而上学"的科学主义批判,从而以"模糊"科学分界的方式来实现哲学合理性的自我辩护。更明确地说,就是通过揭露科学本身的非科学,来"弱化"对哲学的非科学性的批判。逻辑实证主义之后的西方"科学哲学",如以证伪主义著称的波普的批判理性主义,以精致证伪主义著称的拉卡托斯的科学研究纲领方法论,以科学范式理论著称的库恩的历史主义,以"怎么都行"著称的费耶阿本德的认识论无政府主义等等,从其演化的逻辑线索上看,均致力于"弱化"科学本身的"科学性","缓和"对"形而上学"的批判,从而使哲学跻身于"科学"的工作。

所谓"强化"哲学的"科学性"方式,就是把"合理形态"的哲学归结为以科学为基础而实现的"对科学的概括和总结",并试图寻求以系统论、控制论、信息论等现代科学理论作为哲学的"拟化形态",用"系统"、"结构"、"信息"、"反馈"、"自组织"以及"场"等科学概念来改造和重构哲学对世界的解释体系,探索哲学"形式化"的可能与途径等等来"回击"对哲学的科学主义批判。通行的"哲学教科书"对马克思主义哲学的解释,以邦格为代表的"科学唯物主义",以及种种试图以某种科学范式为统一性思想来重构哲学的世界图景的流派,从根本上说,都属于这种"强化"哲学的"科学性",并从而使哲学跻身于"科学"的工作。

应当看到,无论是"弱化"科学的"科学性",还是"强化"哲学的"科学性",其深层的思想前提,仍然是把哲学视为具有最大普遍性和最大普适性的"知识",仍然是把哲学视为对世界做出统一性解释的"基础",因而总是把"科学化"视为哲学的合理趋向与最终期待。正是这个深层的思想前提,决定哲学的知识论立场在本质上是"科学主义"的。它对"科学主义"的任何"反驳"与"破解",都只不过是以新的方式强化对哲学的科学主义要求,也就是使哲学"科学化"。

对于这种根深蒂固的哲学知识论立场和难以割舍的哲学科学化要求,不能不迫使人们提出如下的问题:在人类实现自我发展的历史活动和历史过程中,"科学"是否是惟一有意义的活动方式?"哲学"是否只有跻身于科学才有意义?趋向于或囊括于科学之中的"哲学",还有什么独立存在的价值?使哲学科学化的企图与努力是不是对哲学本身的遗忘?哲学是否只有充任语言的"表述"职能才有生存的权力?

在哲学科学化"此路不通"的警告中,现代哲学的某些流派似乎不仅得到了一种启示,而且受到了一种鼓励,这就是不以卡尔纳普之是为是,而以卡尔纳普之非为是,也就是放弃语言的"表述"职能,而履行语言的"表达"职能,或者说割舍哲学的科学化追求,而开拓哲学的"拟文学"事业。这种哲学倾向在罗蒂的反表象主义的"后哲学文化"中得到集中的体现。

对于哲学的知识论立场,罗蒂持有一种激烈的和严厉的批判态度。他认为,哲学把自己视为全部知识的基础和裁判人类全部思想与行为的观念框架,是源于一种错误的诱惑,就是那种把万事万物归结为"第一原理"或在人类活动中寻找一种"自然等级秩序"的诱惑。在他看来,大多数当代西方哲学家的共同点,就是对是否存在这样一种称做"哲学"的自然人类活动的怀疑。而这种"怀疑"的结果,则是两千多年来的"哲学文化"被他所说的"后哲学文化"所取代。他提出,在这种"后哲学文化"中,哲学既没有任何特别的问题需要解决,也没有任何特别的方法可以运用,既没有任何特别的学科标准可以遵循,也没有任何集体的自我形象可以作为专业,因而是一种没有支配原则、没有核心、没有结构、最具有语言的自由使用和词汇的任意创造的"拟文学"的活动。

罗蒂的"后哲学文化",彻底否弃了全部传统意义的哲学,就是那种作为知识基础的哲学和作为人类规范的哲学。然而,透过这种激烈并且严厉的言辞,人们不难看到这种"后哲学文化"观及其所倡言的"拟文学"活动的虚弱与猥琐。大家想一想,舍弃掉哲学的知识论立场和科学化要求,这就是"哲学"的自我否定,就不存在作为"自然人类活动"的"哲学"。这意味着什么?这意味着知识论立场和科学化是"哲学"的无法舍弃的立场与要求。这表明,在罗蒂声言与"哲学"断裂的"后哲学文化"观中,隐含着一个与"哲学科学化"殊途同归的思想前提,这就是无法割舍的哲学知识论立场。这个根深蒂固的思想前提,必然导致新的"哲学科学化"要求,即以某种新的知识论立场去"消解"当代哲学的"存在主义的焦虑"和"相对主义的困倦",从而实现某种对"客观主义和相对主义"的"超越"。

正是针对卡尔纳普的"表述"与"表达"的语言职能论,也正是针对遵循"表述"思路的"哲学科学化"和遵循"表达"职能的"哲学文学化",我想着重讨论一下"表征"的哲学。在我看来,存在着既非"表述"亦非"表达"的"表征"意义的哲学。

二 表征存在意义的哲学

通过对"哲学科学化"和"哲学文学化"的分析,我们可以发现,当代哲学似乎是陷入了两个难以"超越"的"怪圈":其一,反对"科学主义"却又固守哲学的知识论立场,从而导致新的"科学主义";其二,以"消解"哲学自命而又寻求哲学的自我理解,从而引发新的"消解"哲学运动。那么,"科学主义"如何克服?"消解哲学"怎样理解?无法"表述"的哲学如何存在?超越"表达"的哲学何以可能?是否存在既非"表述"亦非"表达"的哲学?这就需要探索哲学之不可"消解"的根据,也就是探索哲学的特殊的存在方式,以及这种存在方式的合理性。应当说,这种探索既是"消解"哲学知识论立场的前提,也是"消解"哲学虚无论立场的前提。

在我看来,哲学之不可"消解",在于它是人类自身存在的一种基本方式,也是人类把握世界的一种基本方式;哲学方式的特殊性及其独特价值,根源于人类存在的特殊方式,也就是人对世界的特殊关系。

人是一种特殊的存在。人类存在的特殊性,在于人不仅是意识到自身存在的存在,而且是反思自身存在的存在。追问自身存在的意义,既是人类理论理性的无法消解的寻求,又是人类实践理性的不可替代的基础。哲学作为人类把握世界和人类自身存在的一种基本方式,根源于人类的理论理性对存在意义的寻求和存在意义对人类的实践理性的支撑。

那么,存在的意义在哪里?意义又以何种方式存在?存在的意义不是以语言的"表述"职能来陈述的经验事实,因此,存在的意义并不是科学的对象;同样,存在的意义也不是以语言的"表达"职能来传递的情感或意愿,因此,理论理性对存在意义的寻求,以及存在的意义对实践理性的支撑,并不是以文学艺术的方式来实现。存在的意义是人类关于自身存在的自我意识,它实现为哲学的"表征"方式。"表征"是区别于"表述"和"表达"的哲学方式。

"表征"，是哲学显现人类关于自身存在的自我意识的独特方式，而不是与"表述"和"表达"相对待的一种语言职能。这就是说，哲学并不是以某种特殊的语言职能来实现自己对世界的独特把握，而是以自己的把握世界的独特方式使哲学话语系统获得特殊的意义。更明确地说，哲学总是在"表述"什么或"表达"什么，但这种"表述"或"表达"的意义，却不是对经验事实的陈述或对情感意愿的传递。而对哲学的"科学化"要求或对哲学的"拟文学"理解，从根本上说，就在于"遗忘"了哲学所"表述"或"表达"的"意义"，而仅仅看到哲学总是在"表述"或"表达"。

我们可以这样提出问题：哲学家总要"说"些什么或"写"些什么，那么，把这些"说"的和"写"的汇集起来或梳理出来，是否就是所谓的"哲学"？如果"是"，"哲学"是荒唐可笑的。

大家想一想，不必说古希腊"爱智"的哲人们大伤脑筋地思考"万物的统一性"所"表述"或"表达"的种种看法，就是近、现代甚至当代哲人"说"的什么和"写"的什么，具有"健全常识"的人也感到难以理喻。比如，大家所熟知的笛卡儿的"我思故我在"，贝克莱的"存在就是被感知"，休谟的"因果习惯联想"，康德的"先验统觉"，黑格尔的"绝对精神"，乃至海德格尔的"语言是存在的家"，伽达默尔的"理解是人的存在方式"等等，具有"健全常识"的人都会发问：我不思想我就不存在吗？我没有感觉到的存在就不存在吗？因果联系不是客观存在吗？普遍必然性是先验的存在吗？超然于万物之外又内在于万物之中的绝对精神到底是什么东西？难道客观世界是装在语言里面吗？人就是一种理解活动吗？如此等等。

这种"发问"，并非仅仅是具有"健全常识"的普通人的困惑，更是以"哲学科学化"为旗号的许多哲学家对哲学的肆意嘲弄和愤怒声讨。人们所看到的通行的哲学"原理教科书"，都是以"揭露"和"批判"这些"说法"的"主观唯心主义"或"客观唯心主义"、"先验论"或"不可知论"等等为其理论内容的。我们前面提到的逻辑经验主义者赖欣巴哈甚至这样提出问题：究竟是黑格尔的"说法"太深刻，以至于我们理解不了；还是他本来说了些"昏话"，所以让人根本无法理解？他认为只能是后者。[1]其实，又何止是赖欣巴哈呢？阅读黑格尔的《逻辑学》，不是"引起头痛的最好办法"吗？为什么头痛？不就是因为黑格尔的哲学并不是"表述"经验事实吗？

正是由于仅仅看到哲学的"表述"或"表达"，而不是探索哲学的"表述"或"表达"所具有的特殊的"表征"的意义，所谓的科学主义思潮才把以往的哲学视为"语言的误用"和"智力的浪费"，现代哲学才试图实现哲学的"科学化"或开拓哲学的"拟文学"事业。

从"表征"的意义看哲学，我们就会发现：亚里士多德寻求"最高原因的基本原理"，其真实意义并不在于他所"表述"的对世界统一性的概括与解释，而在于这种哲学所"表征"的人类寻求生存的根基与意义的自我意识；笛卡儿以来的西方"后神学文化"，其真实意义并不在于各种哲学流派所"表述"的对世界或人类意识的种种解释，而在于它们所"表征"的消解人在超人的"神圣形象"中的自我异化的人类自我意识。最富有标志性的命题，莫过于笛卡儿的"我思故我在"。如果从"表述"的观点去理解这个命题，那的确是极端荒谬的：我是因为思想才存在吗？我不思想就不存在吗？然而，从"表征"的观点去理解这个命题，却会发现这个命题深刻的时代内涵：先自我而后上帝，先理解而后信仰。这不正是近代以来的时代精神吗？

如果借用美国出版的一套哲学丛书的标题，我们可以比较简洁地对哲学"表征"的时代精神做出这样的概括：近代以来的西方哲学，其历史演进的过程，正是"表征"着从"信仰的时代"到"冒险的时代"、"理性的时代"、"启蒙的时代"以至"思想体系的时代"的人类自我意识。具体地说，西方的中世纪哲学"表征"的是信仰的时代，文艺复兴时期的哲学"表征"的是冒险的时代，17世纪哲学"表征"的是理性的时代，18世纪哲学"表征"的是启蒙的时代，而19世纪哲学"表征"的则是思想体系的时代。从"表征"的意义看哲学，不是能够真正理解哲学是黑格尔所说的"思想中所把握到的时代"吗？不是能够真正懂得马克思所说的"任何真正的哲学都是自己时代精神的精华"吗？

同样，现代哲学的"消解哲学"运动，以及后现代主义思潮所倡言的"后现代文化",其真实意义也不在于它们所"表述"的哲学科学化要求或对哲学的拟文学理解,而在于它们所"表征"的消解人在超人的"非神圣形象"中的自我异化的人类自我意识。大家想一想,为什么马克思说黑格尔哲学"以最抽象的形式表达了人类最现实的生存状况"?就是因为黑格尔以"绝对精神"自我运动的形式"表征"着人类受"抽象"统治的自我意识。而现代哲学之所以要激烈地"治疗"、"拒斥"、"消解"哲学,则是因为现代哲学以"取消哲学"的方式,"表征"着人类挣脱"抽象"统治的自我意识。在所谓的后现代主义思潮中,德里达试图以"边缘"颠覆"中心",福柯试图以"断层"取消"根源",罗蒂试图以"多元"代替"基础",他们激烈地进行的反本质主义、反表象主义、反结构主义、反中心主义、反基础主义的种种哲学批判,其真实意义与价值,也仍然在于后现代主义思潮"表征"着"跨世纪"的人类自相矛盾的自我意识:挺立个人的独立性和追求文化的多样性与崇高感的失落和生存意义的危机的自相矛盾的自我意识。

用黑格尔的话说,哲学是"思想中所把握到的时代"。用马克思的话说,任何真正的哲学都是"自己时代精神的精华"。思想对时代的把握,哲学作为时代精神的精华,既不是"表述"时代状况的经验事实,也不是"表达"对时代的情感和意愿,而是"表征"人类对时代的生存意义的自我意识。哲学之不可"消解",或者说哲学的"合法性",在于人类不能"消解"关于自身存在意义的自我意识,在于人类关于自身存在意义的自我意识需要通过哲学的理论"表征"的方式而获得自我理解和自我反思,从而历史地调整和变革人类的生存方式。

那么,哲学究竟怎样"表征"自己的时代精神?这可能是大家渴望得到回答的问题。我在这里,主要是做出这样的提示,这就是,哲学对人类生存意义的自我意识的理论表征,主要是以哲学的自我追问、哲学的问题转换、哲学的派别冲突和哲学的演化趋向来实现的。

哲学的令人困惑而又引人入胜的突出特征,首先在于它的坚韧不拔的自我追问:哲学究竟是什么?哲学究竟研究什么?哲学究竟有何用途?哲学究竟有无发展？哲学究竟为何存在？如此等等。然而，这种坚韧不拔的自我追问的结果，却总是使人陷入更深的困惑之中，这就是大家所熟知的，所有的哲学家都对这些问题做出了各异其是的回答。正视这种哲学自我理解的非一致性，会启发我们从相反的方向提出问题：没有统一性的哲学，与进行哲学追问的人类是何关系？这种新的追问会使我们发现：哲学的自我追问，恰恰是"表征"着人类的自我追问；哲学自我理解的非一致性，恰恰是"表征"着人类自我理解的非一致性。人类以哲学的方式追问自身存在的意义的统一性，又以哲学自我理解的非一致性而表征着自身存在意义的矛盾性。人类以哲学的方式追问自身存在的合理性，又以哲学自我辩护的历史性扬弃而表征着人类对自身存在意义的历史性理解。从"表征"的意义看哲学的自我追问，我们可以看到人类追问存在的意义的艰难历程。哲学的坚韧不拔的自我追问，表征着人类自身的不可消解的自我追问。

人类追问存在意义的艰难历程，具体地体现在哲学问题的转换之中。我们来思考一下古代哲学、近代哲学和现代哲学的问题转换。古代哲学提出"万物的统一性"问题，这既意味着人类试图以某种最深层的统一性的存在来确定人类生活意义的最高支撑点，又意味着人类尚未达到从思维对存在的关系去反省人类生活的意义。因此，这种哲学实质是"表征"着人类从自在走向自为的过程。近代哲学提出"意识的统一性"问题，这既意味着人类以反省的认识去寻求人类生活的意义，又意味着人类是以超历史的即抽象的观念去看待存在的意义。这种哲学"表征"着人类受"抽象"统治的自我意识。现代哲学提出"实践的统一性"以及科学、语言、文化等等的统一性问题，这既意味着人类从历史的即现实的观念去看待存在的意义，也意味着人类在多元文化中的意义的冲突与危机。这种哲学"表征"着人类的理论理性与实践理性相融合的自我意识。

在哲学的发展史上，始终存在着唯物主义与唯心主义、经验主义与逻辑主义、绝对主义与相对主义等等的派别冲突。这些哲学层面的理论冲突，并非仅仅是哲学家之间的思想冲突，而是"表征"着人类在存在意义的自我意识中,始终存在着人对现实的依赖性与对现实的超越性的冲突,人类的感性存在与理性追求的冲突,人类存在的有限性与人类理想的无限性的冲突。因此,哲学所需要的是从人类存在的矛盾性去解释哲学理论的冲突,而不是把这些冲突视为哲学的自我冲突。在现代哲学中,本质主义与存在主义、理性主义与非理性主义、科学主义与人本主义、理想主义与功利主义、历史决定论与非历史决定论等等的派别冲突,以错综复杂的理论冲突的方式,表征着现代人类在"上帝被杀死"之后所面对的意义危机的自我意识。从"表征"的意义看待哲学派别的理论冲突,既有助于我们理解哲学派别冲突的生活意义,也能使我们从理论层面上透视人类存在意义的复杂矛盾。

　　这里,我从经验主义与逻辑主义的冲突中,分析一下它们所"表征"的人类的感性存在与理性思维的矛盾。前面我们说过,对于人的感性来说的存在,对人的理性来说永远是非存在;对于人的理性来说的存在,对人的感性来说永远是非存在。这种感性与理性的存在与非存在的矛盾,是人类的永恒的矛盾,也是推动人类不断发展的动力。哲学,正是以经验主义与逻辑主义的冲突而"表征"着人类的这种矛盾。在古希腊,以善于诡辩著称的哲学家芝诺曾提出"飞矢不动"、"阿基里斯永远追不上乌龟"等命题。关于后者,芝诺的"诡辩"是这样的:假如让乌龟先爬一段路,然后再让古希腊神话中的善跑的英雄阿基里斯去追它,那么阿基里斯永远也追不上乌龟。这是因为:阿基里斯在追上乌龟之前,必须首先到达乌龟的出发点;可是,这时乌龟已经又向前爬了一段,阿基里斯又必须赶完这段路;由于阿基里斯和乌龟之间的距离可以依次分成无数小段,因此阿基里斯虽然越追越近,但却永远追不上乌龟。

　　大家想一想,在现实生活中,善跑的阿基里斯到底能不能追上那只先爬一段路的乌龟?肯定能追上么! 那么,芝诺为什么说"阿基里斯永远追不上乌龟"呢?毫无疑问,芝诺的命题在"经验"中是不可能存在的,因而是"荒唐"的,但在"逻辑"上却无懈可击。正因如此,黑格尔认为芝诺的命题并不是"诡辩",因为他从没有想到要否认作为"感觉的确实性"的运动,而问题仅仅是在于"运动的真实性"。列宁也因此提出:"问题不在于有没有运动,而在于如何在概念的逻辑中表达它。"[2]黑格尔和列宁对芝诺问题的肯定,正在于他们深刻地理解哲学的"表征"意义,而不是拘泥于哲学家"表述"或"表达"了什么,正在于他们理解芝诺问题所"表征"的人类的感性与理性的矛盾以及芝诺对这一矛盾的自觉,而不是把芝诺的"表述"看成荒唐无稽的"诡辩"。

哲学的自我追问总是以哲学问题的转换而获得时代性的特征,哲学问题的转换又总是以哲学的派别冲突而获得具体的理论内涵。哲学就是在自我追问的问题转换和派别冲突的自我批判中而显示出自身演化的趋向性。从总体趋向上看,哲学的演化经历了塑造"神圣形象"、"消解神圣形象"和"消解非神圣形象"的过程。哲学演化的趋向性,"表征"着人类在神圣形象中的自我异化到消解人在神圣形象中的自我异化再到消解人在非神圣形象中的自我异化的过程,也就是表征着人从"依附性的存在"到"独立性的存在"再到"类主体存在"的过程。正是在"表征"人类关于自身存在的自我意识的意义上,哲学是黑格尔所说的"思想中所把握到的时代",或马克思所说的"时代精神的精华"。

人类存在的意义,借用海德格尔的比喻,它好比是"林中的小路",隐而又显,显而又隐,因而需要"解蔽"与"澄明"。人类以哲学的方式来"表征"自己关于存在意义的自我意识,就是意义之光的"开显"。它为人类提示新的理想境界和展现新的可能世界,因而也成为追求理想生活和开创新世界的人类的历史性的"安身立命之本"或"最高的支撑点"。哲学的本体论追求与哲学的表征方式是统一的。

三　本体的追求与崇高的表征

哲学的历史是寻求崇高的历史。在人类历史的精神坐标上,"崇高"与"渺小"一向是对立的两极:"崇高"象征着真善美,"渺小"则意味着假恶丑。

追求崇高的理想,献身崇高的事业,完善崇高的人格,臻于崇高的境界,一向被视为人生的最大的意义和最高的价值。哲学作为理论形态的人类自我意识,即以理论的形态所表达的人类关于自身的意义与价值的自我意识,它一向是以阐扬崇高和贬抑渺小作为自己的追求目标和理论使命。无论是从先秦到明清的中国传统哲学,还是从古希腊罗马到近代欧洲的西方传统哲学,无不把象征真善美的崇高作为哲学理性的真谛。

然而,值得深思的是,哲学作为"思想中所把握到的时代",无论是中国传统哲学还是西方传统哲学,在建构人类生活精神坐标的进程中,既历史地践履着对崇高的追求,又非历史地把崇高异化为某种超历史的存在。崇高的追求与崇高的异化,构成了整个传统哲学的最深层次的内在矛盾。而从整个哲学史看,哲学正是在追求崇高和"消解"崇高的异化的过程中发展的。这就是哲学的追求和确立崇高、批判和消解崇高的异化、重新寻求和确立崇高的否定之否定的辩证法。

在论述哲学的反宗教的历史任务时,马克思曾对宗教的本质做出这样的概括:"人创造了宗教,而不是宗教创造了人。就是说,宗教是那些还没有获得自己或是再度丧失了自己的人的自我意识和自我感觉。"[3]马克思认为,"宗教把人的本质变成了幻想的现实性,因为人的本质没有真实的现实性。因此,反宗教的斗争间接地也就是反对以宗教为精神慰藉的那个世界的斗争"。[4]马克思提出,"彼岸世界的真理消逝以后,历史的任务就是确立此岸世界的真理。人的自我异化的神圣形象被揭穿以后,揭露非神圣形象中的自我异化,就成了为历史服务的哲学的迫切任务。于是对天国的批判就变成对尘世的批判,对宗教的批判就变成对法的批判,对神学的批判就变成对政治的批判"。[5]

在这里,马克思为我们反思哲学的历史演进提供了一个极其重要的透视角度,同时又为我们理解哲学的独特"表征"方式提供了一种深层的理解模式,这就是:近代以前的哲学,特别是中世纪哲学,是一个塑造"神圣形象"的过程,也就是"表征"人对神圣形象的依赖;近代哲学本身,则是一个消解

"神圣形象",并以种种"非神圣形象"取而代之的过程,也就是"表征"人获得自身独立性的过程;一个半世纪以来的现代哲学,则是在消解"神圣形象"的基础上,进而消解诸种"非神圣形象"的过程,也就是"表征"人的独立性获得现代意义的过程。因此,从哲学寻求崇高和消解被异化了的崇高的双重过程去透视哲学史,将深化我们对哲学的本体论追求及其"表征"方式的理解。

传统哲学对崇高的追求,以崇高与渺小的绝对两极对立为前提,以确立崇高的某种终极性存在为目标,以自身的理论形态作为崇高的终极实现自期自许。传统哲学的这种根本性特征,集中地表现为传统哲学的提问方式。传统哲学向自己提出的问题是:什么是绝对之真、至上之善和最高之美? 在传统哲学看来,只有当哲学为人类揭示出这种绝对之真、至上之善和最高之美,并且人类按照这种绝对之真、至上之善和最高之美来裁判和实践自己的全部生活,人类才能够崇高起来。这样,传统哲学就把对崇高的挚爱与追求,变成种种亘古不变的哲学理念,把崇高的历史性内涵异化为统治人的思想与行为的种种僵化的教条和崇拜的偶像,由此便造成了传统哲学的崇高的追求与异化的崇高的内在矛盾。

崇高的异化,首先是集中地表现为在宗教中的异化,即崇高被异化为"神圣形象"的"上帝"。因此马克思提出,"对宗教的批判是其他一切批判的前提","反宗教的斗争间接地也就是反对以宗教为精神慰藉的那个世界的斗争"。[6]马克思同时指出,在人的自我异化的"神圣形象"被揭穿以后,揭穿"非神圣形象"中的自我异化,即揭穿人在"尘世"中的"法"、"政治"等等"非神圣形象"中的自我异化,就成了现代哲学的历史任务。

如果我们把哲学的塑造"神圣形象"、消解"神圣形象"和消解"非神圣形象"的发展过程,同马克思的关于人的存在形态的"人的依赖关系"、"以物的依赖性为基础的人的独立性"和以"个人全面发展"为基础的"自由个性"的发展进程联系起来,就会更为深切地理解哲学在寻求崇高的过程中所实现的对人类存在的自我意识的理论把握。

在"人的依赖关系"中,个体对崇高的追求,就是对群体的崇拜,被崇拜的群体则被异化为超人的"神圣形象",从"图腾"到"上帝"就是这种超人的种种"神圣形象"。这样,作为理论形态的人类自我意识的哲学,它对崇高的寻求和崇高的异化,就表现为以"人的依赖关系"为基础的对"神圣形象"的崇拜。

在"以物的依赖性为基础的人的独立性"的历史形态中,人对人的依赖变成了人对物的依赖,因此,人对"神"的崇拜也变成了人对"物"的崇拜,崇高在"神圣形象"的异化也变成了崇高在"非神圣形象"中的异化。

正因如此,哲学的历史进程,就由塑造"神圣形象"而演进为消解"神圣形象",又由消解"神圣形象"而演进为消解"非神圣形象"。哲学的这个演进过程,正是理论地"表征"着人类社会从人对人的依赖性走向人对物的依赖性,并进而改变人对物的依赖性的历史进程。

马克思曾经把人的自我异化概括为两种历史性的存在方式。一种是在所谓"神圣形象"即宗教中的异化,另一种是在所谓"非神圣形象"即"尘世"中的异化。马克思从宏观的历史视野提出:"人的依赖关系(起初完全是自然发生的),是最初的社会形态,在这种形态下,人的生产能力只是在狭窄的范围和孤立的地点发展的。以物的依赖性为基础的人的独立性是第二大形态,在这种形态下,才形成普遍的社会物质交往,全面的关系,多方面的需求以及全面的能力体系。建立在个人全面发展和他们共同的社会生产能力成为他们的社会财富这一基础上的自由个性,是第三阶段,第二阶段为第三阶段创造条件。"[7]概括地说,人类存在的三大历史形态是:人的依赖关系;以物的依赖性为基础的人的独立性;以个人全面发展为基础的自由个性。崇高的追求、异化与实现,是以人类存在的历史形态及其发展为前提的。

在"人的依赖关系"的历史形态中,个人依附于群体,个人不具有独立性,只不过是"一定的狭隘人群的附属物"。个体对崇高的追求,就是对群体的崇拜。被崇拜的"群体"则异化为非人的种种"神圣形象"。崇高的追求与异化的崇高以"人的依赖关系"为基础而表现为对"神圣形象"的崇拜。马克思说:"人创造了宗教,而不是宗教创造了人。就是说,宗教是那些还没有获得自己或是再度丧失了自己的人的自我意识和自我感觉。"这深刻地揭示了崇高在"神圣形象"中自我异化的现实根源。

在"以物的依赖性为基础的人的独立性"的历史形态中,个人摆脱了人身依附关系而获得了"独立性",但这种"独立性"却是"以物的依赖性为基础"的。人依赖于物,人受物的统治,人与人的关系受制于物与物的关系,人在对"物的依赖性"中"再度丧失了自己"。于是,对"神"的崇拜变成对"物"的崇拜,崇高在"神圣形象"中的异化变成在"非神圣形象"中的异化。马克思之所以说黑格尔哲学是以"最抽象的形式"表达了"最现实的人类状况",就是因为黑格尔哲学集中地表征了人在对"物的依赖性"中"再度丧失了自己",崇高在"绝对精神"的"非神圣形象"中被再度异化为超历史的、非人的存在。马克思对黑格尔哲学的批判,就是对异化了的崇高及其所表征的现实的批判,就是要把崇高变成人的现实。

马克思所追求的把崇高变成人的现实的历史形态,就是实现每个人的"全面发展"。由此,我们可以对崇高的追求、异化与实现做出这样的解释:崇高的追求,就是对人自身的全面发展的追求;崇高的异化,就是把人对自身全面发展的追求变成对各种非人的"神圣形象"或"非神圣形象"的崇拜;崇高的实现,就是在消解崇高的异化形态的过程中实现人自身的全面发展。因此,人类及其哲学追求崇高的过程,就是消解崇高的异化形态的过程;消解崇高的异化形态的过程,也必须是追求和实现崇高的过程。追求崇高和消解崇高异化形态的统一,就是崇高的历史重构、也就是人自身的历史发展。因此,人类及其哲学必须坚韧不拔地承担起双重的使命:在坚守哲学对崇高的现实的追求中消解崇高的异化,在消解崇高的异化中坚守哲学对崇高的现实的追求。而哲学实现自己的历史使命的基本方式,就是对人的存在意义的"表征"。

注 释

〔1〕 参见赖欣巴哈:《科学哲学的兴起》,商务印书馆1983年版,第7页。

〔2〕 《列宁全集》第 38 卷,第 281 页。

〔3〕 《马克思恩格斯选集》第 1 卷,第 1 页。

〔4〕 同上。

〔5〕 同上,第 2 页。

〔6〕 同上,第 1 页。

〔7〕 《马克思恩格斯全集》第 46 卷(上),第 104 页。

第十五讲

理念与境界

哲学理念与哲学智慧

哲学理念与哲学境界

哲学境界与超越"存在主义的焦虑"

哲学境界与"诗意地栖居"

哲学境界与"人的全面发展"

我们的哲学讲座是从讨论哲学智慧开始的,现在,我们又回到了哲学智慧。但是,我们现在所理解的哲学智慧,已经蕴含了具有丰厚内容的哲学理念,并且进入了哲学智慧给我们展现的哲学境界。这可以说是学习哲学的否定之否定。

一 哲学理念与哲学智慧

"理念"这个词,应当说是一个我们经常挂在嘴边的熟知而非真知的概念或者说名词。就是说,虽然我们大家经常提到理念这个概念,可是究竟怎么理解它,似乎是一件很不容易的事情。比如说我们可以把它拆成两个字,重新进行排列组合,说"理论","理想","观念","信念",但是究竟这个"理念"表达的是一种理想性的信念还是一种理论化的观念呢?

分析起来颇为困难,但是"理念"这个概念,不仅仅是我们经常挂在嘴边,甚至变成了一个非常时髦、非常时尚的一个概念了。比如说,我们谈到一个企业家的时候,我们会首先问,他的"经营理念"是什么样的?我们评价一个校长的时候,又会问他的"教育理念"怎么样?评价一个政治家,说政治家有什么样的"政治理念"?多了,"文化理念"、"管理理念"、"军事理念"、"战争理念",方方面面的。因此我想,提到这个"哲学理念",大家会觉得既很亲切,又非常模糊。

究竟怎么理解这个理念?我想,如果从它的最正宗上,或者说从根上去理解理念的话,那么必然回归为"哲学理念"。因为经营理念、教育理念、政治理念、文化理念,所有的理念,都是从哲学理念延伸开来的,推演出来的。

我们究竟怎么理解哲学理念?首先应当看到,哲学理念,它是哲学体系的统一原理。这是第一个小的方面。第二个小的方面,哲学是人类关于自身存在的自我意识的理论。我们在理解哲学的时候,经常引证黑格尔和马克思的两句话,黑格尔说,哲学是思想中所把握到的时代,马克思说,哲学是时代精神的精华。所以第三个小方面,哲学是时代精神的理论表征。这就是说,关于哲学理念的基本内涵,要诉诸哲学体系的统一原理、理论形态的自我意识和时代精神的理论表征这样三个方面。

先说哲学体系的统一原理。大家在学习哲学的过程当中,都能够感受到,所谓的哲学,它必然是通过哲学家思维着的头脑所构成的体系化的、逻辑化的概念体系,或者借用冯友兰先生的话说,任何一种哲学,都是对于人生的一种有系统的反思。所以对于任何一个哲学家来说,不管它给我们提供的哲学理论形态是什么样的,哪怕是名言警句,但是对于哲学家自己来说,它是有一个哲学的理论体系存在着的。大家可以想一想,包括我们看老子的东西,看孔子的东西,包括看现代的维特根斯坦的东西,好像它不是给我们提供一个很完整的理论体系,但是对于任何一个哲学家来说,不管它给我们提供的理论形式是什么样的,就其理论内容来说,它都是一个有体系的思想。就是说,它所形成的哲学思想,是具有它的一种自洽性的,是能够自圆其说的。对于他自己来说,是有一个能够自洽的论证的体系在里边的。如果我们理解了这样的一个前提,对于哲学理念就好理解了。

什么是哲学理念呢?哲学理念就是任何一个哲学家所构建的哲学体系的统一原理。关于这一点,黑格尔有一句名言,他说,哲学理论"作为一个体系,需要有一个原理被提出并且贯串在特殊的东西里面","全部被认识的东西必须作为一种统一性、作为概念的一种有机组织而出现";他还针对人们经常发生误解的哲学的"理念",做出这样的解释:"要这样来理解那个理念,使得多种多样的现实,能被引导到这个作为共相的理念上面,并且通过它而被规定,在这个统一性里面被认识。"[1]这就是他所说的哲学理念。实际上,不仅仅是黑格尔,所有的哲学家,在他所构建的哲学体系当中,都蕴含着一个双向的东西。一方面,它是每个哲学家的全部哲学思想、全部哲学观念、全部哲学观点、全部哲学方法的一种积淀和结晶。另一方面,这种积淀和结晶,往往表现为一个独特的哲学命题,或者独特的哲学范畴,它又构成了特定的哲学体系当中的统一性原理。因此哲学理念对于哲学家来说,总具有某种程度的简捷性。所以你看,能够在历史上留下痕迹的哲学家,非常重要的标志是什么?这就是他的振聋发聩的哲学命题,也就是他的哲学理念。

历史上著名的哲学家,都有我们大家耳熟能详的最基本的哲学命题,或者哲学范畴。而这个哲学命题或者哲学范畴,就是构成他的特定的哲学体系的统一性原理。而这个统一性原理是他的全部的哲学思想的积淀、结晶和升华。

大家想一想,黑格尔给我们提出来的是一个"全体的自由性",对不对?黑格尔哲学的基本命题就是"全体的自由性与各个环节的必然性的统一",而这个命题又凝结为更加厚重的哲学范畴,这就是黑格尔的"绝对理念"。那么同样的,我们还能够记住什么?我们能够记住笛卡儿"我思故我在",我们能够记住贝克莱"存在就是被感知",我们能够记住马克思说"人的根本就是人本身",对不对?我们能够记住列宁说"辩证法也就是认识论",我们能够记住恩格斯说哲学就是一种"建立在通晓思维的历史和成就的基础上的理论思维"。我们还能记住什么?能不能记住20世纪的"世纪性的哲学命题"?"拒斥形而上学","观察渗透理论","本体论承诺","合法的偏见","存在的遗忘"?

我对于提供给我的博士论文,如果一看仅仅是一个论域性的标题,总是感到非常不满意,这意味着你还没有形成一个统一性的思想。所以凡是没有正标题的我都要追问一下,你能不能够用一句话概括你的思想呀?不要仅仅给我一个论域,论知识经济,论全球化,论信息时代,论实践,论自由,论什么什么。论,那是个论域;那么,关于这个论域你研究的结果,提炼出一个什么思想?这是最难最难的。好多人在谈论自己的论文时,他往往说,让我多说点行不行?为什么必须多说呢?怎么不能少说呢?就是他没有形成这个统一性原理,没有形成一个独到的哲学理念。为什么我们平时总说,想好了一个标题,就是文章完成了一半?这就是你能不能形成一个统一性的思想。为什么很多人可以写很长很长的文章和书,上百万字也能写出来,五个字的标题写不出来?现在不叫信息时代么?要想凑什么百万字的东西,不困难,难的是概括出5个字。你究竟要说什么?这才是理论创新么!

这个作为哲学体系的统一原理的哲学理念,它积淀了、结晶了、升华了哲学家的全部的思想,回过头来又构成了哲学家的一种独特的解释原则和研究范式。我曾经把博士论文分成五个档次,依次叫做解释原则的创新、概念框架的构建、背景知识的转换、提问方式的更新和逻辑关系的重组。为什么我把博士论文的第一档次叫"解释原则的创新"?只有在解释原则上发生根本性的改变,这才带有一种拉卡托斯意义上的"理论硬核"的变革,或者库恩所说的"研究范式"的变革。如果你能够积淀、结晶和升华出你的特定的一个哲学命题,或者说哲学范畴,那么实际上你所升华出来的哲学命题或者哲学范畴,它是一种自己的独特的哲学解释原则,而这种哲学的解释原则所具有的解释力,构成了一种独特的研究范式。

新的哲学命题具有真实的、深层的、深邃的、睿智的哲学内涵,它需要一个积淀的过程。不用说你创造一个哲学的命题或范畴,你就是真正理解一个哲学命题,或者说理解一个哲学的统一性原理,你也必须有一个前提,要求你像恩格斯所说的那样,"通晓思维的历史和成就",绝不简单。海森堡说,物理学绝不是一连串的观察和实验,再加以一种数学的描述,它是一个概念范畴更新的历史。在这种概念和范畴当中,它积淀了整个人类思想的历史。你想一想呀,通过这一学期的学习,你能够接受的一个最基本的哲学理念是什么?你应该接受的一个最基本的哲学理念就是恩格斯的这一段名言,哲学是"建立在通晓思维的历史和成就的基础上的理论思维"。由此我们应该形成的另一个基本的哲学理念是什么呢?那就是,哲学,绝不是一种枯燥的条文,现成的结论,空洞的说教,而是一种"鲜活的历史",绝不是一个"尘封的历史",那是一个个"鲜活的面容"。所以我们说什么是哲学史?哲学史不是一个个"苍白的瘪三",而是一种"伟大心灵的更迭"和"思想英雄的较量",这才是哲学的历史,所以我们看到的才是一个个鲜活的面容和深邃睿智的思想。你不能理解这一点呀,哲学永远是一些个抽象的概念。如果一旦理解了哲学史是"伟大心灵的更迭"和"思想英雄的较量",哲学就活了!你也就能够理解哲学理念了。

作为哲学理念的这种统一原理,它既是一种积淀、结晶和升华,反过来又构成了一种哲学家的独特的解释原则,对于我们今天学习哲学,是具有巨大理论意义的背景知识。所以我说,学习哲学,首先要寻找理论资源,你没有相应的理论资源,就无法学习哲学。

哲学理念,它直接地表现为每个哲学体系当中的那个统一性原理,而这个统一性原理,一方面,它是思想的结晶,另一方面,它又是用这种结晶去解释其他的全部的哲学问题,因此在这个意义上它就是一种哲学观,就是对哲学的根本性理解。

那么什么是哲学呢?哲学,它是对人和世界关系的反思。通过反思人和世界的关系,来确立人自身的安身立命之本。我们把这种朦胧的认识用一种比较准确的语言表述出来,什么是哲学呢? 哲学是一种理论形态的人类关于自身存在的自我意识。这里边包括三层意思:第一层意思,哲学是一种理论形态;第二层意思,哲学是一种关于人的自我意识的理论形态;那么第三层意思,哲学是人类关于自身存在的自我意识。分解开,你也就明白它的意思了,不用硬背了。

我为什么说,哲学是关于人类的故事,哲学也是哲学家个人的故事呢? 哲学是以时代性的内容、民族性的形式和个体性的风格去求索人类性的问题,哲学家是以个体性的形式和社会的名义而表达的人类关于自身存在的自我意识。哲学家是以个体的自我意识的这种形式或者说方式,但同时它是以社会的自我意识的名义,而表达的这种人类关于自身存在的自我意识,由此构成了一种理论形态的哲学。

当我们这样来界说哲学的时候,突现了哲学的人类性。但是,哲学的人类性离不开哲学的时代性,并没有超越于自己时代的哲学理念,哲学总是自己时代精神的精华,总是思想中所把握到的时代。所以我们理解哲学理念的时候,一个非常重要的问题就是要在人类性和时代性的统一当中去理解它。马克思说,任何真正的哲学,都是自己时代精神的精华和文明的活的灵魂。因为它是文明的活的灵魂,所以它才能够积淀为时代精神的精华。反过来,正因为它是自己时代精神的精华,所以它才能够构成文明的活的灵魂。为什么我要这么说呢? 因为我觉得,原来我们对马克思的这句话的理解,扩而大之,对于哲学的理解中,仅仅突出了前半句话,时代精神的精华,而没有凸现后半句话,文明的活的灵魂。我认为,只有在这两句话的统一当中,才能够表明哲学的人类性和时代性。这点非常重要。我们原来对哲学的理解,一个很大的缺欠,就是以时代性去取代了它的人类性。所以这里边我突出地强调的一点,就是哲学理念的人类性与时代性的统一。

哲学理念,它作为一种时代精神的精华,既表现出多样性,又蕴含着统一性。在这个问题的理解上有两种倾向,或者用多样性代替统一性,或者用统一性淹没了多样性。表面地看,哲学理念总是千差万别的,哲学家个人的故事么。但是你想一想,任何一种哲学理念的提出,绝不仅仅是哲学家个人的故事,它是哲学家敏锐捕捉到的时代的精神,因此,表面上看千差万别的哲学家的特定的哲学理念,又具有广泛而深刻的一致性,这就是哲学理念在它的多样性当中所体现出来的统一性。即使是强调差异性而拒斥同一性的后现代主义,不也显示出了一种惊人的统一性吗?不都想去"消解"、"终结"、"治疗"哲学吗?不都要"拒斥形而上学"吗?虽然"治疗"的方式是不一样的,"治疗"的目的和手段是不一样的,但不是都想"治疗"吗?这不同样显示了一种多样性当中的统一性吗?为什么?因为它们都是以哲学的方式体现了时代精神么。这就是以"消解哲学"的方式而"消解"人在"非神圣形象"中的自我异化么。

从一种时代性和历史性当中去理解哲学理念,那就是我经常和大家使用的词组,相对之绝对。这就是,任何一种哲学理念,都具有它时代的合理性,当然也具有它历史的暂时性,所以它是相对之绝对,历史意义上的相对,时代意义上的绝对。那么正是在这一点上,真实地体现了马克思的辩证法则,在肯定的理解当中同时包含否定的理解。

这样一种理解的结果,既不是绝对主义的,也不是相对主义或者虚无主义的,而是一种历史的相对、时代的绝对,因此它是一种作为相对之绝对的哲学理念。

任何一种哲学理念,都具有一种相对之绝对的意义,这是一个重大的问题。在对哲学理念的理解中,很容易陷入两个极端,或者是陷入到绝对主义当中去,否认它的相对性,或者是陷入到一种虚无主义当中去,只承认它的相对性而否认它的历史的绝对性。这都不是一种辩证法的态度。一种真正合理的辩证法的态度,是把每个时代的哲学理念视为一种相对之绝对。

为了具体地理解这个问题,我们来讨论哲学理念的当代形态。关于哲学理念的当代形态,我在《哲学通论》里边作了具体的展示,就是关于当代哲学观的概览。我为大家提供了八种哲学观,或者说哲学理念。我们已经一起在哲学的海洋当中游弋了一个学期,那么回过头我们关照一下当代人对哲学的理解,这会升华我们对哲学本身的理解。

当代中国,特别是它的哲学讲坛上,占有主导地位的仍然是我所说的"普遍规律说"的哲学理念,或者说哲学观。这就是把哲学界说为关于自然、社会和思维的普遍规律的哲学观。

首先,我们要从历史的合理性去理解这个普遍规律说。我向大家提供了几个方面的历史的合理性:第一,它具有深厚的、久远的哲学史背景。普遍规律说,不是偶然的,从古代哲学寻求那个最高原因的基本原理,一直到黑格尔要提供全部科学的逻辑和一切知识的基础,实质上都是在寻求"普遍规律"。虽然近代哲学实现了认识论转向,但是从它的哲学旨趣上,从它的哲学使命上,从它的哲学性质上,仍然是普遍规律说,或者叫做形而上学。为什么现代哲学叫"拒斥形而上学"呢? 就是因为它要拒斥的是这样一种哲学理念。就是说,这种哲学理念把哲学当成是一个最高的普遍原理,它具有最广泛的解释性。只要我掌握了这个普遍原理,我就可以解释全部的现象,以及关于全部现象的知识。大家通常学习的那个哲学教科书,不要简单地把它当成一无是处,其实它具有非常深刻而广泛的哲学史背景。第二,它具有非常深刻的人类思维的根据。我说过,我非常欣赏恩格斯讲的,人类的思维,从它本性、使命、历史的终极目的来说,它是至上的和无限的。那么你想一下我们人类的思维,谁能够停留在对有限的事物的认识,对有限的理论的掌握上呢? 人类的思维总是指向着以某种统一性的原理去解释全部的存在物。你想一想,谁不这样? 为什么你最容易接受普遍规律说呢? 因为它符合人类思维的本性。第三,这种人类思维的无限的指向性,源于人的实践的存在方式。人类的实践活动是一个目的性的对象性的活动。这种目的性是一个无限的指向性。现在中国很多人都在买汽车。散文家刘墉写的一本书,叫做《小葱大酱》,其中有一篇题目就是"买车的烦恼"。没车想买车,买了车跟别的车一比,不行了,即使买了好车还有比你那车更好的车,那是概念车! 对不对? 这不就是一种生活的无限的指向性么。正是源于这种生活的无限的指向性,才有思维的无限的指向性。正因为有思维的这种无限的指向性,才有哲学史上的哲学家们的苦苦的追求么。所以如果要批判这个普遍规律说,首先必须理解它的历史的合理性。

然而这种普遍规律说的哲学理念,它隐含着两个深层的矛盾:第一,它离开思维和存在的关系,而直接去断言那个存在、普遍规律。因此,它没有达到近代哲学认识论转向所实现的哲学理念的变更。我们说,哲学是以思存关系为对象的,可是,在普遍规律说里边,隐含着一个深刻的悖论性矛盾,那就是说,它离开思维对存在的关系,而直接去断言那个存在、普遍规律,这就提出了一个问题,本体论必须以认识论为基础。所以我们只有有了认识论的哲学理念,才能够更好地去理解那种本体论的哲学理念。第二,哲学作为人类把握世界的一种基本方式,它不仅仅同科学有二元的双向关系,它还具有同宗教、艺术、伦理、常识和科学的多向关系,因此哲学不仅仅是为人类提供一种关于普遍规律的真理的学说,而是要提供一种与自己时代的真善美相统一的哲学理念。所以为什么现代哲学讲存在论、真理论、价值论的统一呢?因为哲学寻求的是真善美的统一,寻求的是作为人的安身立命之本的"本体"。

怎么有哲学理念的"认识论说"了?要理解哲学理念的变化,必须理解它同科学的分化。原来人们用科学的方式来理解哲学,当科学从哲学当中分出去之后,人们要求在和科学相区别的意义上去理解哲学。这种理解的结果是什么呢?突现了作为哲学基本问题的思维和存在的关系问题。因此恩格斯说,全部哲学,特别是近代哲学的重大的基本问题,是思维和存在的关系问题。在近代哲学,这个基本问题,被十分明确地提了出来,而且获得了它的完全的意义。什么叫做认识论的哲学理念呢?认识论的哲学理念,就是自觉到了思维和存在的关系问题是哲学的基本问题。

大家想一想,通过这一个学期的学习,你主要是形成一个认识论的哲学理念,也就是自觉到思维和存在的关系问题是哲学的基本问题,从而构建起反思的哲学的思维方式。我给大家讲了这一学期的课呀,其实最基本的要达到的目标,就是你能够自觉到思维和存在的关系问题,而不是存在本身,是哲学的基本问题,从而形成认识论的哲学理念,构成一种反思的哲学的思维方式。

只有具有这种近代的认识论的哲学理念,才能够历史与逻辑相统一地理解现代多种多样的哲学理念。现代的哲学理念,我给大家作一个概括,叫做"语言分析说"的哲学理念,"存在意义说"的哲学理念,"精神境界说"的哲学理念,"文化批判说"的哲学理念,"文化样式说"的哲学理念,特别是马克思的"实践论说"的哲学理念。好不好理解了? 能不能带着全部的收获物,来理解哲学理念了?

全部的现代哲学的哲学理念,是以近代哲学理念作为出发点的,没有近代哲学作为背景,特别是没有黑格尔哲学作为背景,现代哲学无从理解。那就像怀特在《分析的时代》里边的第一句话所说,几乎20世纪的各种重要的哲学运动,都是以讨伐那个思想庞杂而又声名赫赫的德国教授的观点开始的,我心里指的是黑格尔,而这就是对他的特别的颂扬。[2]怀特这段话,说20世纪的哲学,都是以批判、讨伐黑格尔开始的,不理解黑格尔,20世纪哲学对于你来说,是有之非有,存在着的无,没有办法理解。不理解黑格尔,怎么理解尼采? 怎么理解萨特、海德格尔、胡塞尔、维特根斯坦? 尤其是怎么理解马克思? 无法理解!

因此我说,这一学期的课程,最重要的是希望大家能够以近代哲学的认识论转向为基础,理解马克思的实践论说的哲学理念。你只有通过对具体的哲学家、具体的哲学思想的了解,探索,研究,阐释,你才能够切实地、深入地去把握它的特定的哲学理念。而在对于多样性的哲学理念的把握当中,你才能够体会到它的统一性,才能够深入地去理解我们今天的时代精神,并且把这种时代精神理解为是一种文明的活的灵魂。

通过这样的训练,才有可能形成我非常倡导的一种高举远慕的心态,慎思明辨的理性,体会真切的情感,执着专注的意志和洒脱通达的境界,也就是我们真正能够获得一种哲学智慧。

我说过,哲学智慧不是教的,那就像黑格尔所说,逻辑学不是教人思维的,而是使人能够自觉到思维本性的。或者像冯友兰先生所说的,哲学不是教你怎样生活的,而是使你达到对生活的一种觉解的。那我想通过这一个学期的学习,从探讨哲学的问题入手,经过探讨反思的哲学思维方式,再运用这种反思的哲学思维方式,达到对于哲学的一种本体论的求索。那么带着这全部的收获物,我们走到了最后一讲,哲学理念。黑格尔说,"花朵开放的时候花蕾消逝,人们会说花蕾是被花朵否定掉了;同样地,当结果的时候,花朵又被解释为植物的一种虚假的存在形式,而果实是作为植物的真实形式而代替花朵的。这些形式不但彼此不同,并且互相排斥、互不相容。但是,它们的流动性却使它们成为有机统一体的环节,它们在有机统一体中不但不互相抵触,而且彼此都同样是必要的;而正是这种同样的必要性才构成整体的生命"。[3]这是一个很美的比喻。花蕾孕育了花朵,花朵又孕育了果实;但花朵的怒放正是否定了花蕾,果实的结出也正是否定了花朵,由此看来,这个否定的过程,不正是以新的形式与内容肯定了先前的存在吗?虽然我们这种收获可能是因人而异的,但是,毕竟我们是用"花朵"否定了"花蕾",我们又用"果实"否定了"花朵"。我们总是带着各自的果实,进入了哲学理念所给予我们的哲学智慧。

二　哲学理念与哲学境界

哲学智慧,不是现成的知识,而是人生的境界。

说到人生境界,人们自然会想到冯友兰先生的"四境界说"。冯先生说:"人与其他动物的不同,在于人做某事时,他了解他在做什么,并且自觉他在做。正是这种觉解,使他正在做的对于他有了意义。他做各种事,有各种意义,各种意义合成一个整体,就构成他的人生境界。"[4]在这里,冯先生把人的"做事"、"觉解"、"意义"和"境界"联系在一起,并且统一起来了。

"做事",无论是做工和务农,还是当官和经商,总之是广义的实践活动,把世界变成自己所希望的现实的活动,让世界满足自己的需要的活动,创造自己的人生的活动。

人的"做事",不只是在"做",而且是自觉地"做",知道自己做什么,为何做,怎样做,做成如何,做不成又如何。这就是对"做"的了解和自觉,也就是"觉解"。人所"觉解"的,是"做"的"意义"。做每件事,都有做这件事的"意义"。满足需要也好,趋利避害也好,惩恶扬善也好,纯粹兴趣也好,总是有它的"意义"在。

人对所做的各种事情的"觉解",人所觉解到的各种"意义",孤立地看,似乎只是对某事的"觉解",只是从某事中获得的"意义"。其实不然。人在做各种事情的时候,都渗透或融注着他对人生的整体"意义"的"觉解"。每个人所"觉解"的整体"意义",就构成了人生的"境界"。

按照冯先生的说法,如果从低到高地排列人生的境界,可以分为自然境界、功利境界、道德境界和天地境界这样四种境界。

所谓"自然境界",就是按着"本能"或"社会的风俗习惯"去做事。而对于所做的事,则并无觉解,或不甚觉解。这样,他所做的事,对于他就没有意义,或很少意义,可见,人生的自然境界,就是不能"觉解""做事"的"意义"的"境界"。砍柴只是砍柴,担水只是担水,做工只是做工,务农只是务农,经商只是经商,当官只是当官,学习只是学习,教书只是教书,浑然不觉做事的意义。

这不能不让人想起一个字——"混"。混事、混日子、混生活,这个"混"字活脱脱地表现了人生的自然境界。做事,只因为不得已而为之;生活,只因为不能不活着。做事失去了意义,生活也失去了意义。生活变成了生存,这当然就只能是一种"自然境界"了。

超越"自然境界",意识到为自己做各种事,这就是"功利境界"。冯先生说,这种人生境界,并不意味着必然不道德,做事的后果可以是利他的,但动机则是利己的。

这不能不让人想起另一个字——"欲"。做任何事情,都是从满足自己的欲望出发,从获得自己的利益出发,满足欲望,获得利益,就是做事的意义,生活的意义。对于这种人生境界的评价,似乎总是从一个极端跳到另一个极端,要么彻底否定,"狠斗私字一闪念",要么无限张扬,"一切向钱看"。按照冯先生的意思,这种两极对立、非此即彼的态度都是不成立的。人不能无欲,要求欲望的满足便无可非议。然而,这种只是为满足一己的欲望而做事的"境界"是低层次的。

超越这种一己的私欲或私利,意识到人是社会的存在,每个人都是社会的一员,并由这种"觉解"而为社会的利益做各种事,使自己所做的各种事都有利他的道德意义,这就是人生的"道德境界"。

此种"道德境界",是对社会意义的觉解,也就是对人"应当"怎样的觉解。如果也可以用一个字来予以概括,那就是"义"。"义"也是"利",但不是一己的"利",而是社会的"利",所以"义"是"道德",是人应当怎样的"正义"。有利于社会的道德境界,当然是一种较高层次的境界。

超越道德境界,意识到自己是宇宙的一员,并为宇宙的利益而做各种事,这就是冯先生所说的天地境界。

按照中国传统哲学的观点,宇宙并非是一个僵死的存在,而是蕴涵着无穷的生机与活力。充盈于天地之间的"生意"使整个宇宙成为融合天地间的有机系统。在这个有机的宇宙中,人生于天地之中,又以自己的创造活动来"赞天地之化育"。在这种"天人合一"的宇宙观与人生观中,宇宙是具有普遍价值的"大我",它的普遍价值内在于每个生命个体之中;生命个体作为宇宙的普遍价值的体现,又以自己的生命的创造活动而实现自己的尊严与价值。在这个宇宙"大我"与生命"小我"的关系中,"大我"并不是压抑"小我"的某种神秘力量,"小我"也不是"大我"自我实现的手段或工具,而是"大我"与"小我"在生生不息中的"统一"、"合一"、"融合"。

冯友兰先生说:"一个人可能了解到超乎社会整体之上,还有一个更大的整体,即宇宙。他不仅是社会的一员,同时还是宇宙的一员。他是社会组织的公民,同时还是孟子所说的'天民'。有这种觉解,他就为宇宙的利益而做各种事。他了解他所做的事的意义。自觉他正在做他所做的事。这种觉解为他构成了最高的人生境界,就是我所说的天地境界。"[5]

在当代,这种天地境界,也许有其更为真实的意义。所谓"全球问题",不能仅仅从科学技术的负面效应去看,更要从人类的"觉解"尚未达到的"天地境界"去看。我国社会学家费孝通先生曾经提出,"生态"问题在于"心态"问题,"心态"问题不解决,"生态"问题不可能解决。费先生之所以提出"生态"问题的根子在"心态",就是因为"觉解"到了二者的关系。如果人的"心态"达不到"天地境界",就会盲目地、肆无忌惮地掠夺自然,从而造成愈来愈严重的"全球问题"。

在总结人生四境界的时候,冯先生说:"自然境界、功利境界的人,是人现在就是的人;道德境界、天地境界的人,是人应该成为的人。前两者是自然的产物,后两者是精神的创造。自然境界最低,其次是功利境界,然后是道德境界,最后是天地境界。它们之所以如此,是由于自然境界,几乎不需要觉解;功利境界、道德境界,需要较多的觉解;天地境界则需要最多的觉解,道德境界有道德价值,天地境界有超道德价值。"[6]

这里有几层意思很耐人寻味。

自然境界、功利境界的人,是"人现在就是的人",这是说,无须觉解或无须更多的觉解,无须教化或无须更多的教化,人就具有自然境界、功利境界。因此,如果不是针对各种不同形式的禁欲主义,似乎不必对人进行功利境界的价值导向。

道德境界、天地境界的人,是"人应该成为的人",这是说,没有较高的甚至是最高的觉解,没有系统的甚至是完善的教化,人难以达到道德境界、天地境界。趋一己之利而避一己之害,这是"自然的产物"。趋社会之利而避社会之害,甚至为趋社会之利而舍一己之利、为避社会之害而趋一己之害,这样的道德境界,已非自然的产物,而是较高的觉解和系统的教化的产物,因此只能是"应该成为的人"。趋宇宙之利而避宇宙之害,甚至为宇宙之利与害而舍个人、集团或局部、暂时之利,而趋个人、集团或局部、暂时之害,这样的天地境界,当然需要最高的觉解和完善的教化,因此更只能是"应当成为的人"。

"现在就是的人",或出于本能而做事,或出于物欲而做事,做事的"意义"便是狭隘的,低级的,因而难以实现人自身的自由而全面的发展。"应当成为的人",则是为社会而做事,为人类而做事,做事的"意义"便是宏大的,高级的,因而是实现每个人的自由而全面的发展的前提。

人生的境界不同,人生的态度也不同。遍览众生,我们可以看到千姿百态的人生:有顺世主义的同流合污,有游世主义的玩世不恭,有愤世主义的恣意妄为,有超世主义的孤傲独行,有出世主义的自我解脱,有入世主义的奋力抗争……

顺世主义者"随其流扬其波",不问是非,不分善恶,不辨美丑,浑浑噩噩,迷迷糊糊,得过且过;游世主义者玩世不恭,声色犬马,纸醉金迷,挥霍无度,及时行乐;愤世主义者恣意妄为,拒绝传统,不要规则,铤而走险;超世主义者我行我素,以"众人皆醉而我独醒"的心态孤傲独行;出世主义者视尘世为苦难,认彼岸为故乡,或断发为僧为尼,或自戕以为解脱;入世主义者直面人生,或为名利而苦心经营,或为社会而奋力拼搏,觉解有别,境界各异。

如果我们进一步深究人生境界,我们还会发现,无论何种境界与态度的人生,似乎都指向着某种自以为是的"自由"。那么,究竟什么是自由? 如果以大家都知道的哲学家为例,可以概括四种基本的自由观。

一是庄子式的"玄想的自由"。这种玄想的自由,把自由视作无所对待的状态,即取消物我、主客、人己的相互对立,超然利害、荣辱、死生的相互区别,"天地与我并生,万物与我为一"。这种自由的出发点是"无待",达到"无待"的方式则首先是"无我",以自我的虚无性来取代自我的渺小性和物我的两分性,由此而达到以万物的齐一性来取代主客的对立性,从而归于"无待"的自由。

二是黑格尔式的"理性的自由"。这种理性的自由,把自由视为认识了的必然。按照黑格尔的说法,自由,是一个由自在到自为再到自在自为的精神历程,是"全体的自由性与各个环节的必然性"的统一。揭开罩在黑格尔哲学身上的神秘的面纱,我们就会看到,黑格尔式的理性自由,就是个体理性对普遍理性的认同,个体理性与普遍理性的融合。因此,这是一种理性主义的、逻辑主义的自由观。

三是萨特式的"意志的自由"。这种意志的自由,把自由视为自我的实现。按照萨特的说法,人的本性就是无法逃避的自由。人与物的区别,在于物是"本质先于存在",由本质预先决定了存在,因此物的存在无自由可言;而人则是"存在先于本质",人的本质是人自己造就的,人具有选择的自主性,并在不断的选择中塑造自己,因此人的存在就是实现自我的自由。

四是马克思的"实践的自由"。这种实践的自由,是把人视为实践的存在,或者说实践是人的存在方式。自由就是人在实践中所实现的人的全面发展。在马克思这里,劳动作为人的最基本的实践活动,它本身具有三重意义:劳动作为生存的手段,它具有谋生的意义;劳动作为生命的表现,它是一种个人的乐趣;劳动作为社会的需要,它是人的社会本质的实现。以劳动为基础的实践活动,使人的多种潜能得以发挥,多种需要得以满足,多种价值得以实现。在实践活动的自我超越中,人自身得到全面的发展,这就是人的自由。

我们从自由观去反观哲学理念和哲学境界,会深化我们对哲学本身的理解,会更深切地理解,哲学,它是人类关于自身存在的理论形态的自我意识。

三　哲学境界与超越"存在主义的焦虑"

在当代,哲学智慧,哲学境界,最重要的是超越"存在主义的焦虑"。

前面讲过,在自然经济的条件下,哲学总是以塑造"神圣形象"的方式来规范人们的思想与行为,哲学的本体论追求总是以"终极性"的名义构成某种"绝对的绝对",所以往往导致人们把现象与本质、个别与普遍、偶然与必然对立起来,似乎现象、个别、偶然是无足轻重的存在,惟有本质、普遍、必然才是关乎大局的存在。不仅如此。人们还往往把认识论意义的本质与现象的对立,扩大为价值论的"标准"与"选择"、"崇高"与"渺小"、"君子"与"小人"的对立,以"标准"取代"选择",以"崇高"凌驾"渺小",以"君子"规范"小人"。这种以"普遍性"压抑"个别性"的思潮,被现代的"存在主义"哲学称之为"本质主义的肆虐"。

在现代的人类意识中,是以"消解"这种"本质主义的肆虐"为己任的。然而,在这种"消解"的过程中,却又造成了现代人的一种强烈的自我意识,这就是"存在主义的焦虑"。这种"焦虑",就是人的思想与行为失去了"根据"、"标准"和"尺度"的焦虑,就是由于失去"根据"、"标准"和"尺度"所造成的"存在的空虚"的焦虑。

在人的自我意识中,有"标准"而无"选择",那是一种"生命中不堪忍受之重"的痛苦。这就犹如在中世纪的欧洲,"上帝"是无所不知、无所不能、无所不在的最高的裁判者,它窥视、监督和裁判我们的全部意识活动,我们的意识无可逃避地受到"上帝"的窥视、监督和裁判,"上帝"就是我们的意识中的"宪兵"和"警察"。由此而形成的人的自我意识,不能不是一种"没有选择的标准的生命中不堪忍受之重的本质主义的肆虐"。

然而,如尼采所说的"上帝被杀死了"之后,也就是人类意识中的"本质主义的肆虐"被"消解"之后,人类意识却陷入了新的困境。"上帝死了",这对于有些人来说,取代人类心灵裁判者(上帝)的应该是人为自己负责,而对于另外一些人来说,既然心灵的裁判者(上帝)已死,人也就不再承担任何责任。这正如一位作家所说,有两种不同的"虚无","一种是建设性执着后的虚无,是呕心沥血艰难求索后的困惑和茫然;一种是消费性执着后的虚无,是声色犬马花天酒地之后的无聊和厌倦。圣者和流氓都看破了钱财,但前者首先看破了自己的钱财,我的就是大家的。而后者首先看破了别人的钱财,大家的就是我的。圣者和流氓都可以怀疑爱情,但前者可能从此节欲自重,慎于风月;后者可能从此纵欲无忌,见女人就上。"[7]真理观的相对主义、价值观的多元主义和历史观的非决定主义,使得人们用以确认思想的"根据"、用以选择思想的"标准"、用以评价思想的"尺度",都失去了绝对的意义。在多元主义或相对主义的选择中,却难以确认选择的"标准"。这就是一种"没有标准的选择的生命中不能承受之轻的存在主义的焦虑",也就是哲学所说的"信仰的危机"、"形上的迷失"和"意义的失落"。

超越"本质主义的肆虐"而又陷入"存在主义的焦虑",这是当代人类的一种生存困境,也是人类意识在当代的一种两难抉择。马克思和恩格斯说:"意识在任何时候都只能是被意识到了的存在,而人们的存在就是他们的实际生活过程。"[8]当代人类的自我意识,正是当代人类的"实际生活过程"在当代人的意识中的表现。

两极对立模式的消解,这是当代人的最为强烈的自我意识。在以自然经济为基础的传统社会中,人们的经济生活、政治生活、文化生活和精神生活都处于两极对立的状态之中,人们总是以两极对立的思维方式去思考一切问题,总是试图在真与假、善与恶、美与丑的绝对对立中去寻求某种绝对的确定性。把这种绝对的确定性对象化为某种确定的存在并使之神圣化,就造成了"人在神圣形象中的自我异化"。现代市场经济日益深刻地消解掉了这些"神圣形象"的灵光,使得人们的生存方式发生了"从两极到中介"的变革,把真善美理解为时代水平的人类自我意识,把人类已经达到的认识成果理解为时代水平的"合法的偏见",把人类的存在视为"超越其所是"的开放性、未完成的存在,已逐步成为当代人类的共识。然而,由于"两极对立模式的消解"消解掉了传统社会所悬设和承诺的绝对确定的种种思想的根据、价值的尺度和行为的标准,因此,面对这种"两极对立模式消解"的社会思潮,人类自我意识需要实现新的自我超越——重新寻求人的思想与行为的根据、尺度和标准。

两极对立模式的消解使当代人类陷入了"没有标准的选择的生命中不能承受之轻的存在主义的焦虑"之中。这就是"现代人的困惑",寻求人类"精神家园"的困惑。市场经济把它的等价交换原则渗透到全部社会生活当中,并成为现代人的生存方式,由此便造成了人与自然的异化(无休止的攫取造成的"全球问题");人与社会的异化(社会对人的全面发展的扭曲);人与他人的异化(金钱关系所形成的人际关系的冷漠与紧张);人与自我的异化(人异化为金钱的奴隶而造成的自我的失落)。现代人的这种"物化"或"异化",使人愈益深切地感受到"精神家园"的失落:世界的符号化和自然的隐退所形成的"无根"的意识;价值尺度的多元化和不确定性所形成的"没有标准的选择";终极关怀的感性化所形成的"信仰缺失"、"形上迷失"和"意义失落"。超越这种"存在主义的焦虑",对时代性的"意义危机"做出全面的反应、批判的反思、规范性的矫正和理想性的引导,这是哲学在当代的创造性的使命。

四　哲学境界与"诗意地栖居"

哲人海德格尔倍加赞赏的诗人赫尔德林,曾经写下这样的诗句:"人诗意地居住在大地上。"这对于我们思考"人生"与"哲学",是大有启迪的。

关于这句诗文,我国当代学者叶秀山先生有过深刻的阐述与发挥。他说,"诗意"、"居住"、"大地",这三者对人来说,是缺一不可的。"诗意"是"劳作","居住"为"栖息","大地"则是人"劳作"和"栖息"的"处所"。"大地"是人的"作"、"息"之"所",因而是人的"安身立命"的地方。"劳绩"使人"立命","栖息"使人"安身",二者皆离不开"大地"。[9]

把"诗意"解说为"劳作",叶秀山先生是以亚里士多德在《形而上学》中把知识(智慧)分为"实践的"、"理论的"和"制作的"三方面为根据的。"制作的"不是"理论的",也不是"实践的"(实用的),而是同人由"居处"而培养出的"自由"的态度相关。人"营造""居室",从而为自己建造了"家"。"居处"中的人既与自然息息相关,又使人与自然有了"间隔",因而形成了我与自然的"同在",或者说,我和自然都"自在"。而"自在"即"自由",这就是所谓的"自由自在"。"自由"的"劳作",不是"实用"的、"实践"的,而是可以"自由地"对待自己的"作品"。叶先生举例说,我栽种了门前的桃树,不仅为了吃桃子,而且也为"观赏"桃花。为"桃花"而"栽树","栽种"就具有"自由劳作"的意味,即让桃树"自在",让桃花"自在",同时我这个栽种者也"自在"。这种"自由"的"劳作"使"劳作"具有了另一种性质,另一种意义。这就是"诗意"的"劳作",也就是"诗意"地"居住"在"大地"上。

诗的境界是"自由的"境界,"自在的"境界,所以,"人诗意地居住在大地上",也就是"人自由地居住在大地上"。把人理解为"诗意"的存在,以"诗意"理解人的存在,这是"生"的境界,也是理解"生"的境界。马克思在论述人的"生产"时,做出过这样的论断:由于人"懂得按照任何物种的尺度来进行生产,并且随时随地都能用内在固有的尺度来衡量对象;所以,人也按照美的规律来塑造"。[10]人按照美的规律来"塑造",人"诗意"地居住在大地上。这是一种"自在"而又"自为"即"自在自为"的存在,也就是"自由"的存在。

关于人的存在的"诗意"或人的"诗意"的存在,中国文化也有其独到的理解与解说。所谓的"禅悟",便是一种"在此岸而即彼岸"、"即现实而即理想"的方式。《指月录》二十八卷中有一个记载:"老僧三十年前,未参禅时,见山是山,见水是水。及其后来,亲见知识,有个入处,见山不是山,见水不是水。而今得个休息处,依前见山只见山,见水只见水。"这里的同为"见山"、"见水",其境界却不相同。"春有百花秋有月,夏有凉风冬有雪。若无闲事挂心头,便是人间好时节"。超越"牵挂","吃饭时肯吃饭","睡觉时肯睡觉","见山还是山","见水还是水",这便是超越了"自在"和"自为"的"自在自为"的"大智若愚","大巧若拙"、"反璞归真"的"自然而然"的境界。这样,人便无须设定一个"彼岸的世界"来作为"此岸世界"的希望。

人类的终极关怀,是寻求心灵的安顿,即寻求"安心"之所。这就需要一种与人的本性相一致的存在状态,也就是一种幸福、安宁的自在状态,一种自由、自在的存在状态,一种"诗意"的、和谐的存在状态。

在宗教的世界里,人试图把心灵的幸福、安宁、自由、和谐寄托于无法想象的"彼岸世界"。然而,用"前世"的因缘来解脱"现世"无法承受的焦灼的心灵,这只能是生者的自欺;用"来世"的期待去安顿无法忍受的不安的心灵,这也只能是生者的怯懦。怯懦与自欺,只不过是马克思所说的"那些还没有获得自己或是再度丧失了自己的人的自我意识和自我感觉"。这种有神论的终极关怀其实只不过是弱者的哲学,生活的强者所需要的是无神论的终极关怀——追求"现世"的幸福安宁、自由自在与诗意的和谐。

人的心灵的和谐,是与"天道"(自然之道)的和谐,也是与"人道"(为人之道)的和谐,因而是"天道"和"人道"在人的心灵中的和谐。这种和谐,就是中国人所说的人的"良心"。

"良心",是合乎"天道"的"人道",即"天人合一"之道。在自然遗传的意义上,"良心"是合乎"天道"的人类意识;在社会遗传的意义上,"良心"是合乎"人道"的人类意识。人类意识在自然遗传的"天道"与社会遗传的"人道"的统一中而形成人类意识的最深层的超越性:良心。它使人超越一己小我的限制,使人成为其潜能得以"自我实现"的超越性的存在。

"良心"是人之"心","心不良"则有违人性,亦即"非人之心"。非人之心,则有违"人道"。有违"人道",则有悖于"天道"。违背"天道"与"人道",则是天、人所不容,这样的"心"又如何能够"安顿"呢?更遑论幸福、安宁、自由与和谐了。"良心"则是人生的最好的"枕头"。以"良心"为"枕头",顺乎"天道"(自然之道),就会与自然相和谐。无论是风花雪月,还是电闪雷鸣,无论是"星垂平野阔",还是"月涌大江流","心"都会与"自然"相通,感受"天地之大美",在"天人合一"的情境中体悟人生之美。

以"良心"为"枕头",顺乎"人道"(为人之道),就会与他人相和谐。人生中的利害、荣辱、毁誉、进退,以"平常心"对待之,这是合乎"人道"的为人之道。"严以律己,宽以待人","己所不欲,勿施于人","仁者爱人","舍身成仁",这更是符合"人道"的为人之道。"老吾老以及人之老","幼吾幼以及人之幼","先天下之忧而忧","后天下之乐而乐",心灵放在这样的"枕头"上,人的终极关怀又何必逃遁到"彼岸世界"呢?

以"良心"为"枕头",顺乎为人之道的"人道",当然也就是顺乎人之为人的"自我实现"之道。所谓"把握自我",归根到底,就是保持自己的"良心"。良心泯灭,哪里来的"自我"？良心未泯,"自我"焉会丢失？

主体的自我意识,是自觉到"我"是主体的意识,是确定"我"的自主、自立、自尊、自爱、自重、自律的意识。诗人海涅饱含激情地写道:"一个人的命运难道不像一代人的命运一样珍贵吗？要知道,每一个人都是一个与他同生共死的完整世界,每一座墓碑下都有一部这个世界的历史。"哲人黑格尔说:"人应尊敬他自己,并应自视能配得上最高尚的东西。"尊敬自己的人,不只是会赢得别人的尊敬,尤为重要的是获得自我的肯定。心灵放在尊敬自己、肯定自己的"枕头"上,人的终极关怀又哪里需要诉诸什么"前世"或"来世"呢？

中国人的真智慧,是儒家倡言的"极高明而道中庸"的智慧,是一种"此岸即彼岸"、"现实即理想"的"入世"智慧。"高明"不在"日常"之外,"日常"又须臾离不开"高明"。离开"日常"的"高明",不是神秘玄虚,就是怯懦自欺;离开"高明"的"日常",则会丢掉"良心"这个最好的"枕头"。

人类文明为我们创建了"精神世界"、"文化世界"和"意义世界",也就是为我们创建了属于我们大家的"精神家园"。只有在"精神家园"中,我们才能免除背井离乡、无依无靠的精神流浪者之感。而在这个人类文明构建的"精神家园"中,我们的心灵是否幸福安宁,是否自由自在,是否亲切温馨,则取决于我们是否把持住了"良心"这个最好的"心灵之枕"。

五　哲学境界与"人的全面发展"

人的自由与解放,是人类的最高理想,也是人生的最高境界,因而也是哲学的最高理念。哲学理念与哲学境界的最高统一,是人类的解放和每个人的全面发展。正因如此,马克思曾经这样憧憬"哲学"与"世界"的关系,他说:"任何真正的哲学都是自己时代的精神上的精华,因此,必然会出现这样的时代:那时哲学不仅在内部通过自己的内容,而且在外部通过自己的表现,同自己时代的现实世界接触并相互作用。那时,哲学不再是同其他各特定体系相对的特定体系,而变成面对世界的一般哲学,变成当代世界的哲学。各种外部表现证明,哲学正获得这样的意义,哲学正变成文化的活的灵魂,哲学正在世界化,而世界正在哲学化。"〔11〕

马克思的学说就是关于人类解放的学说,也就是关于实现人的全面发展的学说。这个学说既表达了人类解放的旨趣,即对人的全面发展的价值理想的承诺;又表达了人类解放的历程,即对人的全面发展的实现过程的揭示;也表达了人类解放的尺度,即以人的全面发展的价值标准,观照人类全部历史活动和整个历史进程。我们需要从解放的旨趣、历程和尺度的统一,来理解马克思关于人的全面发展的学说。

把人类奋斗的最高理想定位为人类自身的解放,即以"每个人的自由发展"为条件的"一切人的自由发展",这首先意味着马克思对真正的"以人为本"的价值理想的承诺——把人从一切"非人"的或"异化"的境遇中"解放"出来的价值理想的承诺。

在发表于1844年的《〈黑格尔法哲学批判〉导言》中,马克思就明确地把自己对人类解放的价值理想的承诺做出这样的表述:"对宗教的批判最后归结为人是人的最高本质这样一个学说,从而也归结为这样一条绝对命令:必须推翻那些使人成为受屈辱、被奴役、被遗弃和被蔑视的东西的一切关系。"〔12〕"推翻"使人"受屈辱"、"被奴役"、"被遗弃"、"被蔑视"的"一切关系",这是马克思创建自己的全部学说的真正的出发点,也就是马克思的全部学说所承诺的最高的价值理想——以人的全面发展为内容的人类解放。正是从自己所承诺的人类解放的价值理想出发,马克思超越了费尔巴哈对宗教的批判,而把"对宗教的批判"视为对"其他一切批判的前提",从而把"对天国的批判"变成"对尘世的批判",把"对宗教的批判"变成"对法的批判",把"对神学的批判"变成"对政治的批判"。〔13〕

马克思的人的全面发展的价值理想奠基于马克思对人的特殊的生命活

动即"生活活动"的理解,但是,马克思所理解的人的"生活活动"并不是某种抽象的、不变的"人性",而是这种"生活活动"的"目的性"或"理想性"与"历史性"的统一。马克思提出:"一旦人已经存在,人,作为人类历史的经常的前提,也是人类历史的经常的产物和结果,而人只有作为自己本身的产物和结果才能为前提。"[14]马克思在这里所揭示的是人的特殊的"生活活动"的辩证法,是这种"生活活动"所构成的人类所特有的"历史"的辩证法,这个辩证法回答了"人们自己创造自己的历史"与"历史发展的客观规律"之间的辩证关系,从而也回答了人类的"理想性追求"与"历史必然道路"之间的辩证关系。

人类是物质世界的链条上的特定环节,物质世界是人类存在的前提,而"一当人们开始生产他们所必需的生活资料的时候(这一步是由他们的肉体组织所决定的),他们就开始把自己和动物区别开来"[15]。物质资料的生产活动开创了人类与动物相区别的"历史"。在人的"历史"活动中,人作为"历史的经常的前提",总是"历史的经常的产物和结果",即人的历史活动总是决定于在他们以前已经存在,不是由他们创立而是由先前的人们所创立的历史条件。"历史条件"构成人的"历史活动"的"前提",因此,人们的"历史活动"就不是"随心所欲"的,人们的"价值理想"就不是"虚无飘渺"的。"历史"的发展为"人"的发展提供了"条件","人"的发展实现于"历史"的发展进程之中。同时,"人"作为"历史的经常的产物和结果",又获得了创造"历史"的现实条件和现实力量,从而凭借这种现实条件和现实力量去改变自己的"生活世界",把发展自己的理想变成实现自身发展的现实。"历史"是追求自己的目的的人的活动过程,也就是实现人的自身发展的现实过程。

在马克思所创立的唯物史观中,马克思在社会有机体众多因素的交互作用中,在社会形态曲折发展的历史进程中,在社会意识相对独立的历史更替中,发现了生产力在人类"历史"中的最终的决定作用,从而为人类实现自身全面发展的价值理想揭示出一条"历史必然道路"。马克思提出,在人类追求自己的目的的"历史"活动中,人类自身的存在表现为三大历史形态,即与自然经济形态相适应的"人的依赖关系"、与市场经济形态相适应的"以物的依赖性为基础的人的独立性"和"建立在个人全面发展和他们共同的社会生产能力成为他们的社会财富这一基础上的自由个性"[16]。

马克思关于人类存在的历史形态的论述,对于我们理解人的全面发展的现实道路,具有多方面的启发意义:首先,人的全面发展的价值理想以人类社会的历史发展为基础,因而是一个现实的而非虚幻的历史过程;其次,市场经济所形成的"以物的依赖性为基础的人的独立性",既尖锐地暴露了人的"异化"状态,又为人类走出这种"异化"状态提供了前提条件;最后,也是最为重要的是,马克思的关于人的全面发展学说所蕴含的"解放的旨趣"一再地提示人们,人类的当代使命,决不仅仅是使人的"独立性"奠基于"对物的依赖性",而且必须使人从"对物的依赖性"中解放出来,把"物"的独立性真正地变成"人"的独立性即人自身的全面发展。

历史过程的客观性或规律性并不与历史活动的自主性和创造性相对立,恰恰相反,"历史不过是追求着自己的目的的人的活动而已"[17]。人的"目的"即"理想性要求"规范人的历史活动、校正人的历史活动,从而使人的历史活动成为实现人自己的目的的历史过程。就此而言,任何一种真正的哲学或社会科学理论都不仅承诺着某种引导人们进行历史活动的价值理想,而且这种价值理想又为人们提供一种反观和校正自己的历史活动的根据、标准和尺度。马克思关于人的全面发展的学说,为我们反观人的历史活动提供了一个"解放的尺度"。

人类历史的一个突出特征在于,"片面性"是它的"发展形式",即历史总是以某种"退步"的形式而实现自身的"进步"。历史过程中的任何进步都要付出相应的"代价",任何"正面效应"都会伴生相应的"负面效应",任何"整体利益"的实现都意味着某些"局部利益"的牺牲,任何"长远利益"的追求都意味着某些"暂时利益"的舍弃,由此便造成了人的历史活动的"目的"的自相矛盾,也造成了反观和评价人的历史活动及其"标准"的自相矛盾。这种历史活动的"目的"及其评价"标准"的自相矛盾,最重要的是反观历史的"大尺度"与"小尺度"的矛盾。

所谓历史的"大尺度"，就是以人的"根本利益"、"长远利益"、"整体利益"为出发点的反观历史的尺度；与此相对应，所谓历史的"小尺度"，则是以人的"非根本利益"、"暂时利益"、"局部利益"为出发点的规范人的历史活动的尺度。生活本身告诉我们，当我们离开历史的"小尺度"而仅仅承诺历史的"大尺度"的时候，我们不仅无法实现"大尺度"所承诺的价值理想，而且尤为惨痛的是会使这个"大尺度"所承诺的价值理想变形，把"大尺度"变成某种压抑个人发展的"本质主义的肆虐"；与此相反，当我们离开历史的"大尺度"而仅仅着眼于历史的"小尺度"的时候，我们不仅会失去"大尺度"的价值理想，而且尤为严峻的是使这个"小尺度"所规范的历史活动危及人自身的存在，从而使人们在这种"小尺度"中感受到一种"生命中不能承受之轻的存在主义的焦虑"。

毫无疑问，马克思的关于人的全面发展的价值理想，是一种反观人的全部历史活动的"大尺度"；然而，正是在这个"大尺度"中，又蕴含着规范和反观人的历史过程的"小尺度"。在相当长的时期里，我们离开这个"大尺度"所蕴含的"小尺度"，不仅造成了极左思潮的泛滥，而且使这个"大尺度"本身失去了自己的感召力。在建设社会主义市场经济的过程中，出现了一种非常值得重视的社会思潮，"冷漠"与"淡化"马克思所承诺的人的全面发展的价值理想。然而，在人们的现实的价值选择中，却总是不可避免地蕴含着某种"大尺度"的制约与规范：其一，个人的价值理想总是某种具有社会内容的价值理想，而不可能是某种超社会性的自我幻想；其二，个人的价值认同总是"认同"某种社会性的价值规范，而不可能是某种超社会性的自我认同；其三，个人的价值取向总是"取向"某种社会的价值导向，而不可能是某种超社会性的自我导向。因此，我们需要从马克思的人的全面发展的价值理想去引导和规范自己的价值理想、价值取向和价值认同，从而自觉地把建设社会主义市场经济的过程塑造和引导为实现人的全面发展的过程。我们可以充满自信地说，以"每个人的自由发展"为条件的"一切人自由发展"，这并不是一个"解放的神话",而是"解放"的真实内涵、"解放"的现实道路和反观"解放"的人的尺度。以人类解放为真实内涵的哲学理念,是我们获得哲学智慧、进入哲学境界的"普照光"。

注 释

〔1〕 参见黑格尔:《哲学史讲演录》第 2 卷,第 384、385 页。

〔2〕 参见怀特:《分析的时代》,商务印书馆 1981 年版,第 7 页。

〔3〕 《精神现象学》上卷,第 2 页。

〔4〕 冯友兰:《中国哲学简史》,北京大学出版社 1985 年版,第 389 页。

〔5〕 冯友兰:《中国哲学简史》,第 292 页。

〔6〕 同上,第 390—391 页。

〔7〕 韩少功:《夜行者梦语》,《读书》1993 年第 5 期。

〔8〕 《马克思恩格斯选集》第 1 卷,第 30 页。

〔9〕 参见叶秀山:《人诗意地居住在大地上》,《读书》1995 年第 10 期。

〔10〕 马克思:《1844 年经济学哲学手稿》,人民出版社 1979 年版,第 50—51 页。

〔11〕 《马克思恩格斯选集》第 1 卷,第 220 页。

〔12〕 同上,第 9 页。

〔13〕 同上,第 2 页。

〔14〕 《马克思恩格斯全集》第 26 卷,第 545 页。

〔15〕 《马克思恩格斯选集》第 1 卷,第 24—25 页。

〔16〕 参见《马克思恩格斯全集》第 46 卷(上),第 104 页。

〔17〕 参见《马克思恩格斯全集》第 2 卷,第 113 页。

《名家通识讲座书系》第一批
选目(52 种)

*《西方哲学十五讲》 中国人民大学哲学系　张志伟

*《现代西方哲学十五讲》 复旦大学哲学系　张汝伦

*《哲学修养十五讲》 吉林大学哲学系　孙正聿

*《美学十五讲》 东南大学艺术系　凌继尧

*《宗教学基础十五讲》 清华大学哲学系　王晓朝

*《生物伦理十五讲》 北京大学生命科学学院　高崇明　张爱琴

《艺术哲学十五讲》 北京大学比较文学所　刘　东

《文化哲学十五讲》 黑龙江大学　衣俊卿

《科技哲学十五讲》 南京大学哲学系　林德宏

*《政治学十五讲》 北京大学政府管理学院　燕继荣

*《口才训练十五讲》 清华大学政治学系　孙海燕

《社会学理论方法十五讲》 北京大学社会学系　王思斌

《公共管理十五讲》 北京大学政府管理学院　赵成根

《西方经济学十五讲》 中国人民大学经济学院　方福前

《比较教育十五讲》 北京师范大学教育系　王英杰

*《道教文化十五讲》 厦门大学宗教所　詹石窗

*《周易哲学与易文化十五讲》 清华大学思想文化所　廖名春

*《美国文化与社会十五讲》 北京大学国际关系学院　袁　明

《佛教文化十五讲》 中国佛教文化研究所 何 云

《中国文化史十五讲》 北京大学古籍研究中心 安平秋 杨忠 刘玉才

《儒家文化十五讲》 中国社会科学院哲学所 郑家栋

《文化研究基础十五讲》 北京大学比较文学所 戴锦华

《企业文化学十五讲》 武汉大学政治与行政学院 钟青林

《现代性与后现代性十五讲》 厦门大学哲学系 陈嘉明

《日本文化十五讲》 北京大学中文系 严绍璗

*《汉语和汉语研究十五讲》 北京大学中文系 陆俭明 沈 阳

《语言学常识十五讲》 北京大学中文系 沈 阳

*《唐诗宋词十五讲》 北京大学中文系 葛晓音

*《中国文学十五讲》 北京大学中文系 周先慎

*《中国现当代文学名篇十五讲》 复旦大学中文系 陈思和

*《西方文学十五讲》 清华大学中文系 徐葆耕

*《通俗文学十五讲》 苏州大学 范伯群 北京大学中文系 孔庆东

*《鲁迅作品十五讲》 北京大学中文系 钱理群

《红楼梦十五讲》 文化部艺术研究院 刘梦溪 冯其庸 周汝昌等

《当代外国文学名著十五讲》 吉林大学文学院 傅景川

*《西方美术史十五讲》 北京大学艺术系 丁 宁

*《戏剧艺术十五讲》 南京大学文学院 董 健 马俊山

*《音乐欣赏十五讲》 中国作家协会 肖复兴

《中国美术史十五讲》 中央美术学院 邵 彦

《影视艺术十五讲》 清华大学新闻传播学系 尹 鸿

《书法艺术十五讲》 北京大学中文系 王岳川

*《中国历史十五讲》 清华大学 张岂之

*《欧洲文明十五讲》 中国社会科学院欧洲研究所 陈乐民

《科学史十五讲》 上海交通大学文学院 江晓原

《清史十五讲》 中国人民大学清史研究所 张 研

*《文科物理十五讲》 东南大学物理系 吴宗汉

《思维科学十五讲》 武汉大学哲学系 张掌然

《现代天文学十五讲》 北京大学物理学院 吴鑫基 温学诗

《青年心理健康十五讲》 清华大学教育研究所 樊富珉

《环境科学十五讲》 北京大学环境科学中心 张远航 邵 敏

《医学人文十五讲》 华夏出版社 王一方

《心理学十五讲》 西南师范大学心理系 黄希庭

（全套系列教材100种,其他48种选目正在策划运行中。其中,画＊者为已出）